思绪时代

在超然与入世之间

THINK ABOUT OUR MODERN AGE:
BETWEEN TRANSCENDENCE AND EXPERIENCE

高山奎 ○ 著

中国社会科学出版社

图书在版编目（CIP）数据

思绪时代：在超然与入世之间 / 高山奎著 . —北京：中国社会
科学出版社，2017.11
ISBN 978 - 7 - 5203 - 0007 - 0

Ⅰ . ①思…　Ⅱ . ①高…　Ⅲ . ①时代精神—研究
Ⅳ . ①B022

中国版本图书馆 CIP 数据核字（2017）第 047410 号

出 版 人	赵剑英
责任编辑	宋燕鹏
责任校对	朱妍洁
责任印制	李寡寡

出　　版	中国社会科学出版社
社　　址	北京鼓楼西大街甲 158 号
邮　　编	100720
网　　址	http://www.csspw.cn
发 行 部	010 - 84083685
门 市 部	010 - 84029450
经　　销	新华书店及其他书店

印　　刷	北京明恒达印务有限公司
装　　订	廊坊市广阳区广增装订厂
版　　次	2017 年 11 月第 1 版
印　　次	2017 年 11 月第 1 次印刷

开　　本	710×1000　1/16
印　　张	16.25
字　　数	268 千字
定　　价	68.00 元

目　　录

自　序

哲学思考是一种符号性的概念反思。与文学通过情感铺陈、历史通过史事叙述不同，哲学论述通过若干或一组核心范畴，将杂乱无章的感官现象加以统摄、连缀，赋予它以真理或意义的内核。有了这些关键性范畴的统摄和支配，我们浆糊一样琐碎杂乱的感性经验生活便有了龙骨或灵魂，从而变得可以理解和有章可循。现实生活本身冰冷、枯燥、嘈杂喧嚣、乏善可陈；要想让生活充满亮色、富有意义，没有哲理作为生活基准或价值信条几不可能。

当然，哲学的意义不仅在于建构或意义赋予，更重要的是反思批判。一个医生看到的往往是人肉体上的器质病变，哲学家看到的往往是社会机体的价值失序。因此海德格尔说，哲学是不合时宜的，甚至与时代精神格格不入。例如，在现代西方哲人的眼中，我们这个几千年精神积淀的、物质高度丰腴的现代社会充斥着价值虚无、空间生产、消费主义、物欲横流、道德沦丧，等等。

然而，也应看到，哲学粗线条的范畴化统摄，漏掉了社会历史现实的丰富性和偶然性，它冷峻理性的概念把捉，与其说拎起了现实的经脉骨架，不如说远离了现实，抽空了现实的丰富内涵：从生存论的意义上讲，哲学彰显了现实的某个本质侧面，却遮蔽了现实展现自身的其他可能向度；哲学让毫无章法不断涌现的现实事件有了本质灵魂，却最终让现实丧失了不断伸张的生动性和可接近性。

本书的论述可能就存在着这样的缺陷，虽然它的本意是想对我们当下正在发生的事件做出哲学式的反思和思考，这种思考包括教育问题、医疗问题、文化问题、以及人生问题，等等。然而不可否认的是，笔者的反思和极端表述未必让读者满意：一方面，他们会觉得作者的观点是否过于鲁莽武断或片面极端；另一方面，不同阅历或学科视野中的读者会在阅读中不断产生疑惑：作者笔下的时代面相，是否只是他头脑中的某些臆想或妄断？哲学的书写不是开民主生活会，它不会用无原则的中和来满足不同需求读者的胃口。这种写作更像是一种修身的历程，作者只对自己说话。写作的过程更多是阅读的过程，同时也是写作者不断更正自己的思想方向，解答内心疑惑的过程。推而言之，此处文本书写更多体现的是作者的理智德性，它不表征作者做人的实践态度（伦理德性），正如休谟所言，理论上对所有事情的怀疑，并不妨碍生活中仍按常识出牌。

作者此处的解说并不是为书中的某些"标新立异"的"谬见"辩白，相反，作为近十年思考的一些断想，如果让笔者现在重新构思和写作此书稿中的某些论题，显然一些修辞表达，甚至一些重要论断都要推倒重述。尽管笔者对文集收录的文字有这样那样的不满，却最终让它出版面世，这不是炫耀写作者的真知灼见或广博文采，而是对过往思想历程的一种纪念。

是为序！

高山奎

2016 年 11 月 2 日于彭城牛山寓所

上篇

教育漫谈

知识批销与智慧通达

——管窥现代教育之"恶"及其根源*

作为一名教育工作者、一名哲学社会科学研究者，恐怕最让人纠结的新闻就是听到大学生跳楼的消息了。只要在百度引擎上搜索一下，就会发现从 2004 年至今，短短几年时间里就发生了近百起大学生跳楼的事件。① 这其中既包括花季年龄的本科生，也不乏工作多年重返校园的博、硕士研究生；地域涵盖近 28 个省份，而且以发达地区和名牌大学的学生为甚。为什么风华正茂的天之骄子在人生事业尚未开拔的时刻要选择结束生命这条路？是学业、爱情、失业等方面打击太大？还是个体心理脆弱、学校相关部门心理疏导失责抑或是社会风气的浮躁等促成青年学子踏上不归路？可能是上述的某个或某几个因素起了作用，但作为一个哲学社会科学研究者，我在此处想抛开个别事例及其原因等具体而微的琐碎分析，探讨一下目前现代教育制度痼疾之所在，以及探讨一下这一痼疾作为内在因素在上述事件中发挥了怎样的隐微作用。简言之，笔者试图要问，中国高等教育到底出了什么问题？我们究竟要培养什么样的学生？走出高等教育误区的出路在哪里？

问题一　教育功能异位：知识人取代智慧人

要拷问现代高等教育本身出了什么问题，首先需要从教育的功能入

＊ 本文写于 2010 年，以《高等教育的未来：尚德、求真、担当》为题发表在《中国社会科学报》2011 年 1 月 20 日评论版。

① 资料来源参见 http：//100. xtata. com/a/20090925/19532198. shtml，上网时间 2010 年 12 月 31 日。

手来加以分析。中国传统儒家文化将教育之根本浓缩为修身、齐家、治国、平天下。其中修身立德是根本，同时要兼具天下情怀之气度。西方文明的古希腊源头同样强调德性修养的重要，亚里士多德将人类活动分为理论沉思、实践、创制三种，同时强调政治、伦理等实践活动是培养德性、通达至善之最高目的之必经之途。较之中西古典教育将塑造健全品格，实现人的精神卓越为志业的倾向，现代教育则显得猥琐得多：它过分强调了知识性获得的一方，而逐渐忘却了实践智慧和德性养成的一面。行至今日，现代大学教育甚至已极端化到"只生产没有灵魂和洞察力的专家及没心没肺的酒色之徒的倾向"①。用诺贝尔文学奖得主索尔·贝娄的话讲，"高等教育为遇到麻烦的男人提供的力量是多么有限。到头来他领悟到，在应付生活方面，他根本没有受过任何教育"②。在大学里，谁会教他（或她）如何对待爱情、面对挫折和迎接挑战呢？

知识人教育理念的最大弊端在于，教育将培养对象变成了一种商品。教育者关注的不再是学生健全人格的培养，不再是传道、解惑及智慧的通达，而是关注"原材料"——大学新生如何在知识的批量倾销之后转变为符合市场需要的、合格的人才产品。现代教育培养的是知识人。大学生上大学是为了获取知识。学校提供有偿教育服务，学生在达到学校衡量知识获取标准的课程分数或学分之后取得相应的学历、学位证书，然后到市场寻找就业岗位谋薪取酬。在家长和学生的心目当中，高昂的学费和数年的青春相当于预付资本，在若干年的教育"工厂"的培养之后，其理想结果就是找到一份体面的或能谋生的工作。在知识化教育中，利力居首、钱权为大，学生眼中充满了名利，全无"为天地立心、为生民立命、为往圣继绝学、为万世开天平"（张载：《西铭》）的担当与气象。

问题二　数学化思维：量化指标管理，人文学科边缘化

现代教育制度脱胎于中世纪的教会教育。在近代西方，民主制政府

①　[美]施特劳斯：《古今自由主义》，马志娟译，江苏人民出版社 2010 年版，第 4 页。
②　[美]布卢姆：《美国精神的封闭》，序，战旭英译、冯克利校，译林出版社 2007 年版，第 6 页。

通过大众教育是要培养有责任感的选民以实现最大化的民主政制，实现主权在民的启蒙目标。在启蒙哲人的吁请下，人们热衷于通过普及教育的方式实现智识上的人人平等，因此大学在这一启蒙目标鼓舞下遍地开花。然而，随着资本主义工业的大踏步发展，大学教育的功能发生了转化，从教育有德性的公民转为培养企业和社会所需要的各种专业技术人才。这样，学校培养人才与企业需求专业人才之间因发生对接而产生了因果关联。根据韦伯的观念，资本主义市场经济的完善化是以可计算的合理化过程为根基的。企业产品的生产经过严格的计算被分割成若干环节。工人也像机器的零件一样被安排到各自的岗位上进行生产操作。机械化大生产的发展需要一技之长的工人，而这些技术工人的产生则依靠教育。教育与企业生产有机结合，客观上改变了教育的功能——教育蜕变成培养知识型技术人才的"摇篮"。

然而，数量化的企业进程并没有完结。由于宗教神学的式微、自然科学的兴盛，技术理性的普遍化思维开始在教育领域居于主导地位。相形之下，哲学社会科学开始不自信起来，它们也想通过人文历史领域的偶然化事例的归纳得出普遍性的一般规律。社会科学率先走出这一步，通过价值中立的"事实与价值区分"的方法，社会科学彻底实证化起来。在这种背景下，哲学昔日的女皇位置渐趋失势，这在中央和地方纷纷设立各级社会科学院而不是哲学院就可见一斑。在大学体制内部，数量化思维更是无孔不入：评估意识、量化指标、专业细化、学科壁垒森严；反映在教学管理上，表现为可计算、可监控、可测量的课程教学管理模式受到追捧，教学计划、教学大纲、课业统计、教学评价等形式化指标盛行。其结果是，教师按部就班、教学形式千篇一律，学生机械识记、俯首帖耳。师者威严凝重，以真理的传达者自居，学生千人一面，以成绩过关者为幸事。

问题是，哲学人文科学能否通过量化管理的方式兴盛起来？哲学人文学科是擢升灵魂、培养德性、培育责任担当意识和家国观念的学科，属于知识部门中的经验性积累的实践智慧范畴，是与追求真理、追求客观规律的物理学、数学等学科是完全不同的知识类型。这在亚里士多德的伦理学中早已有所论及。道德的、政治的事情需要经验积累、师者要以人格典范、智慧点拨、困境解惑的方式培养学生健全人格和高尚的情操；岂能是像现在通过知识点的真理式灌输，标准化的试卷考核等方式普遍化地加以开展的呢？毫无疑问，哲学从过往的无所不包转变成现在的诸多学科门类中的一门，这种教育领域的边缘化使得哲学教师成为了某一领域专家、教授和学者，而无法成为纵贯中今、横跨中西的学术大师。而且，这种教育领域的数量化、客观化、条块式管理无疑对学生的专业选择、培养教育等产生负面影响。

对策：教育行政部门与教师的应为与不为

之于教育部门，能否在专业试点改革上下点工夫。社会的浮躁，大学过早的专业划分对培养学生的人格和卓越情操是极为不利的。值得注意的是，西方大学教育中（以美国为例），专业划分并不是从进入大学就开始的，而是结束前两年人文科目、基础学科等的选修课程之后，才进行专业化的学习。也就是说，国外大学已经注意到大学的教育功能不仅是单纯培养没有灵魂的技术专家，而是培养对社会有责任感的专家型人才。[1] 而我们的大学，从进入大学就开始进入专业化的学习阶段，社会的浮躁气氛和学生们急功近利的心态使理工科学生对人文科目提不起兴趣，人文教化的效果不甚理想。况且我们的学校中关于中西经典文本的通识教育才刚刚蹒跚起步（仅指综合性大学）。因此，教育行政部门和大学应在关注就业、关注数量化指标监控的同时，在学生的德性养成、人格教育、挫折教育等方面花些心思，在学生何时步入专业学习的试点改革上动点脑筋。

之于教师，是否在转变教学观念上做些改变。大学之道在明明德，在亲民，在止于至善。然而，在文、理、工决然分割的今天，我们早已看不到那种追求最高善的古希腊式教育，也全无孔圣人的因材施教、仁义礼智。师者的谦逊在技术理性思维至上的现代教育学科体制下逐渐隐退。人们把苏格拉底式的师者称为助产士。然而，"一个鲜活的婴儿降

---

① 当然，近年来美国教育的模式也逐渐地专业化和学科壁垒化，这在 1988 年布卢姆《美国精神的封闭》（战旭英译、冯克利校，译林出版社 2007 年版）一书引发的大规模讨论中可见一斑。

生人间，不是因为有助产士，而是出于自然……一个健康孩子不靠助产士的帮助而诞生，是教师的真正欢乐"①。因此，教师只是学生获得智慧的守护者、引导者。更形象者如中国近代大学把课称作门，如哲学门。教师的职责和形象不是高高在上的教诲者，而是引领学生打开智慧之门，成为学习的主人，体会求知的快乐。而那些自学成才者，正如婴儿无需助产士而出生，以自身的聪慧、努力和体悟而自入智慧之门，这在人文学科中绝不鲜见，在计算机等理工科中也不乏其人。因此，教师应该转变以往对学生仅仅进行知识点传授的填鸭式教学模式，要在师生互动、经验引导、教学相长因材施教等方面做些努力。从而成为学生人生路上的知心人，挫折路上的开导者，智慧路上的导航员。

教育的关键，不仅是教学生知识，还要教学生尚德、求真，对国家有所担当。亚里士多德将知识分为理论知识和实践智慧，而他对作为技艺的技术学习则很不看重。儒家的修身、齐家、治国、平天下的个人设计也意在求取个人知与行的统一，个人与国家命运的连接。可惜，古今中外的优秀教育成果、教育理念，在近代工业化、世俗化的启蒙理性中被单方面的发展了，从而造成了人类物质财富极大丰富的背景中，精神虚无主义的恣意蔓延。如果说现代教育理念的根本局限在于启蒙之恶，那么现代性反思中的中国高等教育就应该在智慧通达而不是知识人培养上多下点文章。

---

① ［美］布卢姆：《美国精神的封闭》，战旭英译、冯克利校，译林出版社 2007 年版，第 2 页。

"将沙包扔远点儿"与"have a fun"

——试论中美基础教育理念的根本差异[*]

一次聆听讲座，听到这样一件趣闻：美国一小学开运动会，一个美国小朋友要去参加竞技项目，便向爸爸报告："爸爸，我去参加比赛了"，爸爸是运动会的义务志愿者，正忙得满头大汗，听到孩子的声音，马上抬起头，满脸微笑地回应道："have a fun"（开心点）；无独有偶，旁边有一个中国籍小朋友也要参加比赛，对她妈妈说，"妈妈，我去丢沙包了。"这位同样做志愿者、忙得不亦乐乎的母亲随口答道，"去吧，把沙包扔得远点儿。"

这看似一个平淡无奇的生活细节，却反映了中美基础教育理念（妄论教育哲学）上的根本差别：美国家长关注的是孩子开不开心，而中国家长关注的则是事情的结果（成绩）如何。"把沙包扔得远点儿"，不仅体现在国人对体育竞技性比赛中成绩（结果）而非参与（过程）的偏重，也凸显在家长和教师对孩子成长成才的教育评价中。在中国大陆，我们的教育从幼儿园开始，就是 B 型血的教育，即片面的竞争性教育。比如，幼儿园老师往往会问这样的问题："谁的画儿画的好啊？"

* 本文的写作受到北师大教育学副教授向蓓莉之讲座的激发。2013 年 12 月 20 日，向教授在斯坦福中国学生学者联合会组织的"中国学者斯坦福系列讲座"中汇报了自己访学的实践调研报告："美国教育的活力在何处：对自由与平等关系的思考——以加州 Los Altos 学区 Santa Rita 小学为个案。"作为斯坦福大学访问学者，本人有幸现场聆听了这一报告。向教授的讲座侧重于美国小学教育实践中的实证调研，并以此为根基论证自由、平等原则在教育实践中的体现。本文则试图对此论题加以引申，试图比较中、美基础教育理念的根本差异。论文中所引美国小学教育的一些具体实例，部分来自向教授实践调研及其讲座。本论文中的一些观点亦受到斯坦福一些访问学者，如范勇鹏、向蓓莉、石秀民等人的回应，特此一并感谢。

"这朵小红花应该奖励给谁呢?""谁是最听话的好孩子?"而家长呢,在接孩子的路上,往往会问,"今天有没有听老师的话啊?""老师今天奖励了你几朵小红花?"这些看似漫不经心地随口一问,其问题旨趣并未关注孩子一天过得开不开心,高不高兴,有没有 funny,而是完全依凭成人的功利性心态去规训、诱导孩子的价值取向。更有甚者,为了迎合家长和社会的流行偏好,现在有的幼儿老师(毫无教育理念)别出心裁地留起家庭作业来,抑或在幼儿"课堂"上灌输一些纯粹知识性的识记内容,如记诵英文单词、三字经/古诗词或练习数字计算。这些缺乏寓教于乐的单纯识记性内容,预示着功利性的应试目标取向已将魔爪延伸至学龄前阶段,全然忽视了孩子个人成长中的兴趣原则和好奇天性。

到了小学阶段,这种成绩性的比拼愈演愈烈,一刀切的竞争型智力评价倾向更加明显。缺乏兴趣和爱好支撑的单纯智力比拼,忽略了孩子类型的根本异质:如触觉型孩子好动,破坏性强,但具有想象力和创造力,是引领社会创新的中坚力量,在中国却基本上处于被扼杀、被驯服的状态;听觉型孩子细腻敏锐,充满灵性,但在文化课成绩上即使加倍努力也很难达到上游水平;视觉型孩子乖巧、听话,试卷成绩往往会很优秀,但开拓性、创新性又有所不足。可见孩子自然禀赋绝非千人一面,但这种一刀切的智力竞争型教育评价体系全然无视这一区别,并在中学和高中的6年魔鬼式训练中达到极致:本应由趣味性、好奇心驱使的爱智之学变成了缺少动力支持的简单重复劳动:练习、复习、测试……结果,孩子忘记了为何而学、为谁而学,因为缺少好奇和兴趣,学习本身变成了乏善可陈的枯燥识记与题海战术,变成了一种毫无乐趣和意义而言西西弗斯式劳作。因此,一旦这些孩子升入大学,感觉就像紧绷的弹簧一下子松弛下来:"报复性地先玩他一学期再说",大学成了自由放任、无所追求的娱乐场。可见,缺乏了兴趣与快乐原则的单纯知识性灌输和应试型教育,导致中国是教育大国,而非教育强国,是学历大国,而非人才强国,借用郑也夫的话讲,"在中国受了中小学12年教育的人,注定拿不到诺贝尔奖"。

与中国B血型的竞争性教育模式相比,美国基础教育绝非强调单纯智力型的成绩比拼,而是以快乐、兴趣原则主导的自由教育模式,换言之，是 O 型血的教育模式。

我们可以举个实例来例证一下。以美国加州洛斯·阿尔托斯市（Los Altos）桑塔丽塔小学（Santa Rita Elementary School）五年级下学期为例，其课程设置主要包括英语语言艺术、数学、社会研究、科学、体育、艺术、图书馆课等七门课程。这些课程兼顾学生成长的文学素养、数学计算、政治生活、科技新知、身体康健、艺术修养和文献查找等诸多方面。在教材选取上，这些课程设计，不像中国的基础教育那样，依靠一整套全国统一发行、使用的规范性教材来贯彻实施。而是充分发挥教师的自主性，自由择取需要阅读的文本。至于为何放弃使用容易操作的规范性标准教材？桑塔丽塔小学五年级的教师 Ms. Day - Bobb 女士在采访中一语道破天机："为什么要使用教材呢？那里面包含的都是些支离破碎的故事，我要与学生分享完整的故事，获得深入、完整的阅读观感。"正是基于这样的考虑，"英语语言艺术"课上，统一的教材讲授法被分组阅读原著，学生间相互提问、讨论的教学方式所取代；教学内容上则放弃了杂而全的剪报式文章汇编（教科书），依照不同兴趣分成四个小组通读四部完整的小说。"社会研究"课则分小组通读三部与美国独立战争有关的政治哲学论著，并由学生自导自演戏剧复活历史原貌。"科学"课在讲到循环系统时，是老师从市场买回十个羊的心脏（费用由学校报销）分组让学生解剖；讲到空间动力学知识时，带领学生一起参访 NASA 埃姆斯研究所，在交互操作中真实体验科学发现的奇妙乐趣。"艺术"课则是全员参与，成立一个合唱团，编排曲目，盛装演出，体验完整的演出过程，等等。至于最后的教学评价机制，则不像中国基础教育那样采用单一的试卷考试，通过一个具体数值（考试分数）评价学生的学习效果，而是采用学习性评价加上表现性评价，辅以反馈、诊断，学生最终获得的是一个综合评估的等级评定。

这样的课程设计、教学内容、教学方法以及评价机制既给了任课老师以极大的自主权和自由度，也对任课教师的教育理念和执教能力提出了巨大挑战。在美国，小学教师一般都具有双学历，即首先拥有一个本科或者以上的专业学历，然后再进修一个教育学学历。学历倒还在其次，与中国不同，美国小学教育是一种不分科的教育，如上面列示的小学五年级下学期的七门课程，除了艺术课与体育课，全部由一位老师讲授。换言之，美国的小学是教室不动、教室的主人——教师不动，流动的只是各年级的学生。以桑塔丽塔小学为例，小学五年级的教室是固定不变的，而这个教室的主人一直都是 Ms. Day – Bobb 女士，升入五年级的学生要从四年级的教室流动到 Ms. Day – Bobb 所在的五年级教室。而除了艺体课程之外，Ms. Day – Bobb 要讲包括英语语言艺术、数学、社会研究、科学、图书馆课等五门课程。因此，表面上美国的小学课堂轻松活跃，实际上课堂的设计者和主导者——教师，不仅教学任务繁重，而且对其责任心、从教能力和教育理念上有着很高的要求。

与对教师的高标准、严要求相比，美国基础教育中对家长的教育付出也十分重视。与中国基础教育中的家长参与几乎缺席的状况相比，美国基础教育中，家长需要参与到学校的教育管理、课堂教学和户外活动等各个环节。在教育管理方面，学生家长首先需要参与到校长招聘的程序当中：督学会就招聘校长标准问题征求家长意见，家长会邀请参与面试校长候选人。在日常管理机制方面，每个小学都会有家长教师会（parent – teacher association）这样的组织。其宗旨在于促进家长与学校之间的联系、合作和意见沟通，举办有关促进学校学生教育的活动，以及协助及支持学校举办各项活动，如运动会，文艺演出，以及其他一些需要参与的课堂教育活动。家长教师会章程中对主席（一般由家长担任）、副主席、文书、司库等都有最低限制的家长名额配比，得票最多的家长可以当选校董，执委会每月至少举行例会一次，商讨学校管理及其教育的各项具体事宜。除此之外，学生家长要定期深入课堂，观摩教师任教活动和学生课堂表现，与教师交流沟通共同培养孩子的方式方法。

另外，美国的基础教育绝非封闭的学校教育，社会也为基础教育提供了大量的教育资源。如加州湾区有很多各级各类的博物馆、专科或综合的图书馆、科技馆等教育资源，学生的很多知识就是通过参访这些场馆，在互动参与和观摩学习中获得的。正因如此，美国的基础教育阶段设有单独的图书馆课，老师布置的很多作业要求学生自主查阅文献，最终以调研报告或学术论文的方式完成。

综上可见，美国的小学教育获得了教师、家长、社会的全员参与，是一种开放式、立体型的教育。通过最大限度地激发潜能、提高学生学习的自主性、创造性，美国的基础教育形成了以兴趣、快乐为基点，以自主性、创新性为表征，以家长、学校、社会立体参与为保障的自由教育模式。这种教育模式外松内紧、活泼自主，就像美国幼儿园的少年版或大孩子的幼儿园。但深入观察，美国孩子的课业负担其实并不比中国基础教育的课业负担轻松。与国内被动性的、复习型家庭作业相比，美国孩子的作业要求主动性地野外观察、动手实验或查阅文献的方式加以完成。另一方面，与国内的倒 V 字形的压力模式相比，美国教育过程中的学业负担是一点点加重的：从幼儿园—中小学—大学，玩的成分一点点减少，学业（知识性）的负担一点点加重，乃至大学阶段，成为美国学生最为繁重学业压力的时期。但由于学生的好奇心和求知欲受到呵护与激发，因此，学业的繁重负担并未让美国孩子产生逆反心理。相反，借由兴趣、喜爱与好奇的动力支持，美国成为世界上最具活力和最具创造力的高新技术的孵化地。相反，尽管我们国家的受教育者数量庞大，每年颁发的博硕士文凭总量惊人，但无论是基础创新领域，还是高新科技产出方面都差强人意，甚至让人堪忧。

值得强调的是，虽然美国教育中强调自主性、个性化的自由教育，但美国孩子并没有因为给予过多的自主权利而变得娇惯、任性。与国内家长式的威慑或过度的溺爱宠爱两极模式相比，美国教师或家长大都会尊重孩子的新异思想和维权意识，很少以自己的强力意志去剥夺或压抑孩子的权利主张。但平等的对话模式不代表孩子可以为所欲为，相反，无论是课业评价上的表现性评价指标，还是平时的规则（法规）教育方面，美国的老师和家长都很重视。比如，在过马路遵守交通规则方面，在小朋友之间相互动粗方面，在孩子即将做出危及安全的行为方面，老师或家长会很严肃地说 NO。有时，怕孩子理解不好，老师会在家长接孩子时当着家长的面告诫孩子："you don't..."

综上可见，中美基础教育理念的本质区别在于"把沙包扔远点儿"的片面畸形的竞争性教育与"have a fun"的注重自然心灵培育的赏识教育之间的差异。这一理念上的不同，导致在具体实施方面的诸多差异。虽然美国教育并非一好百好，比如布卢姆在 1987 年的畅销书《美国精神的封闭》中对美国高等教育之相对主义、历史主义及其虚无主义进行了挞伐。借助他者文化的镜子，我们更应当反思自身、见贤思齐，砥砺我们的教育革新。但这种革新，不应囿于教育现象上的具体差异，眉毛胡子一起抓，最终因时机、环境、文化差异的水土不服而功亏一篑。而是要透过现象抓本质，从教育理念或教育哲学的差异上廓清二者的根本不同。概而言之，在笔者看来，我们的教育要想培育出人才，培育出具有担当情怀和创造才能的有为青年，就要改正以应试教育为导向的片面的竞争性智力比拼模式，扭转功利主义为导向的以成绩高低衡量学业水平的评价机制，转变"倒 V 字形"的两端松中间紧的学业压力模式，建构学校、家长、社会全员参与的教育格局，树立以孩子为本位的注重人格健全、最大限度地激发潜能、提高学生学习的自主性、创造性的教育原则。缺乏教育理念上的根本变革，我们教育的枝节改进如隔靴搔痒抓不到痛处，这耽误的不仅仅是一些孩子的未来，更是这个国家民族生存发展的希望。

吾国高教病理分析及其对策[*]

世纪之交以来，中国高等教育渐趋进入了改革的深水区。较之20世纪90年代饱受诟病的规模性扩张和"粗放型"增长，如大学扩招、教学评估、高校合并与学校更名等；21世纪初的这场高教改革更加凸显个性化、试验性和渐进性特质，例如北大2003年为加快步入世界一流大学率先开启了人事改革；复旦、北大、中山等高校甘当先锋，力倡博雅通识教育；国内一批重点大学试点推行高考自主招生改革；南方科技大学筹建转正，走过艰难五年破冰之旅，等等。这些改革在教师聘任、学生培养、择优选生和去行政化等方面进行了可贵的尝试，然而，较之试验开初的绚丽登场、备受瞩目，到改革中途被人指摘批评为"大学里的'怪胎'"①"选拔机制有待完善"的招生大战②、"去行政化成传说"③……高校教育改革显得步履艰难，着实令人难以满意。

相比欧美少则数百年的高教传统和革新历程，中国现代大学制度的构建尚显稚嫩而年轻，或许我们应该给它足够的时间和空间让其自我纠错和渐序发展。然而，这样的耐心和宽容是有条件的，即以准确把捉当下我国高教发展的顽疾为前提。如果把错了脉，误判了病症，那么，开

---

* 本文写作于2015年年初。

① 薛涌：《通识教育在中国的艰难实验：成大学里的"怪胎"》，网址链接：http://edu. china. com. cn/2012 – 12/04/content_ 27306403. htm，时间：2012 – 12 – 04，上网时间：2015年7月4日。

② 郭鑫、魏梦佳、王学涛：《中国两所顶尖学府陷"招生大战"显示选拔机制有待完善》，网址链接：http://edu. qq. com/a/20150629/046655. htm，时间：2015 – 06 – 29，上网时间：2015年7月4日。

③ 莫静清：《南科大正局级副校长风波 去行政化成传说?》，网址链接：http://edu. sina. com. cn/l/2011 – 05 – 18/1741202394. shtml，2011年05月18日，上网时间：2015年7月4日。

的药方药劲越强劲，后果越不堪设想。教育是关切灵魂的事，其成败得失关系国家的未来。对中华民族的复兴而言，我们的文明传承不容许高教改革误入歧途；对个体而言，韶华易逝，我们的孩子同样耽误不起。显而易见，愈演愈烈的出国浪潮从反面印证了民间对国内高等教育现状的失望和集体不信。作为高教体制中的一员，除了羞耻、自责、牢骚和无谓的辩白之外，我们是否应对高教实践的现状及其弊端坦荡谏言？这种谏诤虽然不敢妄言正确和全面，但却包含了亲历者的见证和体验。从这个视角出发，笔者认为，世纪之交以来的高教改革仍属零敲碎打式的自我修补和治标不治本的走秀表演，根本未触及当下高等教育的根本症结。那么，当下中国高等教育实践的病症到底表现在哪些方面？笔者认为主要可以归结为以下七个方面。

一　当下中国高教实践中的"七宗罪"

罪状一：高考招生"见分不见人"。高考招生唯分是举的弊端已受到社会普遍关注，因此有了近年来的高校自主招生（自主选拔）和校长推荐制等招生实践。但就整体而言，无论自主招生，还是传统录取，并没有从根本上改变高考招生的一个基本现状：高校最终招的不是一个人，而是一个抽象的分数。高校选拔的是有培养潜力的人才。这样的人才应当是一个有成长历史，担当情怀、求真欲望和社会责任感的人，而不是一个只能检测其"偶性"智力水平，鲜能涵盖其他方面的抽象数字（分数）。一所大学的名声，并不在于这所大学的楼有多高，名师有多少，而在于她培养了多少学识渊博、广受赞誉的"成功学生"。尽管人们对成功的理解可能各有不同，但对成功的条件却有着大致相同的看法，即不仅要有较高的智力水平，还要有强大的抗挫折能力、团结合作的意识、自我调适的心理品质和百折不回的毅力，甚至包括可遇不可求的机运和强大的人脉关系，等等。而这些品质，是不能通过一个抽象的分数来表征的，例如，两个学生的高考成绩同为 500 分，但他们对学术的兴趣、对待摧折的耐受力、待人处事的态度方面可能相差千里，而后者可能比那个抽象的分数本身对其未来的成功更加重要。简而言之，见分不见人的高考选拔机制，在始点上便为高等教育的发展定下了重智而轻德的基调，这也是很多名牌大学学生频频跳楼、投毒室友、心理畸形、甚至终生庸碌无为的原因所在。

罪状二：学生培养重知不重"能"。如果说高校在择优选生时因体制痼疾或一时走眼错失"好苗"，那么在四年的人才培养上如能改弦更张、因材施教，也算亡羊补牢未为迟也。问题是，我们当下的高等教育并不这样干。这表现在，首先，现行高校学生评价标准延续了应试教育的成绩—知识型评价机制：专业必修课程考试要出标准化试卷，每份试卷应不少于四或五种题型，通过分数是否合格来评定这名考生是否达到预期培养目标。这种考核方式倒逼知识型的教学方式，在课堂上讲授识记性的知识内容：如名词解释、公式定律，却很难培养学生学习的兴趣和思考的能力。思考的能力不是教出来的，而是来自于经典阅读与批判性思考，然而，无思的知识灌输和记忆性的评价标准斩断了学生阅读、反思和批判的翅膀。这种斩断尤其表现（其次）在每学期必修课程的数量上。与欧美大学每一学期3、4门的课程教学设计不同，国内高校每学期课程教学的平均数量达到十几门（二三十个学分）。如此多的课程教学，迫使学生频频出入于教室，根本没有时间静下心来去细细品味一部经典，以批判的眼光去审视、思量这部经典的深邃与缺失。过于庞大的课时安排，与知识性的内容灌输和成绩考核一道，不仅蚕食了学生深度阅读和思考的空间，也逼迫大学生沿着高考应试的模式去应付高校学习，导致他们成为不必花费太多精力，只要考前翻翻书便可轻松应付过关的思想懒汉，变成了不动脑、没有好奇心和内驱力的计算器或存储器。结果，我们高校非但没有培养出博览群书、敢于挑战权威和直面现实困境的思想者和开拓者，却为社会输送了大批既有知识的记诵者和唯权唯上的应声虫。

更为重要的是，（再次）这些课时量大、评价单一的课程知识型考核被局限在范围极窄的专业领域，导致大学生一入学便被标识为某一专业学生。过早的专业定位，导致学生把物质需求和世俗成功作为人生方向，根本不关心自己的人格雕塑与思想健全。极端地讲，如果是满足于获得一门技能这一低水平的目标，根本就不需要上大学，直接到高职技校或现代化作坊去学习来得更快、更扎实。但大学生不同，他不仅要学习一种谋生技能，还要成为一个人。一个人在社会中生活，不单单是挣钱的工具，更要追求生活的幸福和心灵的宁静。如果过于偏重专业技能方面，我们很可能将大学生培养成高技能的"精致的利己主义者"、拜金主义者、狂躁焦虑分子，甚至法西斯主义者，等等。难道我们能够将这些缺乏人文修养的专业成功人士视为高等教育培养的硕果和英才吗？

毋庸置疑，过早过细的专业分工和知识型的人才培养导向，与市场经济的精细化模式和长期互动联系紧密，但却与培养健全人格的教育目标格格不入，与培养精英人才（甚或大师）的教育理想相去甚远。例如，法律专业的学生对法条可以做到烂熟于心、信手拈来，但对究竟什么是法？合法是否意味着正当？立法的目的是为了善还是为了让人慑服？法是自足的存在还是政体的附属品？人法与神法的区别何在？这些可能以某种方式突入到法律工作者脑海中的理论疑难，却不能从法学的专业课程学习中得到解答，而是要到《理想国》《神学政治论》《论僭政》等哲学、神学著作，在现代性危机和古今中西之争的平台上加以思考才会获得更深的体会。

罪状三：招纳贤才务虚不求实。对于上面的叙述，有人可能会发出质疑：高校招生和人才培养上的缺陷固然有着体制上的痼疾，但在实践操作层面，尤其在课堂教学中，教师有着相当大的主观能动性。那么，我们将高校育人中存在的问题归结为体制之弊，这是否会失之于偏颇呢？表面上看确实如此，但在理性建构的教育机器中，作为主体的教师已经被完全物化，变成了教育生产线上无法发挥主观能动性的客观一环（在后面原因部分深入展开）。这里我们需要强调的是，教师并非先天就是教师，而是先做学生后作老师。因此，学生时代的耳濡目染转化为潜意识中的"应然"，遂成为他们以后成为人师的参照样本。更重要的是，任课教师只是身份之一，他同时还是一个学院或处室的员工，因此受着规章制度和大氛围的影响和规范。因此，在数字为尊、浮躁功利的大氛围下，渴望某个或某些教师冲破体制之蔽，依凭良心自觉来践履师者操守，既不可能也不现实。因为这将受到体制环境和同事评价的双重挤压，而这种挤压从高校招贤纳士时就已经开始了。

按常理说，任何高校都想选聘最优秀的师资，这无论对学科发展还是对学生培养都百无一害。然而，优秀的招聘初衷在现实操作中因加入了如下考量因素而走了样：例如，招聘简章要求：应聘者的博士毕业学校，甚或本科第一学历必须是 985、211 高校，抑或海外博士毕业；必须在国际或国内核心期刊上发表文章若干篇以上；年龄不应超过一定限制，获奖或项目需要达到一定的级别，等等。这些要素看似形式（程序）公正，却缺乏实质的正义。因为一个真正有研究能力和水平的优秀人才很可能被这些形式要件排除在外，而招进来的员工很可能是花拳绣腿，没有真才实学的样子货。因为如前所述，考上名校只能代表应聘者的考试能力强抑或智商较高，却不意味着他有着强烈的求知欲和问题意识；发表文章的数量和核心与否，不代表其思考的原创与深度，很可能与导师推荐或编辑偏好有关；至于地缘、年龄因素也与人才的优秀与否相距甚远。事实上，判断一个毕业生是否是所需的优秀师资对象，让他进行一场入职演讲，让相关专业的同行听一听、问一问，再考评一下他已发表学术著作或论文的评价和影响力，便可对其学术成果的价值和学术研究的能力获得一个大致了解。而附加了诸种外在条件的人才引进标准实际上化实为虚，用名校、名刊、名导师等外在要素替代了应聘者本身的潜质、旨趣和发展的可能，因而本质上是一种缺乏实质公正的畸形化的人才引进观。而这种人才引进观与后续的职称评定和教师工作量年度考评机制又是一脉相承。

罪状四：职称评审数量压倒质量。教师个体在学生培养，尤其是课堂教学上难以发挥相应的自主能动性，还与国内高校对教师年度绩效工作量考核和职称评审的数量化要求之间关系密切。对于身处体制内的年轻教师，通过高级职称评审不仅是个人学术能力的重要表征，也是获得相应学术资格如申报相应级别课题、奖项，以及参评研究生导师的门槛条件，同时更是获取相应薪酬待遇以维系个人尊严而不为生计所累的重要保障。然而，要通过这一直接关系教师利益的职称评审，则需要发表一定数量、档次的论文，项目和获奖。严苛的评职竞争让一线教师根本无暇顾及人才培养和课堂教学，也让他难以潜心钻研具有重大理论突破的基础问题，而是转向那些易出成果、好发论文、获奖几率高的短平快问题。投机取巧心理和浮躁功利之风在数量化评审的客观面纱下孕育滋长，导致空洞无物的剪刀加糨糊式文章充斥学界，跑项目、拉关系、买版面等歪风邪气大行其道。这不仅极大地污染了国内的学术生态，也间接地导致人才培养质量的极度下滑。

职称评审是一把双刃剑，如能做到公开公正，或可涤荡学界正气，剔除不学无术的滥竽充数者。然而，高校中的职称评审却在众目睽睽之下以极端理性的方式走向了集体的无理性——成为扼杀学术健康良性发展的绊脚石。要做到职称评审的实质公正，必须让学术回归学术，让真正有水平、有思想、有贡献的人评上职称，让不学无术的滥竽充数者远离学界。而我们当下的职称评审，问题之一在于首先将职称数量变成一种稀缺资源，让达到职称要求的人因无名额或名额紧张而陷入无望境地或焦虑状态，继而为迎合评审的数量化指标而殚精竭虑，甚至乐此不疲。问题之二在于我们的大学被各种政府评估或商业化的大学排名所绑架，为了达到这些指标，各高校拼命催逼我们的老师和研究生多出成果，而职称评审和毕业证书像一把无形的剑悬在诸君头上，达到了催逼和利诱的双重效果。然而，我们知道，急功近利与厚积薄发是格格不入的。劣质品的数量无论如何庞大也无法奠定一所大学的美名。而要想获得流芳百世、经受历史考验的名篇巨著，我们的大学就要有抗拒浮躁的自信和宽广的胸襟去善待我们的教师，给他们有时间去阅读、沉淀和思考那些具有原创性和理论深度的真问题。

罪状五：管理模式行政官僚化。大学的主旨是培养具有健全人格、健康体魄、自主理性和一技之长的合格人才。那么，我们办学的所有工作就应当千方百计地围绕这一目标去做。然而事实上却并非如此，因为现实中我们的教学管理和学生管理采用的是一种头足倒立的管理模式。在学生管理方面，我们有一套由校党委书记—院系总支书记—学生管理副书记—辅导员/班主任组成的规模庞大的党务管理系统和两课教育团队，这套系统除了进行意识形态教化外，更主要的功能是维稳，即不出各种事故。如果一旦出了差错，学校名誉不仅受损，相关责任领导的升迁也将受很大影响。然而，学生毕竟不是物品，而是有自由意志、能够决定自己行为的自主个体。这套对上负责的压、堵管理与学生冲破管制的自由本能之间始终存在着张力。因此，虽然学生管理工作事无巨细，各种跳楼自杀事件、投毒犯罪事件仍时有传出，而不断升级的管控举措也让当事双方关系更加紧张，甚至苦不堪言。这里的逻辑错位在于，一个已满 18 周岁，通过高考独木桥千方百计来到大学接受思想启蒙教育的学生，哪一个会自愿把自己培养成为一个人所不齿的无耻混蛋。简言之，学生管理，抑或管控的思维本身是立基于对学生不信任的虚妄前提之上的。

在教学管理中，同样存在着这样令人匪夷所思的事情。对于大学生而言，大学不是那些所谓的大楼或大师，而是读自己想读的书，上自己想上的课，把自己形塑为自己愿意成为的那个人。与上面学生管理中的头足倒立和对学生的根底不信一样，我们的教学管理部门同样不信任学生能够有见识去选择对自己最有益的课程。他们通过行政手段命令一线教师去设计一些专业课程菜单，一股脑地推给学生，然后聘请一些外行的教学督导专家随堂听课，评估这些菜肴是否符合学生胃口，或者抽查教学档案是否齐全，试卷设计是否科学合理，等等。然而，吃"菜"的是学生，买单的也是学生，教务部门和教学督导有什么资格、又有什么权力去剥夺学生的选菜权和评菜权？在这场教与学的游戏当中，作为主体的学生被排除在外，他们没有自主选择权和评价权，被动地接受着强硬塞给他的套餐式的课程，让原本事关切身利益的大学生涯，变的索然无味、毫无兴趣和快乐可言。

对于上面的情况，学校管理部门有时也是有苦难言。因为无论是资金支持、项目来源、还是荣誉分配大都来自于上级教育行政部门。因此，要想获得这些荣誉和支持，就要服从上级教育行政部门的行政指令和评估考核。为了更好地达标，各个高校便根据上级主管部门的官僚化科层设计，对口设置各级各类的部门机构，针对性地完成上级交办的各项指标和任务，领取上级部门"恩赐"的各类奖赏。长此以往，本来以向下对学生负责的高校畸形地转化为受上方差遣的"政府派出机构"。从这个角度出发，受到地方政府供养的南方科技大学的去行政化改革能够获得成功倒成了一件怪事。当然，我们并不否定，有时上级行政部门也想花钱办好事，让所辖的大学有名有利、做大做强。但权力是稀缺产品，不能人人一份，因此，为了公正起见，必须有一个客观评价的指标，依据排名先后来赏勤罚懒。问题是，如何来设计这些客观公正的评价指标呢？这些职业官僚们不懂专业，又觉得专家们的评定具有太多的主观性，为了把好事办好，还是你们来交材料吧，看谁获得的国家级项目多、出版的著作多、获奖的档次高、发表的论文多，等等。谁数量多、级别高、总量大，就证明谁更强，就把资金、项目或荣誉给它。

结果，数量化的比拼以科学客观的名义堂而皇之走上台面。而抽象的数字背后，教师和学生的个体诉求便作为偶然因素排斥在外。这种境况，即使是学校的当家人——大学校长们也实难扭转。

罪状六：大学校长功利少担当。 在高等教育屡受诟病的时代，人们至为怀念蔡元培先生，尤其是他在担任北大校长期间，主张"思想自由，兼容并包"的办学方针，力行"教授治校、学术自治"的管理制度，开一代风气、铸北大精神，树校长典范。然而，在当前的高等教育体制下，我们却不敢奢望会有这样一位敢破敢立、有位有为的大学校长。首先，我们的大学校长本质上是一个官阶职务，一个向上攀爬、升官晋爵的通道。为了获得上级部门的认可，或为了获取更多的财政、项目支持，鲜有校长敢于抛开行政桎梏，冲破现有体制框架，直接悖逆上级行政部门意愿的。因为脱离了政府的财政供养和投入，任何一所公立大学的生存将举步维艰，而每一步打破关系的理念冲撞，断送的不仅是个人的仕途前程，还可能是一所大学的兴衰，这个，是任何一个现行体制内的大学校长所不敢尝试的。

其次，我们的大学校长对下也不敢触怒我们的师生。例如，我们都知道学分制和全员选课制很好，但这样一种通行西方高教实践的做法，我们敢于在中国一所二三流的大学里全面推行吗？这首先要看教师群体的答不答应，因为全员选课制要求每一位老师都要精心准备一门或数门拿得出手的课程，这对那些捧着一部教材，端着一本教案几十年的老教师来讲是一个不小的压力。更重要的是，全员选课便意味着选课和开课的主导权在学生，而不在教师，如果没有学生选你的课，你就没有办法开课，也就无法评职称，完成绩效考核和享受岗位津贴，甚至转岗下岗，丢了金饭碗。如果利益受损或转岗下岗的教师多了，他们岂能善罢甘休！找个由头聚集起来，向上级部门来个联名集体上访，看你这个校长还想不想当。大学不是单个个体的聚合体，而是环环相扣的若干利益集团的联合体，任何一项改革举措，如果操作不当、条件不成熟都可能引发难以设想的后果。这也是大学校长唯唯诺诺罕有担当的原因之一。

另外，现今大学校长大多从某一专业领域选任而出，他们了解本专业的情况，但未必通晓治理大学之道。将专业性的思维转化为整全性的管理思维，并非一蹴而就，很可能阻碍他所不熟悉的学科的发展。这也是很多理工科大学中人文科学难有发展的原因所在。然而，没有人文素养的技术专家式教育是片面而危险的教育，这也成了很多专业性大学难出思想大师的尴尬所在。一所大学的校长，对上不敢违抗教育行政部门的外行指导，对下担心激发师生的众怒，在内受到专业性思维偏狭的影响，外有各种商业评估机构（如大学排名）和媒体的压力。正是这些因素的综合作用，我们的大学根本无法指望那可遇而不可求的具有担当情怀的领航人。

罪状七：制度不公催生科研经费腐败。在人们的印象中，教育腐败的高发区往往与基建、大宗物品采购和招生等环节连在一起，然而，近几年来，科研经费腐败突入公众的视野，成为"腐败的重灾区"、甚至被指认为达到了"触目惊心"的程度。我们不禁要问，远离权力中心，以追求真理为志业的教师群体缘何成为腐败的高发人群？这种腐败到底是少数个体的利欲熏心，还是体制不公造成的群体性的"逼良为娼"。从媒体报道的频次和内容不难看出，情况显然是后者。[①]换言之，这一腐败现象是科研管理制度缺乏正义的直接结果。概括地讲，现行科研经费制度设计中存在两个突出问题：一是科研预算项目被严格限定在实物的范围内，课题主持人及其所聘人员的脑力劳动时间被排除或以极为低廉的方式纳入科研预算比例之内。我们知道，科研经费总额的划拨是比照国外同类项目的标准制定的，但在忽略课题研究者的时间成本和智力价值后，在实物核销的范围内，科研经费是花不完的。为了避免结题后科研经费被白白收回，课题主持人便费劲心力去收集各种能够核销的票据，科研经费腐败问题便应运而生。二是科研经费管理中存在重过程管理轻结果验收的现象。一个项目之所以能够获批，是因为它有研究价值，给予相应的经费支持就是希望最终能够将这些有价值的想法变为现实。那么，这笔钱怎么花、何时花、花在哪里，交给课题主持人自主安排就是了，只要最终的成果达到承诺目标，否则将会追回相应经费。这样，投入和产出成正比，与课题审批和经费支持的初衷相符，课题申请

---

① 郑天虹、毛一竹：《"关系"立项、财务"造假"、审查"放水"——揭示高校科研腐败"三宗罪"》，网址链接：http：//news. xinhuanet. com/fortune/2014 - 07/09/c _ 1111538582. htm，时间：2014 年 07 月 09 日，上网时间：2015 年 7 月 5 日。

人也会竭尽全力地将所有精力放在课题研究上。然而，我们的科研管理部门不这样干，他们千方百计地设计《项目预算表》，设定各项预算项目的最高限额，严格核销每笔钱的用途是否超标——好像我们的教授、博士没用过钱一样，就是对结题验收不感兴趣。核销双方在经费报销一核销的问题上费尽心机。结果是，钱花完了，成果乏善可陈，双方却筋疲力尽。

从上可见，中国高等教育实践弊端重重。在每一个环节中，我们并没有看到哪个部门或哪些人出于某种恶意败坏我们的高教实践；也不是我们资金缺乏，有心无力去办好我们的大学；同样不是我们的教育者和管理者智商太低或情商不够无法驾驭我们的教育巨轮正确前行。然而，我们的大学就是没有办好，没有办到让政府满意、教师满意、学生满意、家长满意。那么，我们不禁要问，到底是什么原因导致国内高等教育实践让人如此不堪？为何集体的理性最终导致了集体的非理性？

二 高等教育困局的深层原因探微

对于当今我国高等教育症结的解读，可谓众说纷纭，莫衷一是。如果囿于某一现象或某一学科视角去加以分析，往往会一叶障目不见泰山。中国的现代大学教育制度引自西方，其办学旨要与近代启蒙运动的政制设计和价值观念密不可分。因此，要认清中国高等教育的诸多症候，就要廓清现代化危机与高等教育缺失的内在关联，从思想源头处为我国高等教育的病症把脉。概括而言，这主要表现在两个层面：一是现代理性主义走向自我背反，高等教育领域工具理性居上、量化思维盛行；二是虚无主义引发的传统失语，导致我国高等教育功利浮躁、行政化严重。下面，我们先来分析一下理性主义危机对高等教育困境的内在影响。

首先，从理性的一般含义上看，对理性的过度强调导致了对人性的误判和高教实践中的非人化控制。毋庸置疑，理性只是人性的一个方面。作为"……之间"的一种存在，人除了具有理性—智慧之特质外，还包括不可忽略的情感、欲望、信仰、直觉等因素。然而，自古希腊开始，哲人对理性—灵魂（神性）的高扬和对感性—身体（动物性）的拒斥，让人觉得人之根本全在理性。尼采对此不以为然，在他看来，这种理性强大、意志薄弱的人不过是缺乏生命意志、循规蹈矩的末人。叔本华的描述更加感性直接：人之真相在于，欲望骑在身强力壮的理智（瞎子）身上，指挥后者没来由地左突右奔。人是具有多种可能性和需求的生成之在，意志主义的理性拒斥虽有矫枉过正之嫌，却强有力地揭示了启蒙哲学对人之理性方面的过度强调。这种强调不仅导致对人之本性结构的认识偏颇，而且在其自身内部也难以达到自圆其说：这在卢梭那里表现得尤为明显，在启蒙观念方兴未艾之时，他就先知般地洞察到启蒙价值观念之间的矛盾和冲突：科学和技术的发展无助于敦风化俗和实现人的自由，相反会导致人心不古和道德沦落。时下，科技理性势不可当，它征服的绝不仅仅是客观的他者自然（nature），更是人类自身的自然。启蒙哲人本欲借助理性这一手段为人的平等、幸福和自由助力，但结果却为人自身编织了不可逾越的制度牢笼，让生而自由的人无往不在枷锁（规章制度和行为准则）之中。这种冷冰冰的理性宰制在高等教育实践中同样昭然若揭：当我们运用理性原则去制定各种规章制度以追求公正的分配时，作为教育主体的教师与学生，最终感受到的并非是物质待遇提升或机会公平带来的喜悦，而是体制化与行政化对自由创作和智慧思考的暗中掣肘。这也是教育行政部门愈加理性、愈加事必躬亲，教育主体越不痛快、越不买账的原因所在。这种情况，在理性自我分裂的背景下变得愈加明显。

其次，从理性主义的当代状况来看，理性至上演进为价值理性与工具理性，目的和手段的二元分裂和截然对立。从耶—雅张力下韬光养晦的古典理性主义，到神学式微、理性至上的近代理性主义，再到价值理性与工具理性二元对立的现代理性主义，理性主义从同一性逻辑走向辩证否定，最终走向自我背反（非理性主义）。需要注意的是，直到康德为止，启蒙理性仍保持着应有的克制和清醒，这表现在求真的认识论和求善的伦理学之间存在着内在统一。作为启蒙价值的捍卫者和坚守者，康德一方面开启哥白尼式革命为真理的普遍必然性论证，另一方面又试图为人的自由奠定不受因果律支配的本体论基石。在条分缕析的解剖刀下，实践理性与纯粹理性虽然表面上被一分为二，但对康德本人而言，"头顶的星空"与"心中的道德律令"全服务于"人是什么"这一理论诉求。也就是说，知性的求真同时也是对理性的划界，是为了给人之自由保留地盘，因此不存在理性之真与价值之善的背离和冲突。但到了新康德主义者韦伯那里，科技理性的真（客观性）与价值理性的善好（主观性）之间的关系变得剑拔弩张。工具理性所向披靡，手段僭越成为目的，价值理性因缺乏客观普遍性而遭到贬黜，"人文科学就像难民营，被不友善的当局剥夺了工作赶出家园的天才们，在那儿闲荡"①。理性主义内部事实与价值的区分和对立，在我们的大学教育中，表现为人文科学研究中在形式上愈发"科学"规范，在实质上却愈发贫瘠无思想。工具理性原本服膺于价值理性，却由于过度追求科学化而忘记了最初的价值预设。教育本以启蒙教化人的心灵为旨归，却最终堕入了学科的褊狭视角，对整体视野关上了心门。这种工具理性一元独大导致的教育畸形发展突出表现在量化思维的绝对统治上。

最后，从理性主义的实践表现来看，表现为（数）量化的思维方式支配学界生态。自古希腊发端之时起，西方理性哲学便将数学化的演绎思维方式奉为圭臬。例如，延续九百年之久的柏拉图学园（Academy）的大门上便赫然镌刻着"不懂几何学者莫入"。近代物理学为代表的自然科学更是以数学为样板，并取得了足以傲视后人的巨大成就。这让人文社会科学者们变得不自信起来，他们开始运用数理分析的方法使自己看起来更加"科学"。客观地讲，数学作为工具也好，样板也罢，在价值理性与工具理性尚未分裂的背景下，作为一种思考进路本无可厚非。然而，一旦脱离了价值判断和好坏评价，凭任事实分析的科技理性恣意生长，事情就变得不那么简单。这里潜藏的风险在于：一是科技产品是为人所用、为人服务的。科学研究可以做到客观中立，但运用其成果的主体——人则是带有好坏意图的。这也是为何那些以真为使命的物理学家或生化学家成为二战帮凶，从而酿造了史所未见人间惨烈的原因所在；二是科技理性的量化思维一旦成为主导思维方式，便会通过物质生产，市场交换和法规制定等方式潜入到人的意识层面，产生见物不见

---

① ［美］布卢姆：《美国精神的封闭》，战旭英译、冯克利校，译林出版社2011年版，第2页。

人的物化意识，最终导致人的全面物化。①正是在这个意义上，流亡犹太政治哲人施特劳斯批判美国学术生态与德意志无异，已然成为事实与价值区分原则和价值相对主义观念的大本营。②那么，我们可以接着断言，这一价值中立的量化思维取向如今已然宰制汉语学界，成为汉语学人从事科学研究的方法论典范。值得注意的是，数量化的思维方式并非学界内部的某种特殊现象，它已伴随着现代化的步伐渗入社会生活的方方面面，例如政府部门的西式 GDP 崇拜和量化考核政绩观，企业生产的泰罗制和福特模式，应试教育中的升学率比拼，民事案件中的调节率指标，等等。没有价值理性的规约，我们的社会在量化思维的驱动下，像一匹停不下来的野马，明知前方是万丈深渊，却又无法悬崖勒马。

综上可见，理性本性具有反对情感偏好、扼杀人的生命意志的内在倾向；在现代性背景下，理性主义走向了价值理性和工具理性的自我分裂和二元对立；在实践操作层面，表现为量化思维方式对社会生活的非理性统治。理性主义的现代危机，导致建立其上的高等教育弊端尽显：数量化盛行、应试化严重、工具理性主导、深度阅读和批判思考阙如，等等。这里，有人可能会提出质疑：不对啊！西方传统崇尚理性主义和量化思维，在我们老祖宗那里却并非如此？我们的儒家传统重人伦、讲担当；我们的传统社会是熟人社会、重孝道、有温情，我们的传统思维方式倡中庸、少极端，崇尚和而不同。那么，当下我国高教实践中的诸多病因岂能用现代西方理性主义危机这一单一理由来加以诠释？换言之，这里我们要继续追问，中华传统文化资源为何在中国高等教育实践中失语，无法发挥纠偏理性主义的应有作用？

这就关涉中国高教实践病因的第二方面：虚无主义激荡汉语学界，导致中国传统文化失语，腐朽意识甚嚣尘上。概括地讲，虚无主义在中国的发生跌宕百年，曾先后两次隆重登场：一次是在五四新文化运动时期，在救亡图存的时代背景下，五四思想精英对传统文化进行了深刻检省和无情拒斥，在知识分子和广大智识青年层面产生了深远影响；第二

---

① 参见［匈］卢卡奇《历史与阶级意识——关于马克思主义辩证法的研究》，杜章智、任立、燕宏远译，商务印书馆 1999 年版，第 146—180 页。

② 参见［美］施特劳斯《自然权利与历史》，彭刚译，生活·读书·新知三联书店 2006 年版，第 37—81 页。

次发生在"文化大革命"期间,在破四旧、批林批孔等群众运动中,虚无主义以反封建的面相粉墨登场,在社会大众层面掀起了涤除传统的浪潮。比较而言,两次虚无主义运动在时代背景、主题任务、发动主体、表现形式等方面差异显著。例如,第一次浪潮的主角们是那些留学归来的知识分子,他们就像柏拉图笔下走出洞穴的哲人,到西方接受了科学(德先生)、民主(赛先生)和自由(费小姐)等观念之光的照亮(启蒙)后,折返洞穴中教化麻木不醒的愚众,让他们脱离民族劣根性,成为具有理性反思意识的现代人;第二次拒斥传统的主体是人民大众,他们不像五四启蒙思想家那样通过著书立说的方式开启民智,而是采用阶级斗争的革命方式向一切"牛鬼蛇神"宣战,在他们看来,传统的就是封建的、腐朽堕落的,因而需要毫不留情地予以连根拔除。唯有如此,心灵白板上才能绘就又红又专的精美蓝图。尽管两次虚无主义运动在形式上存在上述种种不同,但从根本上看,二者在对待传统的虚无态度上却有着惊人的相似,对他们而言,传统是造成中华民族苦难深重、民智愚化不开的原因所在,是阻碍中华民族走向富强民主国家的拦路虎、绊脚石,因而是需要泼出去的脏水——不论水中是否有孩子。

然而,应该看到,传统并不是一张纸、一尊泥像,打烂撕碎就万事大吉了,而是融入人们血脉之中的 Nomos(礼法习俗)。它与中华民族几千年的生活方式、行为习惯和思想观念水乳交融,通过有形文字、婚丧嫁娶、乡约民规、民风民俗等各种形式代代相传,沉淀在民族历史的记忆当中。因此,除旧布新的思想启蒙也好,反封建的文化革命也罢,只能对其有形的部分进行摧毁,甚或遗忘。然而,一旦风潮过后,条件适宜,那些潜藏在人们头脑中无意识的部分便会悄然复活。这就是依照西方模式构建的现代法治政府,其成员始终无法做到公私分立,杜绝腐败的文化根源所在。另一方面,传统退场之后,人们一方面感受到解除道德礼法束缚之后的自由畅快,同时也感到内心的空虚和行为的无所依凭。人的心灵不是筐筐篓篓,可以空置不用,它需要有所思、有所想。然而,西方的现代启蒙观念尽管抽象唯美,但不接地气、水土难服,结果,功利主义、实用主义、拜金主义之类等而下之的虚浮观念便乘虚而入。从这个意义上讲,三十多年的改革开放尽管成就斐然,但在精神层面却宛若一场突破传统道德底线的竞技比赛,环境污染、食品危机、道德沦丧、贪腐横行在这场竞赛中接踵登场。

在高等教育实践层面，虚无主义的影响同样昭然若揭。这或可归结为以下两个方面：一是中国传统文化在中国高等院校的教育教学实践中基本缺席。这种缺席体现在方方面面，如办学精神、教学内容和日常言行等方方面面。首先，中国许多大学的校训虽然源自古代典籍，但对其精要的诠释和贯彻却仅仅停留在字面，根本没有进入学生的灵魂，成为他们立言力行的精神尺规。其次，在教学内容上，我们的传统文化更是在专业化的教学内容中几乎完全缺席，例如，我们很少在理工专业，甚至在法学、政治学、社会学等社会科学类专业的课程表里看到关于我们古代经典的教学安排。相反，西式的各种经典和教科书、知识性的教学和考核却登堂入室。最后，在常规事务性活动中，无论是入学教育、主题教育、文体活动、还是毕业典礼，都鲜见中国传统文化的出场。相反，在各种会议的座次安排、人名排序、接待宴请、对等接送、级别待遇等方面，却处处可见传统官本位残余对高等教育的影响（下面论及）。

总而言之，对中国传统文化的虚无主义态度渗透进了高等教育的方方面面，导致我们的大学生家国意识淡薄，精英情怀缺失，相反，成绩高低、学分绩点、证书获得等填满了学生的头脑，如何能够找到一份温饱的稳定工作成了广大学子的最高追求。问题是，一个缺乏天下意识、胸无他者，只关心个人利益得失的学生，岂是我们教育培养的目标和振兴中华的中坚所在。有必要强调的是，我们这里一再重申的传统出场，是就学生治学研究中的气象（天下意识）和现实关切（家国情怀）而言，不是宣扬号召教导我们的大学生都去关心政治，以从政做官作为自己理想抱负。相反，在笔者看来，学而优则仕的官本位风气恰恰是传统文化退场、腐朽意识登场的产物。

二是口耳相传的官本位意识充斥大学校园，高校行政化让大学成了学问次之的准衙门。这种现象同样弥漫于中国高等教育的方方面面：首先表现在，我们的大学与教育行政部门之间存在不可分割的人事和财务隶属关系。一方面，高校各级领导干部都有相应的行政级别，而校级领导干部的任用则直接来自上级教育行政主管部门的任命。另一方面，上级教育行政部门是高校的衣食父母，通过划拨经费、项目引导和授予荣誉等手段对高校的教学科研活动进行评估、检查和管理。其次，在高校内部，教师和各教辅行政部门的关系同样充满了行政特色，如教务处主抓本科教学，人事处掌管教师工资和职称评定，社科处负责项目申请，财务处审核经费报销，等等。上述各部门均手握"玉玺"（印章），唯有在所需的时刻被盖了公印，教师的个体权益才能得到保障或认可。再次，在学校的日常行为中，同样充满着各种官文化的痕迹，如开会要讲究座次，发言要讲求顺序，学术参访要同行政级别领导对等接待，荣誉授予和待遇兑现要讲求资历排名，等等。毋庸置疑，上述所及的各种教育行政化和官本位意识贻害无穷：一方面，它向教师、学生渗透了腐朽学而优则仕的观念，让师生觉得学得好就可以做官，做了官才会有更大的尊严，才能获得更多权力和名誉，而那些只认死理、振振有词的教师是一些不可理喻的书呆子；更重要的是（另一方面），它混淆了大学的功能和本性。大学是求真知、修心性、铸人品的学术殿堂，而不是拉帮结伙、论资排辈、捞取钱财的官场商场，行政化抹去了真理和政治的界限，拉低了自由探知的神圣和高贵，这是与教育的旨归格格不入的。

综上可见，中国高等教育实践诸多病症的深层病因主要表现在两个方面：一是理性主义危机引发的价值理性与工具理性分裂，工具主义盛行、量化思维主导和人的全面异化；二是虚无主义导致的中华传统文化统绪断裂，以及随之而来的道德沦丧、精英意识淡漠、教育行政化严重、世俗化功利化凸显，等等。这两方面原因之间又有着重要的因果关联：对传统的拒斥和虚无化态度，是伴随着现代西方思潮的引入而开启的，前者的结果直接导致传统在中国高等教育建构中的失语和不在场，这为后者登堂入室、出场在场提供了思想空场。而理性主义危机所引发的中国高等教育的困境则呼唤着中华传统的重新登场，这种传统的登场与西学在场的碰撞与互补才有可能为解决中国高等教育的困局提供可能。

三　略论中国高等教育弊端的几点应对之策

中国高等教育实践并非铁板一块，而是由高度个性化和差异化的诸多个体聚合而成。尽管从理论视点着眼，它们之间有着重要的家族相似；但在实践层面，却包含着省份地域差异、办学定位有别和学校性质不同等诸多面相。因此，不顾主客观条件是否具备，一刀切式的理论顶层设计或对策分析非但无助于解决中国高等教育的困局，相反会催生很多新的问题。有鉴于此，笔者此处不想（也无力）针对高等教育的诸多症结提出一揽子的方案构想。而是针对上文提出的高教实践中的几个重大疑难问题，如教育去行政化问题，传统文化出场问题和数量化思维主导问题提出自己的一点个人之见，算是抛砖引玉，求教于学界同仁。

（一）在教育去行政化方面

教育行政化问题由来已久，近些年来更是被推上风口浪尖。面对诸多诟病，教育行政部门开始瘦身减负，南方科技大学也在筹建之际试图破冰试水，然而，若干年过去了，我们非但没有看到这一问题得到解决，相反日趋严重。[1]个中缘由，其实并不复杂：一是教育行政部门表面放权，暗地收权，不愿忍痛"割肉"；二是高校行政管理人员规模庞大，且以升迁获权作为个体毕生事业追求；三是我们的高校像没断奶的孩子，渴望、依赖甚至不愿离开政府衣食无忧的襁褓。因此，在教育去行政化的问题上，上方不情，下方不愿，当事双方均消极怠工，去行政化成了落不到实处的水月镜花。在笔者看来，要真正破解高校的去行政化问题，必须三管齐下：一是需要通过立法来规约双方的权责关系，赋予高校办学自主权，取消行政级别设置，建立高校自主搜寻、选拔和任命校长的机制。众所周知，从权力的逻辑出发，让一个权力部门自动放权，如同与虎谋皮。因此，立法机关必须出场，在综合政府、社会和高校各方意见前提下，以立法的形式明确政府与高校的权责关系，赋予高校招生、专业设置、授予学位等方面的办学自主权；简政放权，取消高校内部行政级别设置，让高校自主筛选、决定和罢免校长的聘任[2]。二

---

① 徐晓景等：《教授批教育行政化：一副处长 20 个博士副教授去争》，发布时间：2015 - 03 - 09，网址链接：http：//learning. sohu. com/20150309/n409508028. shtml，上网时间，2015 - 7 - 24。

② 郭英剑：《哈佛大学的校长是怎样产生的？》，发布时间：2008 - 11 - 25，网址链接：http：// www. cas. cn/ xw/ kjsm/ gjdt/200906/t20090608 _ 635294. shtml，上网时间：2015 - 7 - 23。

是要理顺高校内部行政管理体系、后勤保障体系与教学科研体系之间的权责关系，树立学生、教学科研教师在大学结构体系中的核心地位；取消行政管理与条件保障岗位人员的行政级别；转变管理功能，树立为师生服务、受师生考评的合理机制。最后，也是更为重要的是，高校要主动出击，广开募集资金的渠道，改变政府拨款、学生学费占主体的经费来源格局。通过推进校企合作、教育产业化进程，提高市场融资和经营创收能力，加大募捐筹款收入比例，真正使自己的荷包鼓起来、腰杆硬起来、底气足起来，从而摆脱政府部门的指手画脚，凝聚心力按教育规律办让人民满意大学。

（二）在传统文化出场方面

重视国学教育，加强中华民族文化的自我认同在全球化的浪潮下已刻不容缓。有鉴于此，国内的一些重点大学如中国人民大学、北京大学、清华大学、武汉大学等先后成立国学院，承继传统统绪，培育国学精英。然而，中华传统文化要在当下高教实践中出场，仅仅靠所谓的国学诵读热或几所大学的国学院是远远不够的。也就是说，传统文化的出场必须在文化的出场、习俗的出场和行为养成的出场三个方面下足功夫。首先，所谓文化的出场，是指大学要开设一些国学经典的必修课程，让大学生在博雅教育中多读一些中国传统的经典之作。博雅教育并非精英教育或专业教育，而是大学生入学前两年都应进行的教育。博，指知识广博，雅，指做人要雅，中国传统文化既能补充知识之丰（博），也有助于学生立德修身（雅）。因此，在高等教育里，打破学科壁垒，力行博雅教育，将传统文化纳入课堂教学，这是对中国传统文化出场的基本保证。其次，仅有文化的出场还不足够，因为智识性的课堂教学与无意识的行为习惯之间有着不短的距离。传统文化节日的仪式教育可以弥补这一不足，因为习俗的出场对学生的影响是潜移默化的，它作用的是人脑潜意识的部分。传统文化的出场要充分利用端午节、重阳节、中秋节等民族传统节日，开展一些复古色彩的庆祝仪式和主题纪念活动，让传统文化的礼俗之风感染学生、影响学生。最后，除了国学课程和主题教育活动外，我们还要在行为养成过程中加强学生的修身教育，此即行为养成的出场。这主要包括开展礼仪课程，对学生的待人接物、立德立言、文明修养等方面进行规范化地训练，让学生在言行中自觉践行传统之礼，把传统文化的精要点滴渗入学生的日常言行之中。

（三）在去除数量化思维主导方面

数量化思维的主导地位不仅体现在学科性的科学研究中，也体现在考评管理和职称评审等环节。鉴于主题和篇幅所限，本文只对后两者加以分析。首先，量化思维体现在官僚化行政管理的方方面面，已成为教育行政化屡受诟病的重要原因之一。教育行政部门不是学术机构，其中的管理者亦不是学科领域的权威专家，因此，采取让学术说话的质性评价标准，无异于权力旁落，为他人做嫁衣。而数据统计和量化评估既能彰显管理者的客观公正，又能为政绩考核提供数据支撑，故而虽屡受媒体公众的批判指摘，仍为教育行政部门所青睐。因此，要想去除量化思维主导，首先要去教育行政化。其次，为了去行政化之后，量化思维模式仍惯性主导学术评价，我们的大学也应有所作为，即制定质性评估为主的考评方案，有效遏制数量化评估、比拼所带来的浮躁学术风气。其次，建立质量互补、以质为先的职称晋升制度。概括地讲，就是让职称评审以学术成果的质量、学术研究的能力和教学水平作为职称评审的核心标准，而不是将论（文）著（作）的数量或字数，出版社和学术期刊的档次等外在标准作为职称评审的主要考评依据。具体而言，可从以下四个方面入手：1. 依靠校外同行专家的匿名评价（对参评者个人永久保密）来评估参评者的学术成就和才能；2. 通过文章或著作出版后产生的评价和学术影响为依据来评估参评者的学术研究能力；3. 通过历年，尤其是已毕业学生的评价来评估参评者的教学态度和教学才能；4. 通过校内外学术委员会兼职、基金项目评审情况和匿名为出版社或期刊审阅稿件的情况，来评估参评者的社会服务情况。[①]总之，通过去量化的人才测评理念，确保受到国内、甚或国际充分认可的优秀才俊从职称评审中脱颖而出，继而让他们在无教学、科研工作量年度考核要

[①] 参见胡德维《美国大学评职称：重在质量，不看数量》，载《光明日报》2014年1月19日，第6版。

求，生活有充分保障的自由、宽松的学术环境潜心研究，在基础性、原创性领域有所突破，成为大师级的学界楷模。

综上可见，中国高等教育的去弊开新是一个复杂而深巨的系统工程：它的存在与政治公权之间若即若离、难以剥离，表现为教育去行政化的任重而道远；它的困境与现代理性主义危机有着文化机理上的因果关联，而摆脱量化思维和工具理性又绝非说说那么简单；它的开新与古今之争和传统文化的出场关联紧密，但如何应对市场经济和商业文明对传统生活方式的根底抽空，让传统重新走入当下，树立国人的文化认同还有一段艰难的路要走。简而言之，当下的高等教育实践与现代性危机、古今之争和政（治）—教（育）张力之间关联紧密，试图通过一篇文章之力解决中国高教实践的现实困境，既不可能、也不现实。然而，高等教育的问题又绝非一个可以视而不见、置之不理的现象，它关系中华民族的伟大复兴，关系每个家庭和青年才俊的未来走向，更关系每一位教师学生的生存境遇。因此，我们有责任、也有义务为其良性健康的发展启思谏言，这也是本文写作的初衷所在。

高校学生管理应当走出"城管思维"

　　大学是培养学生的地方。这种培养不仅仅是知识上的答疑解惑，更是人格气象上的锻造养成。这种锻造养成，一方面体现在要将学生培养成对自己的言行负责，对自己的人生筹划、设计、并勇于承担这一选择后果的理性人；另一方面体现在要培养学生敢于批判社会陈规陋习、勇于创新开先的学术品格。唯有如此，当他们走上工作岗位，才会感念大学给予他的精神品格，才会放开手脚，有胆识、气魄和担当地直面职场。也唯有培养出这样的人才，我们的国家才有希望，我们的民族才有未来。

　　大学的这一授知解惑、锻造人格、开先布新的教育职能不仅体现在课堂教学中，也应当体现在学生管理中。然而，不幸的是，我们的大学管理人员视野格局太过促狭，他们把自己的任务限定为不出事，限定在围追堵截的维稳上，完全背离了大学的本质和大学的应有作为。

　　举个例子，在当下很多大学，学生管理有一整套人事系统：上至校党委副书记，学工部、团委领导，下至学院党委副书记、专职辅导员，甚至由专业教师组成的兼职班主任。这一整套的管理系统，运作起来，最主要的目的是防止学生出现各种事故，如跳楼自杀，用电安全，思想稳定，口角纠纷，恋爱堕胎，就业考研，考试舞弊，课堂出勤，等等。学生管理事务繁杂琐碎，可苦了这帮学生管理教师。他们一般通过班会、评奖评优，宿舍检查，早晚自习抽查，发展党员等日常活动展开。那些基层的学生管理人员，尤其是班主任老师们，天天盯着学生的短处，担心他们违反校规校纪，担心他们捅出娄子，担心他们太过激进，但操多少心，做了多少工作都没用，只要出事便有过无功。真的难为了这些班主任老师们，他们把学生视为洪水猛兽，事无巨细、处处提防，战战兢兢、如履薄冰。然而，这种管理思维是典型的行政思维，是害怕担责、唯恐无功有过的城管思维，是事无巨细的管家婆思维，是缺乏大学应有气象的包工头思维。他们天天与学生接触，气象的狭窄，胸怀的促狭，眼光的恶毒，婆妈的琐碎，让学生如何超越大学生活的无聊和枯燥，如何感受大学生活的浪漫与美好。

如果说大学培养的是勇于担当、富有批判意识的未来人才，那么，我们就应当相信一个个已满 18 周岁，经过高考独木桥、满怀理想进入大学的学生不会有意将自己培养成一个废才。成才的路上有坎坷、有困惑，需要教师引导，需要典范示范，我们可以在这些方面做足文章。而不应当在生硬管理，在惧事维稳、在日常琐事上费尽心机，处处提防。极端地讲，一个活不下去的学生，如果没有发自内心的灵魂转变，通过外在的防堵说教是防不住、堵不了的。学生的生命是他自己的，照看他自己的生命是他的责任。唯有让他意识到为自己的幸福和美好人生尽责，为自己的荒唐之举负责是他当仁不让的使命和义务，换言之，唯有在培养学生敢于承责的健全人格上有所增益，我们的学生工作才是在大学的层次上完成了使命，这远比防堵维稳的被动应付的境界高明许多，也是我们应当努力的方向。

中国式教育问题的症结关键
在于如何革新中学教育

中国教育的根本问题是孩子不爱读书，没有强烈的求知欲和好奇心，而这种结果"归功于"我们可爱的中学教师，在他们手里，将处于思想价值观念形成最为重要时期（13—18 岁）的孩子的好奇心彻底扼杀殆尽，从而断送了中国教育的希望和未来。

之所以说中学阶段最为重要，是因为，中学之前的孩子，尤其是孩子的强烈的探知欲受到吃、玩等欲望的宰制和心智不健全的影响，而中学之后的孩子又沾染了太多的社会功利考量和习俗型塑，而唯有价值观念尚未固定、定型的初高中阶段才是唤起他们探索真知，形成判断的最佳时期。正是基于这一考虑，世界畅销书——《苏菲的世界》的主人公苏菲（sophie，原意为智慧，是爱智慧 philosophy 的后一词根）的年龄设定为 14 岁。

然而可悲的是，我们的孩子在中学阶段遇到的是那些教师啊！他们眼里只有升学率，因为中学评职对科研没有要求，只对升学率有要求，他们将眼光焦灼地盯在成绩名次上。不去读书，不写论文，不做科研，用着几十年不变的陈旧知识、错误观念垄断课堂，粗暴地排斥一切与考试无关的爱智发问，成为学生思想发育和灵魂成长的最大障碍。最后竟然"心安理得"地享受着"阳光""蜡烛"和"春蚕"的美誉。

然而，一个不喜欢读书，不求新知，对人生意义不设问求索的人，怎么有资格成为师者？一个只求功利升学率，毫无道思的人，如何为学生传道、授业、解惑呢？

中国传统文化不尚追问，缺少打破砂锅问到底的精神，反映到教育问题上，眼睛只是盯在教育问题的表面征候上，如教育官僚化严重，应试教育主导，教育资源分配不均，农村师资极度匮乏，高考升学机会不公平，等等。这些当然都是时下教育的问题表现，但不是我们教育不出人才的关键所在。我们时代中国教育的最大问题在于，我们的孩子根本不爱读书，不以求知尚学作为志业，而是将眼光盯在专业、职业和世俗的成功上。而这些，并非是他们天性如此，而是在其成长中，陪伴他们成长六年的初高中老师的庸俗、无知和不求进取的楷模所致。

不改变中学教育，不改革中学教师的治学路向，谈论高教改革，谈论成才成人，充其量是舍本逐末的自欺欺人。

流浪在外 VS 离家—还家

——刍议中国当下教育的德性缺失

阿里斯托芬曾写过一部著名的喜剧《云》，在其中把苏格拉底描摹成一个不食人间烟火的智术师—自然哲人。剧中一位父亲将儿子送到苏格拉底那里学习修辞术，希冀儿子学成归来能够凭借三寸不烂之舌赖掉欠债不还。儿子果然不负瞩望，父亲窃喜事如所愿，不料儿子打了母亲，还振振有词地声称有充分的理由可以杖打父亲。喜剧的结尾，羞愤莫名的父亲一把大火烧掉了苏格拉底学园。

妄论柏拉图、色诺芬笔下的苏格拉底人格伟岸，教诲"德性即知识"，而且身体力行，用生命来捍卫法律威严的知行合一之人。就是喜剧诗人所言非虚，其时我们也不必惊诧于苏格拉底式教育的迂腐和荒谬。因为，我们当下的教育就是这样一种德性缺失的教育。

凡是经历十年寒窗最终走入象牙塔的智识青年，以往专注于繁重的学业和考试，或许没时间细品自己的教育历程。现如今大学毕业、事业小成，不妨回过头来细品一下我们受教育的历程及其本质。从小父母把我们送到学校，告诉我们要好好学习，考出好成绩，考上名牌大学，找到好工作。从家庭教育的本性上看，教育的最终目的，就是让我们从对父母（物质和精神上的）依恋状态，即在家状态，转变为我们物质上和精神上双重独立的社会人，即离家。学校教育在本性上也大抵如此：我们外出求学就是接受启蒙，增广智识上的见闻，所受教育越多，我们的独立性就越强，与家的距离就越远。以至于我们每次放假回家时，都发现父母依旧是老样子（生活方式和思想状态），而以前那个熟悉的街巷、繁华的市场和充满美好回忆的游戏场突然间变得那么的粗陋不堪（与求学所在地的繁华相比）。更重要的是，我们接受了智识上的启蒙，突然觉得父母生活和思维方式上十分迂腐，然后开始尝试评价、甚至指责父母做法的种种不是。刚开始，作为儿女的我们心里还有些忐忑，但父母听到我们的振振有词，最初的反映是新鲜、欣喜：看！孩子长能耐了，在外学到本领了，说得多好！这种接纳性、包容性反应，助长了我们的胆量，渐渐让我们在心灵上离家日益遥远。正如鲁迅笔下的《故乡》，童年时在家状态何其美好，然而在外接受教育—启蒙，再回家时突然感到故乡是多么遥远，闰土的木讷，杨二嫂的俗气，还有老旧的街巷……教育让我们的思想高飞，让我们远离熟识的常识世界（家园感），最终让我们成为飘零在外的游子。

因此，我们可以暂时得出结论，我们接受教育，无论是家庭教育还是学校教育的最终目标就是离家，而不是回家或在家。然而，这样一个结论其实并不周全。从智育角度讲，我们可以认为这样一种形象的说法并不算错，上学就是为了学知识，就是变得比父母更强，从大的方面讲可以为国家做贡献，成为建设伟大祖国的栋梁之材，从小的方面讲，可以在离家后建立新家，娶妻生子，成家立业。但从德育角度讲，却未必如此：我们接受教育并不是为了数典忘祖，无父无母，只念私人小家，成为有知识、高智商的精致利己主义者。但遗憾的是，我们当下的教育就是只重视智育，而缺乏德育的教育，就是强调离家，而不提倡在家、回家的教育。

有人可能会反驳说，不对吧，从小学到大学，我没少上德育品德课，怎么能说我们的教育中缺少德育内容呢？笔者并不否认，我们当下的文教体制中具有形式意义上的教育内容。然而，这种教育是以知识的形式生硬灌输给学生的，而根本没有内化到学生的做事立人、习惯养成中去。龙应台有一篇文章名为《不相信》，首句的表述是："二十岁之前相信的很多东西，后来一件一件变成不相信。"其实我们当下教育中强制灌输的德育内容，甚至没能走出课堂，抑或随着上交的试卷一并交还给老师。即使是上学时，曾有过一些感动过、相信过的德育教育内容，在走上社会遇到挫折的刹那，便立即陷入质疑从而变得不再相信。

教育是一个立体化的结果，我们的学校、我们苦口婆心的班主任老师，我们将功利主义视为座右铭的家长，看到的都是孩子最终的分数高低，排名前后和录取情况。然而，分数充其量只能考量孩子的记忆力、理解力等智商，却无法反映出学生是否有同情心，是否有正心、诚意、修身的人格品质，是否有齐家、治国、平天下的担当情怀，是否有尊师敬老、宽厚待人、爱知求真的教化养成……当我们的教育放弃了传道、解惑的功能属性，成为授业之独一属性一统天下的高考集中营或职业培训所时，我们还有什么底气拍胸脯说我们受过的教育是震颤心灵的人生教育。

喜剧是把丑恶的东西拉近了给人看，这种拉近所带来的戏谑效果首先让人忍俊不禁，然而便是深深的反思。因此，阿里斯托芬的《云》便是把苏格拉底式只讲知识，不顾德性的教育（不管现实历史中的苏格拉底是否如此）的邪恶以极端化的方式展示在舞台上。《云》的结尾是苏格拉底学园的覆灭。这喻示我们，缺乏德性的教育最终是祸国殃民的教育。与个体而言，它为我们培养的不是健全的成品，而是有严重质量缺陷的残次品；与国家而言，一旦让有知无德的人掌握权力或掌握技术，对我们的社会的危害可能更大。

当下中国的教育，不仅要成为离家的智术师教育，更要成为离家（智育）—还家（德育）的整全教育。这种整全教育，既关注我们肉体健康的医学教育、肉体便利的技术教育（工科），也要有满足我们爱智之欲的基础学科教育（如基础数学、基础物理学）、关注我们灵魂健康和社会健康的人文教育（哲学、政治学、社会学、历史学）。而这些教育，不应当是分属在不同人身上的专业教育或阶段教育，而是要对每一个人都要进行的一以贯之的通识教育。我们思想的家园不仅要汲取距离我们遥远的西方高新科技知识（离家），而且要善于发掘滋养我们立言树德的传统文化（回家）。在复兴中华的伟大征程中，离家向西方看齐固然非常重要，找到我们回家的路，复兴我们的传统文化（还家）同样刻不容缓。

数据为尊何时休

——从武书连"大学排行榜"风波和《中国家庭金融调查报告》所想到的[*]

2012 年 5 月 13 日，西南财经大学与央行金融研究所携手成立的中国家庭金融调查与研究中心隆重发布了全国首份《中国家庭金融调查报告》（以下简称《报告》）。《报告》称，中国城镇家庭平均资产247.60 万元，家庭负债平均为 6.26 万元；近九成中国家庭拥有自有住房，城市户均拥有住房 1.22 套……一时间，风声乍起，《广州日报》、《青年时报》、《京华时报》、《重庆晚报》、人民网、东方网、新浪网、凤凰网等报刊、网络纷纷发文或转载此事。据《网易论坛·新闻论坛》的统计（从 2012 年 5 月 16 日 04：03：07 到 2012 年 5 月 17 日 15：21 时止），有 238598 位网民关注并参与这一话题的讨论，"网友们纷纷惊呼，自己拖了大家的后腿！更有人无奈地表示，自己'被平均'了！"

无独有偶，《中国高教研究》2012 年第 5 期发表了中国科技大学高教所"大学评价研究课题组"的《基于公信力视角的大学排名研究》一文，指出，依据武书连课题组《2010 中国大学评价》指标体系和算法对国际一流名校加以测算，美国加州理工学院（2011 年英国《泰晤士报高等教育副刊》全球大学排名中排名第一）"人才培养"得分竟无缘进入武书连排行榜单的前 500 名。（见《武书连大学排行榜遭质疑：剑桥排不进中国高校前 20 名》，王磊文，《中国青年报》2012 年 5 月15 日）

---

[*] 本文写于 2012 年 5 月 13 日，尽管在材料上已经陈旧，但在论题所指的问题指向上，今天并未过时。

这两件事情看起来风马牛不相及，但在笔者看来，却是对中国学术研究现状的一次公开审判，因为它凸显了当下社会科学领域，包括政府、科研院所、高校等数据为尊、量化至上思维的深层悖谬：数据统计与公众感受之间的巨大断裂。

为什么网民会对《报告》反响如此之大，因为《报告》中提到的数据与他们的实际感受相差太远了：中国家庭资产平均为 121.69 万元，城市家庭平均 247.60 万元，家庭负债平均为 6.26 万元，城市户均拥有住房 1.22 套……天啊，我哪来的两百多万资产？我何时拥有的 1.22 套自有住房？我银行按揭的贷款可是几十万呢？北上广深的大批蚁族、房奴会诘问，近 3 亿农民工子弟会疑惑，680 万名即将走向社会的大学生（2012 年）会愤慨……这是哪门子的权威数据，是数据统计的漏洞？还是我被极少数的超级富豪们的资产平均化了？

同样的，人们也会疑惑，世界一流大学加州理工大学排不进武书连排行榜单的前 500 名，曾培养出 10 位诺贝尔奖得主和 6 位菲尔兹奖得主的巴黎高师与国内咸宁学院、宜春学院的排名大体相当，赫赫大名的剑桥大学竟排在我国高校的 20 名之外……哇塞，这不是误人子弟吗？我们无需听凭武书连充满专业词汇的滔滔辩解，单凭印象，我们就知道什么权威啊，可靠啊，全是一派胡言。

但问题是，为什么耗时 3 年，权威部门发布的《报告》会让人觉得匪夷所思，为什么沸沸扬扬搞了近 20 年（1993 年算起）的武书连大学排行榜竟会如此荒谬。是因为研究调研者不够专业？要知道《报告》的科研调查团队里有美国加州大学伯克利分校经济学博士、"长江学者"讲座教授，有中国人民银行研究局局长，有国家统计局景气监测中心、中央财经领导小组办公室和西南财经大学的知名教授等十数位知名专家，可见研究团队无所谓不强大。那么，问题的症结究竟在哪里。在笔者看来，是我们的"事实—价值"区分的研究方法出了问题，是因为我们社会科学将客观化的量化思维推到极端的结果。具体而言，主要包括三个方面：

一、数量化统计应加入主观价值性的倾向才更合理。以《报告》为例，其目的是为政府和监管层、金融行业做出重大决策提供微观层面的数据支持。为了追求客观性和真理性，研究团队依照业界通行的标准随机抽取样本，尽量做到数据精准，论证严密。但是，事实研究真的能避开主观性的、价值性的干扰吗？根据现代西方哲人的理论，价值—事实区分的方法是可欲而不可求的幻想。事实纷繁复杂、千变万化，科学研究需要抽象，固定流变、形成规律，这样就需要从生活世界中选取素材，选择就要有偏好，就要带着某种特定目的去选择，因此也就无法摆脱主观性价值偏好的干扰。我们仍以《报告》为例，首先，它无法像全国人口普查一样，动用几百万的人力去挨家挨户地调研取证，因此，样本数量再多也难免有所偏颇，如遇巧合，样本集中在超贫困或特富裕地区，数据将会偏离真值更远。其次，更重要的是，《报告》的制作是有目标指向的——为政府住房、金融政策提供数据基础。极少数超富者对 200 多万资产的数据是不屑一顾的，反正它不及其财富的零头，但对绝大多数弱势群体而言，这就发出了一个错误的信号，200 多万资产、6 万多欠款，1.22 套自有住房，是不是意味着中国老百姓生活富裕，住有所居，幸福感很强，是不是意味着我们政府的保障性住房举措，限制房价过快增长多此一举，是不是忽略了食品价格上涨、油电价格齐升、托（儿）费高企、房价畸高等的动态因素带来的生活感受。那么，我们要反问调研者，你们调研是为极少数富人辩护呢，还是为绝大多数弱势群体提供证言呢。如果说你们只为真理、真实性负责，那么，你们的平均数事实上已经出卖了弱势群体，投向了富者的臂弯。因此，数据统计必须兼顾目的，要有立场，这样才能使数据具有生命力，符合大众的实际感知。

二、功利化色彩，原始数据受到污染，导致数据统计结果不可靠。笔者向来对数据统计保持警惕，部分是因为我们的调查对象不是抽象的数学题 $1+1=?$，不是静止不变的物品，如 1 个桌子、2 个桌子，而是活生生的个体——人，是有着历史背景和文化传承的人。那么，即使我们有财力、物力、精力调研所有的中国家庭，你得出来的原始数据又怎能保证准确呢？你怎么保证被调查者对你坦诚相待：会不会担心信息外露，或担心你别有企图；你怎么保证对方是恪守外部露富的观念还是好大喜功的浮夸原则；这些暂且不论大多数人的理财观念淡薄，对自己家底都稀里糊涂等因素。对于武书连排行榜，情况就更为复杂。因为目前的大学排行榜，其原始数据大都依靠各大学提供的资料，要进行排行统计了，就发个邮件给大学，让其提供科研经费数量、学生数量、就业状况，等等，问题是，"越是心虚的大学，越是认真地对付它的调查表，越是大牌的大学越是不理会它的调查表"。（见陈平原《解读中国当代大学》）更有甚者，一些大学为了招生和校长政绩工程，公然造假，虽然"可以利用别人的资料重新核对看你有没有造假，但是这个核对非常困难"。所以，依靠高校提供资料来进行的大学排行榜，由于功利化色彩严重，原始数据受到污染而导致其可信性大打折扣。

三、数据统计应兼顾不可量化因素。数据统计的误差还表现在它对不可量化因素的粗暴忽略上。众所周知，每所大学都有自己的历史背景、人文精神和沿革传统，它们需要长时间的历史积淀而成，而这些因素是难以通过客观化的数量指标加以测算表达的。另一方面，学校之内的各学科之间存在着重要的差别，如自然科学论文对其他论文原始数据的引用与人文学科对某人观点的引用就不可同日而语。就是在一个学科之内，文章的质量的高低也无法运用转引量、下载量等指标加以简单测算。以《报告》为例，其数据性的8%能否反应年龄段差异和地区差异，是否考虑到北上广深与其他地区的自有住房比例的差异，考虑到由于外出务工导致的城市和农村自有住房概念差异，等等，这些都值得商榷。

综上可见，《中国家庭金融调查报告》的轩然大波和《基于公信力视角的大学排名研究》对武书连排行榜的根底性质疑，均来自数据统计与公众感受的深层断裂。哲学家胡塞尔在《欧洲科学的危机与超验现象学》中曾敏锐地指出，科学研究，包括自然科学和社会科学，应来自于生活世界，而不是相反。我们的数据统计和数理分析走得太过头，对其极端化的迷信反过来影响公众感知，扭曲其数据的源头生活世界—公众感知。须知，这些数据最终是为政府、监管层和金融机构制定重要政策提供依据的。上述机构哪有精力和时间考察这些数据的真确性问题，它们往往直接将数据认定为真，并以此为基础来制定政策，影响公众。可是，如果数据统计结果的真理性存疑，那么以其为基础做出的具有公众影响力的决策的后果如何？这真是让人辗转难宁的事情。

身份角色与自我实现如何两全？

——对身为人母的妈妈们说几句话

婚姻对于女权主义者是一个梦魇，因为婚姻是爱情（自由）的坟墓，亦是男女不平等的重要场域。传统文化崇尚女子无才便是德，因为有了"才"或文化，便有了反思意识，就会说"不"，这与夫权至上、夫唱妇随之伦理秩序难以兼容。

但在中国，受了启蒙、又极端推崇女权主义的毕竟很少。更多的人遵从的仍然是相夫教子的古训，尤其是在女人有了孩子之后。

公允地讲，当个母亲真的不易。女人一旦有了孩子，生活的重心便毫不犹疑地偏向了家庭和孩子。这也是社会求职时性别歧视一直存在的原因所在：对单位的主管而言，婚姻生活的经验让他/她知道，如果找一个得力干将，男下属无疑更少被家庭牵绊，更多时间投入工作，更少借口托词。当然，这并非本文关注的焦点。

孩子成长中伴随各种成长的烦恼和事情：肚子拉稀、浑身起疹子、发烧咳嗽、洗洗涮涮、陪吃陪睡，等等。较之男人的"大大咧咧"、没心没肺，女人的情感更细腻、更感性、更当下。孩子一出生，女人就不再是女孩/女人，而成了妈妈。妈妈是血缘关联的表征，一落实到具体生活中，就转变成好厨师（做饭）、好护理（生病照顾）、好老师（陪学习）、好佣人（日常起居）、好伙伴（陪玩）……

然而，妈妈的角色并非女人生活的全部。女人生了孩子，她的身份除了是妈妈，还是女儿（上有父母）、儿媳妇、妻子、下属，等等。这些身份同妈妈的身份一样拉扯着、企图更大限度地独占女人的全部时间和生活。它们特定时刻的突入就势必与妈妈的身份之间发生冲突，也带来女人的精神不平和内心苦恼。比如，成天围着孩子转，有时在大街上看到别的女人悠闲地逛街，"女人的意识"马上突入进来，开始觉得心绪不平：女人就应该小资一点，逛逛街，买买衣服，做做头发，哪像我成天连个屋都出不去……还比如，孩子一天天长大，让身为人母者幸福阵阵，但时间的匆匆流失也让她感到一事无成：文章没发几篇，职称没能解决，学历没有提升，一旦听闻某个同事（女人）获得了课题，考上了博士，或评上了教授，失败感便铺天盖地袭来。本来，觉得自己什么都不差，到头来却两手空空，只有真实的自卑和受挫感撕咬着高傲的自尊。最后只能把希望寄托给孩子，寄托给孩子的成功和未来。女人的付出最终成了孩子的负担，也成了自己空悲叹的由头。

当然，这样的怨愤不平，常常被妈妈的身份所压制和充满。因为对上述矛盾及其根源缺乏自觉意识，本能性的左突右奔往往乱了女人的方寸，身份的困境成为幸福感缺失的主因。对那些身为人母者的这种困惑，确乎没有一试百灵的妙招。但不妨碍对以下两点应该有自觉意识：

对人而言，我们首先是自我，因为这辈子是你自己的，孩子无论如何需要你，最终都是你的"背叛者"：他/她迟早都要离你而去，摆脱你的庇护和管教，成为独立的小鸟，把你留给你自己。更重要的是，要成就孩子，必须先成就自己，如果自己埋首于琐碎日常之中，怎么带给孩子强大的精神支持和理想观念。因此，在诸多选项里，最根本的自身是不能被放逐不理的，那样就没有了尊严和自信，也就没有了其他身份的根基。

其次是各种临时的身份，这些身份有的是暂时而紧迫的，有的是重要而持久的，有的是持续但分时段的。如女儿的身份是持久的，但节假日或父母有恙时才显得尤为紧迫；如事业，是重要而持久的，既是你自尊自信的源泉，也是剥夺你其他身份的重要竞争者，等等。

所以，如何排布时间，不迷失自己，实现多样人生，完全基于深思熟虑后的个人选择和人生考虑。相反，想在多身份的纵横交错下，样样满意，事事顺心，既不可能，也不必要。

佛说，没有缺憾的人生不值得过，怎能没有缺憾，因为你不可能把自己劈成八瓣，应付不同身份的独特要求。

对于纷乱的人生，不满的心绪，我们恐怕只能说：想好，去做，就好！

知足知不足　有为有弗为

——浅谈为人父母者的责任

　　我们或已或将成为人之父母者，但从来没有人教我们如何做好一个父母。大多数人都是依照自己父母的样子照葫芦画瓢，装模作样又手忙脚乱地去迎接自己的孩子，心惊胆战又煞有介事地应对着孩子成长中所发生的一次又一次突发性事件：孩子生病、撒娇任性、青春期叛逆、成绩不理想、专业或职业选择，等等。

　　为人父母者应当做什么呢？在中国人的文化习俗中，吃占着绝对的重要性，出门在外，父母最挂念的是吃得好不好，通信或电话中劈头盖脸问的第一句话往往是"吃的怎么样？""（吃的）习惯吗？""看你都饿瘦了"，"钱够不够用，多买点好吃的"，云云。回到家里，所有的情感和思念都展现在一桌丰盛的菜肴上。吃是人类肉体需求的满足，在中国却赋予更多的文化内涵。或许是上一辈人真的被饿坏了，或被三年饥荒时期的创伤记忆吓坏了，每一天里想得最多的是做点什么，吃点什么。一旦作为人之父母者，这种占据最大内容含量的吃的问题便在日常起居中展现出来，好像做父母者最重要的就是管好吃的（肉体的持续）问题。而当物质不再匮乏，吃的问题不是不足而是过剩的年代，当减肥而不是增量成为主流的时代，我们这些新近"晋升"父母者，仍然守着祖训，天天寻思着吃的问题，很怕孩子营养不良、吃不饱、吃不好，就显得有些不合时宜了。

　　吃的问题只是一个象征，换言之，父母关注吃的问题，就是关注肉体的问题。这种对肉体（身体）的关注不仅表现在吃上，还表现在穿上——给孩子买件好看的衣服（鞋子），表现在孩子的健康上（别感冒了），等等。肉体的关注成了中国父母者最为关注，占据精力最多的领域。好像除了肉体，孩子就没有其他方面一样。当然，关注肉身是有其合理性的。父母生孩子，生出的是肉体，但很难说同时生出了灵魂。灵魂的出现或许来自出生后"哇"的一声啼哭，啼哭的重点不是声音，是空气的吸入，或许灵魂来源于这一口气，而这口气不是父母给的，是孩子自己争得的。既然只有肉体来自父母——所以俗语讲孩儿是娘的心头肉，而不说是娘的灵生物，因此照顾孩儿肉体的康健就成了父母的首要使命。但话说回来，孩子毕竟不只是肉体，还有灵魂。如果为人父母者只在意孩子肉身的需要，那么灵魂的安顿交给谁。

交给学校？交给老师？古语有云，师者，传道、授业、解惑也。但古语只是古语，现今的大学教育来自西方，在高度世俗化的今天，中小学教育，以及大学教育，关注更多的是成绩、分数，即智的教育，其着眼点是学个好专业，找个好工作，未来过的舒服些。换言之，老师和学校关注的仍是孩子的肉身的安顿（舒服），而不是孩子的经历和喜好（灵魂的满足，follow one's heart）。换言之，传道、解惑等灵魂安顿的事情，诸如，什么是美好的生活？什么样的人生值得过？如何获得灵魂的安宁？等等，在高度功利化的教育体制中早已边缘，甚至不再被人乐道。

那么，我们是否可以将灵魂的安顿工作交给书籍。为人父母者完全可以给孩子买中西留下来的经典著作，让这些大书来安顿孩子的灵魂？一方面，妄论每天心之所念吃喝的父母能否培养出爱读书的孩子？另一方面，即便是父母者真的有慧眼，给孩子买来这些大书，是否就完事大吉？姑且不论孩子是否能读懂、消化得了这些大书，就是喜爱且能读懂这些古代经典，但面对这些大书之间形同水火的观点分歧，我们又如何安置孩子们在读这些书时所提出的诸多困惑？

当然，一个关注孩子灵魂成长的父母，并不意味着对肉身关注的弃绝。但精力的有限和灵肉的冲突，势必要求我们在保证孩子肉身健康和营养均衡的同时，节制他们对肉身（吃穿欲求）的关注。因此，好的父母起码要做到以下两点：首先，要关注灵魂的生活。只有爱读书、善思考的父母，才能为孩子做出言传身教的榜样，才能为孩子买好书、引导孩子思考生活中遭遇的各种问题，解决孩子成长的烦恼。因此，无论多忙多累，父母都要利用休息时间逛逛书店、每个月保证1—2本图书阅读量，尽管做到这一点并不容易，但有所意识并敢于坚持无疑是评定一个好父母的重要标志。其次，父母要善于教导孩子去适度地处理灵肉的冲突问题，从生长发育的阶段上看，婴幼儿到青少年时期孩子的机体生长和各种肉身欲求占据主导，但放任孩子吃喝玩乐，不仅对其身体健康适得其反，而且挤占灵性的需求和生长空间。因此，引导孩子节制欲望、远离各种不健康的小食品和电子通讯设备，倡导规律的作息和绿色饮食成为考验父母是否称职的另一个重要砝码。

可见，养育一个孩子着实不易，当一个称职的父母更是不易。因为，并不是我们给孩子挣足够的钱，满足孩子的口腹之欲就是一个好父母。真正的父母更要关注孩子成长中遇到的每一个烦恼，帮助他或她认识自己的限度或缺陷，认真地思考应该做什么样的人，过什么样的人生，做什么样的重大抉择；如何面对挫折，如何做好儿女，如何面对社会的丑恶，如何成长为灵魂充实，人格健全的人，等等一系列问题。当然，这些问题未必真的有正确的唯一答案，问题是，即将成为父母者，您真的做好这方面的准备了吗？已成父母者，您真的在这方面有所思考和作为了吗？

慈父！严父！父亲的当为与不为

在一个家庭当中，父亲对孩子的作用绝非可有可无，而是至关重要。一般地讲，父亲代表着理性和权威。说是理性，是较之母亲作为爱的表征而言的，母亲的絮絮叨叨、喋喋不休是非理性的爱的表征，让孩子感受到关注和呵护。但当孩子的欲望得不到满足，或者孩子不满意母亲出于爱的禁令不准冒险时，父亲的角色便出场了，孩子找父亲来评理，说妈妈不让玩××，或不让买××，抑或不让报名参加什么活动？评理，就是希望给出一个评判，理由，希望说服妈妈，公正裁判，这些都是理性的表征。另一方面，父亲是权威的象征，理与情感相对，显得无情和严苛。父亲的威武高大也是权威的反应。因此，当遇到危险时，孩子除了投入母亲的怀抱得到爱的抚慰外，有时更希望得到父亲的保护。这尤其体现在孩子打架时，失势的孩子看到父亲远远走来，往往会产生刚勇之气或燃其斗志。

父亲的理性和保护对孩子而言是福音，但也有负面的意义。一般而言，最会用药的也最会下毒，最懂精算的最会损公肥私。同样的，最有保护力的，也最具伤害性。所以父亲的杖笞对孩子而言最具威慑力。好了伤疤忘了痛，比皮肉之苦更加令孩子可怖的是父亲的喜怒无常。如果做父亲的，常常无来由地发脾气，动不动就暴跳如雷，这种喜怒无常对孩子而言将是梦魇，是不受控制的非常可怕的他者存在。因此，父亲发脾气、拿鞭子并不是不得了的事，怕就怕在支撑父亲动粗动口背后的动机使孩子拿捏不准。当然，只要挨打挨骂是和孩子的犯错有关，即使是理解不透，孩子还是多少尝试着去理解爸爸发火的原因，一旦找到合适的说辞，或者受到父母事后的开导，往往不会给孩子留下什么创伤记忆。

但父母之间的争吵、冷战或动粗，对幼小的理智尚未健全的孩子来讲，伤害可能更大。因为，孩子不明白，为什么刚刚父母好好地，怎么突然因为一件小事就怒目相向，甚至大打出手。为什么母亲会有无穷无尽的抱怨和暗自流泪？为什么自己犯了个小错，母亲就祖宗八辈地骂个不休？为什么爸爸会因为无缘无故地雷霆震怒？在孩子的心灵当中，肉体上的伤疤容易修复，可理解的责骂容易释怀，但无法理解的恶语相向、大打出手，尤其是父母间发生的无休止的争吵冲撞对他或她的成长简直就像噩梦。在事情突然降临时，孩子本能地会护卫弱者一方的母亲，或哭嚷着请求父母别吵了。但长此以往毫无奏效后，孩子就会变得冷漠，变得对未来的婚姻生活充满恐惧。

因此，作为父母，对待孩子教育，首先不是慈父和严父的问题，而是首先学会站在孩子的立场，去考虑他们有限的理智下所能理解的事情有哪些？不要给孩子带来梦魇一般可怖的童年。言传莫过于身教。父母在孩子的教育上要注意以下四个层面的行为：一是父亲或母亲因为孩子危险动作、不守规则做出的责骂和打罚，这要控制程度，既不能姑息放纵，也不能小题大做；二是父亲对孩子无缘无故或超出孩子理解限度的责骂打罚，会让孩子产生惧怕心理，甚至逆反情绪，父亲需要克制，更要事后交流，尽量将后遗症降到最低；三是母亲因小事对孩子的歇斯底里，因为孩子知道自己有错，所以也能理解母亲的做法，但如果母亲不能克制，长此以往，会给孩子造成负担，会努力千方百计地迎合母亲的脸色，会强迫性地做得更好来取悦母亲，从而变得谨小慎微、唯唯诺诺；四是父母间因家庭琐事发生的争吵和动粗，这对孩子来讲是无法理解的，也是最难以接受的，因此，这方面父母要学会克制自己，尤其不要当着孩子的面相互苛责对方，辱骂对方，争吵不休。

孩子的教育是个大文章，不是一朝一夕的事情，孩子的成长，伴随着家庭的成长，也是父母成长的过程。成长是在挫折和失败，犯错和改错的过程中完成的。一个有理性、有节制，能反思、会克制自己的父母，才是真正的好父母。家庭的和睦需要呵护，更需要智慧；孩子的成人需要培育，更要无意识的言传身教。虽然这很难，但不能回避，因为你的改变可能是孩子的福音，反之就成了孩子前行路上的绊脚石，望子成龙的父母，你真的希望成为后者吗？

我不希望把自己的女儿培养成一个"好"孩子

5月4日是青年节，按照时下的习俗，我们就是搞个文体活动庆祝一下，完全是象征性的仪式，而不是探讨青年该如何培养和成长等实质性的内容，当然很多节日都是如此，如六一儿童节，学雷锋纪念日，等等。

在这样一个节日，我像往常一样去接女儿，女儿3岁半，在幼儿园上学。接孩子时，老师把我留住，说孩子今天画画时表现不好，匆匆忙忙的，浪费了三张纸，老师批评她，她还哭了，云云。

这是一件小事，但在孩子看来，却是很没面子的大事，所以拉着我的手，把我从教室里拖了出来。

在回来的路上，我和孩子分析了老师的想法和她的做法的不妥。然而，有一种怪怪的感觉浮上心头。总觉得老师和家长的我在说理时有些底气不足。

问题出在哪里？

今早醒来时，头脑中不知不觉间又想到了这件事，而且一个强烈的想法固执地冒出来：我并不是要把孩子培养成一个好孩子。

好孩子是一个理念，一个模板，一个头脑中的理想图式。我们会自觉不自觉地按照这个图式去给孩子打叉，希望把她塑造成一个听话的、讲道理的、会算数的、能背古诗、会唱会跳的孩子。

然而，作为父母，我们要的不应该如此。我们要的应该是一个special的孩子，孩子就像小树，她有自己的成长，成长中她会遇到风雨，会缺少养料、或长出不利于向上的多余枝杈，所以家长应给她一个温暖的家，健康的饮食，去掉危及其成长的动作和习惯。然而，从根本上讲，成长是孩子自己的事，家长只是守护者，照料者，我们不能越俎代庖，代替孩子成长，甚至拟定一个未来成长的样板。简单点说，孩子可能长成寒天雪地里的挺拔红松，也可以长成黄山上婀娜多姿的迎客松，还可以长成飘逸浪漫般灵秀的银杏树。但我们的教育，却用太多知识性的内容填满了孩子想象力的大脑，整齐划一地把孩子培养打造成外表光鲜，内心顺从，却全无个性和特色的冲天白杨，一个生长迅速，质地空泛的成绩高，无人格的劣质顺从者。

回到起初的那个事例，老师的训斥并不算错，她希望安排一个任务后，大家认真完成这个任务，希望达到她预期的目标。她的底线是，即使画的花朵不够漂亮，我也能够容忍，但必须画画，不能干别的，必须慢慢画，不能应付，必须画成，这样可以展览给家长看。

然而画画的初衷呢？难道是要画的对，画的像，画的可以展出，达到人人赞美的外在目的吗？难道不是让孩子 enjoy 画画的过程，用画笔释放她的想象力，去捕捉自然界的美吗？

放弃好孩子的观念吧，不要把孩子按照自己心目中的那个理想图式去型塑孩子，就像小王子里的主人公，大人根本没有想象力，他们无法理解孩子的世界。不理解就算了，去呵护，哪怕放任，千万不要成为斩断孩子梦想的那个人，不要成为打着都是为你好的旗帜最终禁锢孩子自由发展的那个人。

为何高考必考数学，大学文学院系不讲创作，音乐学院不讲通俗唱法？

看过中国好声音等选秀节目的人，一定很疑惑，为何这类节目中鲜有姚贝娜式的中央音乐学院的选手？而爱好文学的文艺青年往往也会惊诧，为何大学的文学院系很少讲授文学构思和创作的课程，为何是一些文论或作品分析的人站在讲坛上，而不是一些知名作家在讲坛上分享创作与思考？当然，也会有一些人会怀疑，为何高考一定要考外语、数学等，那些研究考古学的、中国古典文学或中国古典历史等专业的，学数学和外语又有何用？

要了解这一点，有必要了解一下柏拉图和亚里士多德思想。因为，现代中国的教育体制构建是来自西方，而西方教育体制的根基在柏拉图和亚里士多德的学园派。

比如，柏拉图学园的门楣上写着，"非懂几何学者勿入"。对柏拉图而言，数是相/理念的最直观的样板之一，从数学来考察静止、不变的存在本身是必不可少的环节。对于现代人而言，当伽利略、牛顿等物理学家将自然科学数学化以后，数学，主要是抽象数学，变成了其他自然科学的典范和不可或缺的工具，因此，要想研究物理学、西医、社会学、经济学、计算机科学，等等，没有数学基础基本上是不可能的，再往下推理，哪怕最后不做科学研究，数学也对人的日常所用具有重要影响，因此，数学堂而皇之地成为了基础教育的必备学科。但事情并不是如此绝对，因为中国古代教育体系中，鲜有数学教育，那个贵族世子也不需要懂得数学才能中进士、状元，数学的工具性并不必然是治世做人的根本。更为严重的是，我们基础教育的数学太抽象，太艰深片面，太极端化，它是以考试成绩的高低为标准，完全扼杀了人们对数学为之数学的玄妙和魅力的好奇心。而且,这一标准也过于僵化极端,对于那些数学不好的偏才、怪才,如臧克家、吴晗、罗家伦、钱钟书之流,如果参加当今的高考,恐怕连大学的门都不能迈进。当然,这也不是主张高考废弃数学,但数学教育与唯数学论的高考模式要有所区别。

至于一些实践技艺性的课程为何不能进入大学,这就要了解亚里士多德的思想。在亚里士多德看来,学问包括三类,一是理论知识,研究不变的真理,二是研究人事的可变知识,即实践知识,关涉自由;三是创制的学问,包括修辞学(演说术)、诗学(悲喜剧创作),等等。依据亚里士多德的观点,这三类知识的对象包括两种:自然物——即事物生成的根据在自身之内;和人工产品——事物产生的原理在自身之外。例如,父亲是孩子产生的根据,而机器人则不是机器人产生的根据,机器人是人造出来的,其产生的依据在于人的目的和创制,因此,人是自然之物,而机器人是人工产品。要想制作人工产品,就要了解自然的原理。因此,后者要优越于前者。因此,在这个意义上,大学文学系、音乐系,只讲理论,是要告诉你事物的次序,培养你的品味和鉴赏能力,换言之,是进行文明的传承,人品的塑造。而制作的技艺,你可以到职业学院、上培训机构,上工厂实践和生活日用中去学。大学的意指在精神的传承,而非技艺的传授。技艺,如诗歌的创作、小说的构思与写作、流行音乐作品的创作、哪怕计算机打字速成班之类的技艺之学,那只是谋生技能或创制之学,缺少精神和灵魂的维度,无涉文明道德的意涵和人格品位的雕塑,与大学的教养教育无关。

然而,可悲的是,当今的大学越来越强调产学研的结合,应用性的知识,我们的大学正在沦为学院,职业培训所和岗前培训基地。做精神的贵族,有良知的个体,还是两眼朝地的利己主义者和所谓的数量化的成功人士,关系个人的良善生活方式,也关心民族的命脉。希望我们的教育在就业导向和职业培训上不要越走越远。这样,文明的未来才有希望。

第二洞穴与阅读古书的必要

柏拉图有一个著名的洞穴隐喻，此隐喻形象地揭示了人类所处自然洞穴的状况。由于大多人受其自身激情、欲望等肉身性的限制，故而，身处洞穴（神话、迷信）的世界而不自知，反而敌视走出洞外，瞥见真理之光的少数哲人蛊惑人心、败坏青年，甚至判他死刑而后心安。自然洞穴可以看作第一洞穴，身处洞穴里的人受到习俗的宰制，而此习俗以自然法或自然理性为依据，以人的肉身性的激情和欲望为土壤。

启蒙哲人试图走出洞穴，同时以照亮大众为己任，但两次大战打破了哲人启蒙的迷梦。人们开始反思启蒙的问题，对启蒙的反思林林总总，如启蒙的辩证法，第二自然，理性主义毁灭，形而上学的终结，价值的颠覆，等等。

在这些论断中，我觉得第二洞穴更加形象而直接地揭示了启蒙的本质面相。

启蒙哲人原以为走出了迷信的自然洞穴，接受了真理之光，实则相反，他们是惧怕真理的照亮，因而不是向上攀爬，走出洞穴，而是向下开掘，挖出一个人为设计的第二洞穴，从而将人类引入密不透亮的黑暗之中。

何以如此，比较便知：

第一洞穴中，哲人深知人的肉身限度，因此，设计出德性秩序来对抗民主和自由，认为在价值的位阶中，理性的德性价值远高于激情欲望的感官价值；而在第二洞穴中，启蒙哲人企图用理智之光照亮大众，但它无法改变大众受激情和欲望宰制的本性状况，便拉低身价，高扬人的自由、权利，呼唤人人平等，为悬设在上的传统德性伦理断头，从而实现他们所说的科学战胜迷信，真理之光普照。

与第一洞穴的激情欲望的自然人性缺陷不同，第二洞穴人为地设计出一套观念，掩盖了自然人性的原初差异，从而织就了平等之网，自由之境和权利之顶。这样，人们把这套权利观念，自由、平等价值当作最高的存在，真理性的事实，并把与之相关进步观念，历史向度和民主政制当作最佳的神圣之物加以膜拜。这些权利、自由、平等等最高的存在、真理的事实和神圣不容亵渎的历史进步主义和民主政体作为巨大之物构筑了第二洞穴牢不可破、密不透光的幻想之网。

这些幻想包括理性的幻想（有限），科技的幻想（异化），民主的幻想（利益决斗场），法制的幻想（束缚），开放社会的幻想（文化霸权），更主要的是进步主义（未来取向的线性史观）和资本的逻辑（数量化的统治）。

欲望的潘多拉盒子一旦打开，人们便无法回归那种节制、德性的古典社会。换言之，我们一旦沉潜在第二洞穴的感官欲望世界里，就不愿、也无法回归第一洞穴的德性世界中，唯一的方法是阅读古书，回复古典社会对整全视野的关注，通过阅读培育与现代世界相异的精神取向，获得跳离现代世界的精神跳板，从而获得自足知足的沉思幸福。

中篇

万象杂说

自我放逐、体制不公还是褊狭教育[*]

——从浙江温岭医暴案探窥医患关系紧张之症结

2013 年 10 月 25 日 8 时 27 分，浙江台州温岭市第一人民医院发生凶案，3 名医生被刺伤，其中耳鼻喉科主任医师王云杰因抢救无效死亡。消息一出，立刻引起各方关注，有媒体称，犯罪嫌疑人连某某患有"持久妄想症、内向自卑"；亦有人爆料，该科医生服务态度恶劣，而且一年半时间解决不了患者询病疑问；更有一些医生借题发挥，宣称医患关系紧张至此，真是怕了，下一步要么转行，要么出国……

一个生命的殒去，让人扼腕叹息，其家人更是悲痛难持。然而，那个患有鼻窦炎的连某某，他的命运是否会好些，等待他的难道不是死亡的审判？是什么让他铤而走险，甚至连个人生死置之脑后？单一个案总会挖出种种借口加以搪塞，然而，医院暴力事件绝非个案，近几年来尤有井喷之势：以 2013 年 10 月发生的事件为例，10 月 17 日晚 5 时 30

---

* 写作缘起：本文的写作受到浙江温岭医暴事件的激发，这一事件及其前后发生的多起医暴事件在斯坦福大学中国访问学者群体中产生了很大反响，尤其是受到一些医学专业访问学者的集体愤慨。面对农场（斯坦福大学）访问学者群（QQ 群）讨论区一边倒的舆论导向和义愤填膺的医方指控，笔者认为情感的宣泄必须让位于理性的沉思，即通过剥除医患关系紧张的层层面纱，廓清其深层的制度根源和文化病因，还事实本身一个公道的说法。论文中的某些观点受到十数位斯坦福医学访问学者（名字从略）的激烈驳斥。尽管笔者能够体会他（她）们对日益恶劣的从业处境的愤慨和控诉绝非庸人自扰，尽管笔者的医学常识（遑论医学专业知识）捉襟见肘，难以和这些医学精英论辩对话，但作为对弱势一方（患者群体）的同情理解和知性代言，本文试图抛砖引玉，希望能够激发更具智慧的真知灼见，从而为终结这场令人扼腕叹息、两败俱伤的医患实践冲突起到鼓噪诤言的作用。

本文写作于 2013 年 11 月，后以《从浙江温岭医暴案探窥医患关系紧张之症结》为题发表于《医学与哲学》2015 年第 11 期。

分，患者家属打砸上海曙光医院重症监护室（ICU），拉扯打骂医务人员，要求其向死者下跪；10 月 20 日 9 时多，一男子梁某某在沈阳医学院奉天医院 10 楼挥刀刺中医生 6 刀后从 8 楼坠下身亡；10 月 21 日上午 9 时半左右，广州医科大学附属二院 ICU 主任遭患者家属殴打致角膜损伤，肾挫伤血尿，脾血肿；10 月 22 日晚，南宁 120 急救医生在一起急救出诊中被患者家属打成脑震荡……谁敢说上述施暴者都是精神病患者？即使其中一些有精神病倾向，为何偏偏跑到医院向救其于水火的医生挥起拳头？难道这些暴力行为能给他们带来身体康健、钞票抑或美名？笔者与网络各方一样为医生流血事件愤懑不平，但面对如此高发的医患纠纷，情感的宣泄必须让位于理性的沉思，我们必须要拷问，是什么导致医患关系如此紧张？作为一个既非医生又非现实患者的公共知识分子，笔者试图远离各方利益的纠缠，为当前每况愈下的医患关系紧张之症结提供自己一点个性化的思考。

一 搬起石头砸自脚，自我放逐是首因

毫无疑问，完全客观中立的立场是不现实的。因此，在医患关系紧张的事态中，笔者认为掌握专业知识和话语权的医生群体无疑是事态恶化的首因。从常识出发，我们知道，大凡患者去医院就诊，目的绝非惹是生非。相反，在医疗保障杯水车薪的情况下，大多数人是无钱看病、不敢看病的，因此，非到万不得已，他们不会跑到医院求医问诊。这时对他们而言，医生就是救命稻草，是重拾健康的唯一希望。那么，作为救命稻草和福音的医务人员又是如何转化为不杀不足以泄愤的敌人的呢？在笔者看来，主要有下面三个原因：一是以药养医与医疗腐败的蔓延；二是过度检查与过度治疗的滥觞；三是医院盲目扩建与忽视患者的反差。

（一）以药养医与医疗腐败的蔓延

2013 年 10 月 22 日 13 时 45 分 26 秒，一位笔名为"棒棒"的医生发表长篇博文"被回扣腐蚀的中国医生"（见 http：//blog. sina. com. cn/s/blog_ 48f8a5230102ehvu. html），指控回扣已经深刻改变了中国医生的本

质。文章回顾了药品回扣从 20 世纪 90 年代初的犹抱琵琶半遮面，到 90 年代末的明目张胆，再到 21 世纪十余年间的肆无忌惮，深刻揭露了药品回扣、以药养医和医疗腐败对患者的双重剥夺：账单上的医疗费用与账单背后的医生受贿。在媒体曝光和口耳相传的双重效应之下，医生从治病救人的恩人变成了贪得无厌的硕鼠。当然，我们绝不否认有一些操守高洁的医生，如撰写博文的"棒棒"医生，但试问，患者如何会相信眼前给自己诊断的这位医生不是他早已根深蒂固观念中那个贪婪的硕鼠；试问，又有多少医生敢拍着胸脯站出来说自己没有拿过药品回扣？有多少外科医生和麻醉医师敢誓言自己没有收过账单之外的病人红包？清者自清，患者心中自有杆秤，他会本能地把捉到所要感激的医生和所要打击的医生都是什么货色？信任的危机扭曲了医患关系的原初面相。

（二）过度检查与过度治疗的滥觞

如果说上述的医疗腐败掩藏在黑幕之下难以查证，抑或患者坚信自己会碰到有良知的医生的话，那么，患者一经就诊就会摧毁心中残存的美好信念：这源于医师给予的过度仪器检查和过度用药。现在去医院，即使是一个常见小病，不给你开个几百块钱的检查费和医药费就别想出来。举个简单的例子，现在的孩子感冒，如果是在美国，大夫往往会告诉家长回去多喂水、物理降温、少食油腻、注意休息之类的话，无需开药检查就把病人打发回家了，而在中国，不说是百分之百，也要说百分之九十以上的情况是，孩子就医的遭遇是，先是血检、之后打点滴、最后开药住院。如果遇到有患者家属质疑，医生马上会让你签字：如果孩子得了肺炎、脑炎、心肌炎，后果自负。多么明显的敌对态度，多么赤裸裸的明哲保身，多么嚣张的居高临下。过度的自保意识让医生把自己而非病人的潜在伤害降到最低。在这样的对抗中，患者注定是受害者：听医生的话，点抗生素、病症减轻立竿见影，却违反身体自愈规律，导致抗生素滥用后不可修复的副作用，而医生则对症状消失沾沾自喜，对药物滥用的潜在危害置若罔闻；反之，不听医生的话，患者就要半夜神经质似的惊厥乍起，唯恐高烧再起，并且要承受肺炎、脑炎、心肌炎的危言凌虐。因此，在强权的、自保的医生面前，多数家长是顺从的、听话的，但是在支付高昂的医药费时，在连续打了一周左右的点滴病症减轻之后，心里泛起的不再是对医生的感激涕零，而是深深地厌恶和鄙视。在这场没有硝烟的战场上，医生忘记了自己的职责并非仅仅在于消除病患，更是病人的精神导师。正如美国医生特鲁多（E. L. Trudeau）墓志铭上所刻"To Cure Sometimes, To Relieve Often, To Comfort Always"（"有时，去治愈；常常，去帮助；总是，去安慰"）。如果医生能够开诚布公、推心置腹、设身处地地与孩子家长交流，而不是对抗、自保性地居高临下，那么，在医患关系问题上，医生是否迈出了可贵的一步。

（三）豪奢楼宇仪器与草草应付病人的反差

毫不夸张地讲，国内一些医疗单位的门诊大楼、住院处在规模面积和仪器设备方面丝毫不逊于国外医院，这对于改善患者住院环境和疾病的诊察确诊增益颇多。问题是，在政府拨款寥寥的情况下，医疗部门上马这些项目、引进国外先进仪器，最后由谁埋单，自然是患者。因此，当患者涌入医院，排着长队做了各项检查，买了几百元的药品之后，相伴而来的往往是被医院洗劫的感觉。更重要的是，由于医院要回收建筑和仪器成本，要给大夫、工勤开支，就给门诊大夫加大工作量，在额定的有限的半天（四个半小时）门诊时间里，接待大约 100 个患者。这样的工作量，使得大夫根本无法倾听、沟通和安慰。当患者怀着求助的谦卑之心千里迢迢来聆听医生的高见时，得到的只是例行公事的简短询问和匆忙笔录，然后就被打发出去做仪器检查，在交费、排队、检查和等待结果这一漫长周期之后，当患者拿着血汗钱换来的一张片子去再次聆听医生的教诲时，得到的是更加惜字如金的三言两语，然后是匆忙地罗列一长串药单。等患者带着片子和一堆药品走上归程时，猛然记起还有很多症状忘了与医生交待，进而开始怀疑，这样草草的交流是否真的能诊查出可信服的结论，会不会出现误诊的可能？想想长途劳顿，在医院半个上午就是在排队、交钱、买药，以及和医生少得可怜的会面交谈，旁侧这些豪奢的大楼，那些宣传的神乎其神高端仪器，此刻在患者眼里不再是信任和声誉的表征，更多的是从患者身上抢钱的凭证。

综上可见，医患关系紧张与医生群体的自毁形象、自我放逐关系密切。医患关系的当前劣态并非从来如此，如果没有以药养医和医疗腐败，没有过度用药和过度检查，没有草草应付和"勒索盘剥"，医患关系何以如此紧张。正如微博上一位律师所言，"别用制度掩盖一切责任"，"在目前环境下，我认为制度当然是桎梏，但个人摆脱制度不合理，依然有广大空间，如您出事了以制度推脱，那么制度给你利益时为何不吭声？"当然，医患关系紧张的另一方——患者也有责任，如不善沟通，急功近利，缺乏基本的医学常识和医疗风险意识。但从因果方面看，医生群体的差错在先，才会有患者的暴力在后，概言之，医患关系紧张，医生群体的自我放逐和自毁形象是首因。

二 市场放任社保弱，畸形体制成顽疾

面对上面的指控与定性，医生群体定然感到委屈：1. 对于医疗腐败问题，他们会说：我们没有议价权，药品定价是医药公司和政府价格主管部门（物价局）的行为，作为医生的我们鞭长莫及无能为力；况且开什么药都有回扣，如果不收，就会成为同行中的另类，我们怎样与同事共事，又靠什么养家糊口；2. 对于过度医疗现象，他们同样振振有词：医学不比别的学科，它是科学，不能靠经验，如果不做仪器检查，仅靠经验，那百分之几或百分之零点几的额外几率在某一患者身上可能就是百分之百，这个风险医生敢承担吗，尤其是在当前医患紧张、医疗纠纷高发的背景下；3. 对怠慢病人，他们也大倒苦水：医院要求我们门诊看额定的病人，我们有什么办法，我们也不愿意多看，多看病人又不多发工资，但医院已经挂出那么多号，一堆病人在外面排成长龙，我们哪有时间与单一病人细谈，省省吧，你们了不了解医生啊，大哥，实在不行，你去陪班几天看看，我们看似一周两个半天门诊，但下了门诊病房还有一堆病人等着呢！还有一堆病例要写，还要查房……

医生们的自辩也不全错，在他们的抗辩中，除了个体人格的狭隘偏私（第三部分展开）外，确有他们难以触及的体制之惑。这可以归结为以下三个方面：

一是医改放得太快，放任市场，缺乏统筹监管。健康权与教育权、生命权和居住权一样，事关公民尊严和社会和谐。在医疗改革问题上，究竟是完全推向市场，还是政府投入与医疗市场化相结合，这是一个重

大的理论课题和实践难题。如果完全推向市场，又缺少必要的顶层设计和政府监管，任由医生的自律和医疗机构的盲目摸索，这势必面临着不可预知的风险。事实证明，在医疗市场化的过程中，药商之所以会渗透医院，以回扣行贿的方式腐化医疗队伍，主要是因为市场放任、缺少顶层设计和有效监管的结果。有人会问，西方的医院为何没有政府监管却能有效遏制药品寻租和医疗腐败，那是由于西方医疗市场化很充分，即使没有政府监管，由于患者的医药费大多由保险公司承担，因此，保险公司的严格核销制度保证了医生与药商无法为所欲为。而我们的医疗改革步伐太快，市场化的保险网络及其格局尚未建立，因此，无政府监管的医药行业成了真空领域，很快为利益最大化的欲望统治，从而导致医疗行业的全面堕落。

二是政府投入太少，任由医院粗放扩建和发展。政府不仅缺少有效监管和顶层设计，在医改市场化改革的过程中，对医院基础设施，医疗队伍和仪器方面投入太少，迫使医疗部门把贪婪的目光投向患者。在医疗改革初期，在建设迟缓、工资不高、投入较少的情况下，医患双方的压力不大，但近几年来，为了吸引更多患者，提高医院知名度，达到医保规定的三级甲等标准，很多医院加快建设步伐，引进高精尖的医疗设备（如 Petct 仪器的市场售价达到六七千万元一台），建造不仅救护车可以直达楼顶、而且顶层平台可以停放直升机的门诊大楼，增设装修温馨的高级特护病房。如此巨额的投入，势必要求加快回笼资金，偿还银行欠款，因此，医院就会强迫医生多看病人，多开药，多做仪器检查，因为这是唯一获得收益的渠道。对于医生而言，虽然在有限时间内接见更多的患者有违职业操守，但上方命令不好违抗，而且多看病人势必多开处方，多接收住院患者，自然就会提高知名度和隐性收入。但对患者，则感觉受到了冷遇和盘剥，自然怀疑医生的操守及其能力。因此，医患纠纷中，体制的畸形导致医患双方利益受损：医生一方，名誉与人格受到猜疑，而且随时有医疗纠纷和医院暴力的可能，对病人一方，损失了救命钱并丧失了治病保命的信心。

最后，保障缺位，分配双轨，体制缺乏正义。其实前面所述的监管缺乏和投入过少还不是最根本问题，只要有全面的医疗保险覆盖，只要医疗费用不从病人手里直接拿出，那么，医患关系也不会如此紧张。问题就在于，当前的医疗保险无论是覆盖面、还是其力度都堪称薄弱，扣除杂七杂八的非报销项目和高价位药品外，病人需要补交的医疗费用常常超过70%，这是其一。其二，医疗保险双轨制，国家公务人员、国有企业、事业单位与企业、农村人口的医疗保险相差悬殊，造成极大的分配不公。第三，即使是现有的医疗保险也是弊端重重，如规定门诊不能报销，住院才能报销等，倒逼医生和患者造假，可不入院的为了保险也要办理入院，结果政府和患者个人都要支付更多的医疗成本。而在美国，很多保险是可以选择全覆盖的，拥有保险保障的患者首先想到的不是有没有钱看病，而是去了解自己身体出现了什么问题，如何才能有效康复，因此，医患关系是咨询与被咨询，请教与回答，商讨与劝慰的朋友式、服务型关系。

综上可见，医患关系紧张看似医生和患者的双方关系，实则是体制畸形、分配不公、市场化不健全的矛盾激化点。患者看错了敌人，以为医生是自己财富的掠夺者和无法恢复健康的原因，因此对其大打出手，这就逼迫医生更加谨小慎微，不敢直言担当，对病人敷衍搪塞，结果进一步恶化了医患关系：医生人人自危，患者怨声载道。然而，必须看到，体制上的弊端不能抹平上述第一点中提到的医生群体的自我放逐和自毁形象。因为，再坏的制度下，医生个体都有充分的空间和自主权来建立良性的医患关系，但问题是，高度狭隘和自以为是的医生群体根本无法反思，在医患关系如此紧张的背景下，他们的目光要么投向病人，要么抱怨体制，这样的狭隘偏私恰恰是多年来褊狭医学教育的结果。

三 专业思维成定势，褊狭教育罪难逃

近百年来，一批又一批的医生前往美国纽约东北部的撒拉纳克湖畔，去拜谒一位普通的医生，重温他墓碑上的座右铭："有时，去治愈；常常，去帮助；总是，去安慰。"这句看似平淡的话，道出了医生职业的真谛和医学人文的精髓，包含了特鲁多对医学有限性的认识，对医学职业的理解和对患者主体性的尊重。恪守这样的座右铭和职业操守，无疑是一位伟大的医生，一位让人感佩的人，这恐怕也是美国邮政管理总局2008年发行特鲁多纪念邮票的原因所在。然而，我们却不敢

奢求中国医生群体中存在这样一位医生，不是我们的医生水平低下，而是物欲横流的社会风气和医学教育的褊狭功利堵塞了我们产生伟大的医生。具体而言，这种褊狭的专业教育主要体现在以下三点：

首先，见物不见人，客观化思维主导医学实践。当前的医学实践中，在医生眼中，面前的病人并非活生生的主体一人，而是有待操控和处理的客体一物。牙科医生眼里看到的只是牙齿，心血管医生看到的仅仅是心脏，产科医生看到主要是胚胎或子宫，外科大夫在病床上看到的只是一具有待开刀的"活尸体"……学科之间的扞格不通，学科内部细之又细的部门划分，彻底将患者分割成一个又一个的器官或部分。患者的经历、情感、身份、性别等等，盖被医生的法眼滤除。剩下的单一器官或客体，如何与之谈感情、讲道理、做沟通？在西方，大学一二年级有很多的人文素质课，比如，在上 Justice（公正课）时，你旁边可能就坐着医学院的学生，他们能够积极思考并踊跃发言。到了三年级以后，专业课才会挤上来并占据主导。然而，中国的大学教育，5 年制的医学专业，从一年级开始就已经是专业课程独打天下了。这样的医学学生，经过了本、硕、博十多年的专业化训练，缺少必要的文学、哲学、历史和心理学的教育和熏陶，怎么能够具有公德心、共通感、人文情怀和限度意识，换言之，功利化的专业思维怎么能培养出以心换心的悲悯情怀。这样的教育充其量只能造就出冰冷客观、自以为是、唯利独尊的专家人才。然而，医生面对的是活生生的人啊，他不是物，不是单一的器官，他需要安慰、需要沟通，需要引导，他可能家境贫寒、可能焦虑抑郁、可能敏感腼腆，而在某一天，医生也可能会成为这样的患者，难道你希望像物一样被切割、被忽视、被冷遇吗？然而，我们的医学教育何时把医德高洁、人文情怀、正义立场和限度意识作为重要内容纳入教学，主客分立的二元思维浸透到了医生的血液，褊狭的教育培养出了冷冰冰的技术专家，而非人格健全的自主个体。

其次，本非科学，却成为科学主义的囚徒。医学是一门经验科学，在休谟看来，经验归纳是无法得出必然性结论的，因为你无法收全所有的例证，例如，天下的乌鸦都是黑的，你能看到所有的乌鸦吗？即使你真的在有限的时间看到了世界上所有的乌鸦都是黑的，那么过去的，以及将来的未出生的乌鸦呢？你能保证它们也是黑颜色的吗？鉴于此，波普尔提出证伪原则，认为一个反例即可推翻真理性命题，因此，在经验科学中不仅要证实，还要证伪。现在的医学领域，很多医学论文都是通过案例采集和数据分析，依据归纳法得出的结论。如果成果在影响因子较高国际期刊上发表，那么作者便会沾沾自喜，想当然地将自己视为这一真理性命题的拥有者。实际上，这是十足的自我蒙蔽。特鲁多的"有时，去治愈"导出了医学的有限性，这也是中国医生群体十分缺乏的限度意识。患者来到医院，再高明的医生，面对的哪怕是最普通的小病，也无法确切地说出他的具体病因，更妄论准确说出其治愈的风险性。既然是经验学科，既然不是一是一二是二的精确科学，那么，坦白承认这一点有什么不好。然而，医学教育却不这么干，它教育医学学子们，医学是门科学，不能凭经验诊断，一例哪怕是最普通的常见病，也可能有百分之几或千分之几的偶然意外，所以，我们需要借助仪器检查的结果来加以排除，只有逐一排查了之后，才可以确诊其病症。因此，披着科学（科学主义）的面子，揣着自我保护（避免医疗纠纷伤及自己）里子，医生心不跳脸不红地开着彩超检查单、CT检查单、核磁共振检查单抑或PETCT检查单，认为这绝非过度检查，绝非盘剥患者，而是科学态度。既然是经验排查，为什么我们不转换一下视角，即从病人角度出发，从最大的可能性开始排查岂不更好，如感冒，如西方医师那样，不必做血检、不必打点滴，先回去观察，多喝水，多休息，少食油腻，物理降温，配点抗病毒药品和消炎药品，配合着吃几天，如果加重，再到医院做其他排查。我们的中国医生们啊，仪器只是辅助手段，切莫离开它就六神无主，你们的医学教育必须辅以临床实践，这是经验性学科的明显表征，所以不要打着科学真理的大旗自我安慰，正视现实，牢记自己的有限性，善于从病人视角思考问题，才会成为特鲁多那样的真正医生。

最后，总体倒退，却将进步视为当然。一个社会的进步靠什么，是物质财富的累计，还是科学技术的日新月异。如果精神虚无、价值僭越、道德滑坡、信任缺失，我们还敢声言这个社会在进步吗？在金钱至上、物欲横行的今天，社会的整体风气是浮躁而异化的，医学群体作为其中一员，难于脱俗。然而，当今的医学教授们，却信誓旦旦地宣称医学在进步，我们正逐渐攻克一个又一个的医学难题，人类的健康状况在医学进步下实现了整体改善。悲呼，进步主义主宰了他们的灵魂，使他们一叶障目不见森林。环顾神州大地，非典、禽流感、H1N1病毒纷至沓来；肺癌、肝癌、胃癌、结直肠癌居高不下；血压、血脂、血糖、尿酸、胆固醇整体攀高；镉大米，瘦肉精，毒面粉、地沟油无孔不入；连最基本的清新空气、蓝天白云、清洁淡水都变成奢想，谁还敢宣称健康状况整体在进步。医生的力量原本有限，如果饮食习惯、工作压力、生态环境、食品安全、精神面貌没有改善，国人的健康状况只能说是恶化，而非改善？整体倒退，何谈医学进步。亲爱的中国医生，不要以为仪器更新了，医学就在进步，那只能证明你从医的经验直觉在落后，你的经验自信正在被技术仪器所绑架；不要以为论文发表了，你就又掌握了一个真理性命题，那只是为医学事业提供了一个未必可靠的经验例证；不要以为办公环境改善了、工资待遇提高了，就是医学在进步，那是你们盘剥患者的救命钱换来的，你可知道，在黑暗处，患者正拿着匕首暗自思忖：杀还是不杀？

综上可见，医患关系紧张作为中国当下独特的社会问题已经不容忽视。表面上看，医患关系紧张是医生和病人之间的私人关系，源自医生的态度恶劣、医术不高、沟通不畅、过度贪婪，抑或源于病患者的急功近利、缺乏常识、心态不正、认识偏颇。然而深究起来，制度层面上的体制畸形、分配不公，文化层面上的褊狭教育，尤其是科学主义、进步主义和主客分离意识的根深蒂固是总体性医患关系紧张的深层动因。比较而言，体制上的除旧布新相对容易些，只要顶层设计合理，操作执行有力就会将其负面影响降到最低，而文化层面上的褊狭教育和物化思维变更起来则非一朝一夕便能完成，它需要从医者改变作风，需要医学系统正气涤荡，需要医学教育改弦更张：从培养专家转向培养健全人格的个体。遗憾的是，到目前为止，在医患关系紧张的广泛讨论中，文化层面的症结归因仍旧缺席。

从《理想国》技艺—德性关系探窥医患关系紧张的成因及其解决*

　　柏拉图在《理想国》卷一中谈论正义问题时，借苏格拉底之口阐述了德性和技术之间的复杂关系。在柏拉图的古典视域中，一方面，德性（virtue）不是狭隘的道德性或道德品性，而是 excellence，即卓越、优秀。那么，德性就不是专属于人之实践的某种特殊本质，而是具有十分广泛的思想意涵，例如：刀的德性在于它的坚韧与锋利，短跑运动员的德性在于他完美的爆发力和速度等等。另一方面，德性作为一种good（善、好），当它在与技艺发生关联时，指向的便不是自身的利益，而是对象的利益或善好。在苏格拉底的"技艺现象学"里，技艺都有对象，这一对象可以是物、事或某种状态，如建筑术的对象是房子（物）、而理发师的技艺对象则是某种发型（头发的状态），但无论指涉对象如何，这些技艺的目的全都指向对象的 good，而非自身的 good。

　　借助这一理论框架，我们来看一种特殊的技艺——医术，以及进一步地探询医患关系紧张产生的根本原因。如果按照柏拉图笔下苏格拉底的看法，医术的唯一目的就是治好病，它的对象是病人，准确地讲是让病人远离器质或精神方面的病之状态，恢复健康的好之状态。因此，医术不等于赚钱术，医术为的是病人的好——健康，而不是为了自己的好——赚钱、发财。因为任何技艺都可能带来财富和收入，但那只是这些技艺的附加功能，因此具体到医术上，我们不应将它和赚钱术加以等同。例如，在飞机上或火车上，一位医生完全可以借助自己的医术来帮

　　* 本文是上文的续篇，写于 2016 年 6 月，以《医患关系为何紧张》为题发表在《社会科学报》2016 年 8 月 4 日。

助或治疗紧急情况下的病人，但不一定要谋取报酬，这种例外状态下，是医术在起作用，而不是赚钱术在起作用。

然而，当前的医生和庞大的医疗机构，真正的旨趣并非是救死扶伤，不是为了病人的健康（医术），而是为了赚更多的钱（赚钱术），这就导致整个医疗行业这一技艺在本性上发生了异化。

对于广大医生群体来讲，从他或她参加高考，填报医学志愿时起，目的就鲜有志在成为一代名医，而是向往着医生职业的社会地位和优越生活。而在真正成为医生，诊疗病人开始，他们就把如何保护自己不受医疗纠纷侵害作为基本的职业操守；把开出更多的化验单、检查单、住院单，保证科室的经济效益作为主要工作任务；把发表更多的期刊论文，申请更多的医学项目，提高自己的职称作为主要的奋斗目标。而治好病人的病，在诸多自我利益的考量下蜕化为次级的附属目标。

而对医院来讲，他们在数量化的评估监管下，把医学科室是否齐全，医疗环境是否达标，门诊、住院大楼是否符合要求，一句话，把能否评为更高级别的医院（如三甲医院）作为奋斗目标。而之所以要提高医院的等级，说到底是为了提高医院知名度，可以吸引更多的患者，从而可以提高更多的收入。概言之，能否更好地完成赚钱术成为当下医疗行业的首要目标。那么，救死扶伤的医疗本性便被自我利益的考量所替代。正是在这一目标和旨趣的指导下，无论是医院还是其工作人员，不会同情患者是否来自偏远山村，是否有财力购买医疗服务；对于那些急需就诊的急诊患者，这些冷冰冰的医疗工作者们首先考量的是病患是否有能力交上治疗费用，而不是救命在先。嗟乎！如果没钱，救死扶伤在医院这样的地方也只能眼睁睁地等死。

综上可见，缺少了医术的对象本位，医生就成了没有医德的技术专家，医院就成了冷漠的庞然大物。那么我们试想一下，病患来到这样的医院，找到这样的医生会有什么反应。一般而言，患者来到医院是为了治病，如果没有治好病，就要分两种情况：一是如果无法治好是因为疾病的本质所致，如癌症，目前的医学对此无能为力，那么对于患者，往往会自认命浅，而不会迁怒于医生；二是如果病没治好是医生医术不精所致：医术本是为了治好病，如果没有治好病，反而加重了病情，或留下了好医生那里根本不会发生的并发症，那么，病人是否有权对这样的医生提出谴责或追责。这就像有人花钱配一副近视镜，结果 500 度的近视镜被配成了 800 度的近视镜，那么消费者是否有权不交费或重配一副。

病人（除非精神病）到医院不是为了闹事，而是为了求助医术。如果医生给的不是医术——治好病，而是给的赚钱术，这种赚钱不治病的医生就是骗子；如果医生既给了医术，也实施了赚钱术，但赚钱术远远超出医术应得的附加值，那么患者就会产生被洗劫的感觉，例如，一个普通感冒，花了两万块，虽然最终好了病，但患者往往会抱怨医院和医师过度医疗、过度用药、利欲熏心。如果患者花很少的钱，治好了疑难杂症，那么他们在交费时或心存不忍，加倍付款；或对此心存感激，充满敬意。这样，一位具有医德的医术高明的医生就在病人心中竖起一座永恒的丰碑。可惜，在这个崇尚金钱，过度市场化的医学背景下，我们越来越少地看到这样的医生。

二胎的困惑及其哲学思考*

　　从计划生育政策到全面放开二胎，这一牵涉全民敏感神经的政策改变，再一次让日常百姓陷入纠结之中。计划生育与中国传统文化的孝本位观念格格不入，使得计划生育时代一部分人不断冲破禁令禁区，以身试法，甚至不惜为此付出丢掉饭碗、背井离乡的代价。然而，一旦放开二胎，又让一部分遵守法令、厉行独孩的家长动起了心思，哈姆雷特式两难困境再一次重现："要，还是不要，这真是个问题。"

　　首先需要申明的是，要不要二胎的问题，并不是一个理性的问题，而是一个非理性的欲望或意志行动。从词源学上解释，"想不想要"，就是包含着生殖繁衍冲动的意志行为。因为，是有了这个"想要"或"不想要"念头在先，才有了后来的一切为之辩护的根由，或者说，理性的出场只是为这个作为本体的意志行动辩护的辅助工具。例如，想要二胎的会说，"一个孩子太孤单了，需要个伴儿""一个孩子风险太大了，万一出意外，就成了失独家庭，这太可怕了""应该有两个孩子，这样遇到点问题，姐俩或哥俩还能商量商量，万一有个头疼脑热，病榻前还能有个端水喂药的"等等。当然，"不想要"的理由同样多，"年龄忒大了，双方老人也年事已高，自己根本没精力抚养二胎"，"大城市生活成本太高了，房价高企、孩子上学、节奏太快，根本不敢想二胎""孩子可以在学校找玩伴，如果养了两个熊孩子，别说相互帮衬，不相互拖累就不错了"，云云。

　　有人可能会反驳，抛开政策上的经济社会考虑和西方的所谓人权理论不论，中国人想生孩子，难道没有传统文化上的因素吗？例如，中国

---

　　* 本文以《二胎：更是文化学事件吗？》为题发表在《社会科学报》2016 年 9 月 1 日。

是一个爱有等差、伦理本位的差序格局社会，这一社会强调人情（亲亲）、面子（尊尊）和关系（伦一理），以丧服制度和宗法观念为符号表征，建构了一套单系偏重，"无后为大"的价值关照体系。生活在这样一个传统文化为根底的社会结构里，多子多孙不仅是福，而且是孝，是家本位之下中国人安身立命的基础要件之一。那么，中国人生二胎，就不再是一个生物学事件，更是文化学事件。这一说法当然不错，这也是相当一部分尚未彻底城市化的父辈鼓励、劝说子女生二胎的逻辑依据。然而，中国的社会是高度复杂化的社会，传统文化，现代化和后现代共时在场，农耕化、工业化、信息化并置交错，在这样一个年龄和文化代际差距显著的社会，我们很难说深藏在人们无意识根底的传统伦理观念出场并占据主导地位。

从哲学视角看，生儿育女虽然符合自然正当的关乎人类繁衍的事件，但对于审查何谓最佳生活方式的哲人而言，却未必理所当然。在柏拉图的视角来看，性的冲动来自身体，繁衍后代与本能冲动相关，但对哲人而言，沉思生活更加重要，因此，从灵肉二元论，理性管理身体的视角来看，身体以及相关联的性、生育后代和家庭生活都不必需，因此在理想国家里，妻儿共有成了柏拉图反直觉的三大惊世骇俗的观念之一。从现代哲学角度来看，例如对于自由本体论的萨特哲学来说，婚姻（罔论养儿）犹如牢笼，是自由的大敌，因此，这位哲人以其独一无二的方式与女权主义者波伏娃成为亲践其哲学理念的一段佳话。这里我们不必列举斯宾诺莎、康德等十数位终身未婚的巨哲的例子来继续论证。总之，从哲学角度来看，本能的动物性意志行动与沉思的理性生活确乎存在着一定的张力，尽管我们可以列举相反的哲学家的例子证明这一张力并非不可化解。

有人可能会说，哲学的观念太过不合时宜或反常识，因而距离人的日常生活太过遥远。但不可否认的是，尽管从宗教和人权的角度，西方社会也反对堕胎，但主体意识充分发育和以原子化个人为基础的西方社会，维系社会运转的并非中国式宗亲伦理观念，而是教会社团。情感慰藉、冷暖互助和节日庆祝大多来自教友之间的义举和参与。所以父母对孩子或孩子对父母，并没有中国社会所强调的那么深的介入付出或赡养抚养义务。

综上可见，生不生二胎的问题，不纯乎是一个理性哲学的话题，自然不是能通过哲学说理加以指导的事件。在现代社会，传统文化束缚日渐式微的背景下，生养孩子并不单纯是一个义务和孝道事件，也是相伴成长、共享快乐的过程。因此，如果你想要，多生一个也无妨，毕竟在更多辛劳之下伴随着与之相伴的快乐；如果不想要，也不必遗憾残缺，如果说"有与没有"孩子是质的差别，那么，"多一个、少一个"充其量只是量上的差异。但非要诉诸理性来考量生与不生的利害得失，那么，作为一个以哲学为志业的思考者，我只能劝你，节制才是王道，人的精力有限，如果你想提高生活的质量并为自己容留足够的闲暇沉思，还是想想算了。

旁观者真的比当事人"明"吗？

在中国这样一个重人伦、缺少隐私间距的熟人社会，想做到"闲谈莫论人非"殊为不易。况且，在一些特定团体，工作场所，或性别群体中，谈论他人隐私，评长道短还是维系关系，表达关系亲密的重要媒介。

这里，我不想批判这一社会现象，只是想谈谈，在叽叽喳喳的对某人某事的评价当中，真的是旁观者明，当事者迷吗？旁观者的炮雨连珠、眉飞色舞的对他人之事的描绘和评论，其前提一方面是想分享私密信息，另一方面是想向倾听者展示，看我多聪明，多么洞穿事件的是非曲直。

在笔者看来，事情并非如此。换言之，旁观者未必明，而当事人也未必迷，至于原因，是因为二者对同一件事所诉诸的原则不同：当事人做事是用心做，而旁观者的评论是用理评。这里的心，不仅包含理性、还掺杂着本能、习惯、情感、意愿等诸多因素，而这些，并非用理性的算计和评判所能廓清的。为了说明这一点，我们不妨举一个大家所熟知的身边例子。

例如，一位老母亲有一儿一女，儿子日子贫苦，离婚后抚养一子，女儿日子过得较好，衣食无忧，也很孝顺。老母亲一直跟儿子、孙子过，年近九旬，还买菜、做饭、洗衣。女儿看不过，希望接母亲到自己家享享清福。然而，好说歹说，母亲就是不愿。女儿很是不解：你都为你儿子服务20多年了，现在又是脑梗，又是耳聋，孙子也不孝顺、天天呵斥你老古董，你这是图啥？

这里存在完全不同的两个逻辑：女儿的逻辑是旁观者，运用的是理性判断。从她的角度出发，母亲是老糊涂了：一方面是衣食无忧、不用做饭、买菜、打扫卫生，不为儿子孙子操心；一方面是干着活、挨着累、一身病，还不为儿、孙待见。二者一掂量，母亲自然应当选择和女儿住。然而，母亲这里用的不是什么理性算计逻辑，而是亲情。对她而言，她爱儿子孙子，她挂念儿孙生活，苦点累点、不被理解都不算什么？她愿意去干，就觉得值，这里没有算计，也没有自我。母亲的自我就是在干活中，就是在唠叨里、就是在操心的点点滴滴上。而这些，并非一日之功，而是在儿女出生后，就一点一滴地、日积月累地形成了习惯。

有了儿女，母亲就没有时间上街买衣服，没有心情让自己放松下来去疏懒地躺一会，她的心思全在孩子身上：冷不冷、是不是起痘痘了，怎么整点好吃的。等上了学，又给他买文具，选学校，报辅导班。再大点，孩子青春期了，长高了，反叛了，对着、拧着和母亲干，她也慢慢调试，适应着，因为她更多的是看着孩子的成长和成绩，就像很容易原谅自己的缺点一样，很容易理解和宽容孩子成长中诸多不是。

再大些，女儿出嫁了，开始有了自己的家，她开始用理性的逻辑去判断所在家庭之外的事情好坏，然而母亲继续在儿子家，延续着以往的爱的逻辑。几十年来，这已经成为一种习惯。女儿心疼母亲，所以她的理性告诉她应该把母亲接过来，而她忘了，在爱中忙忙叨叨的母亲已经没有了自我——或者为自我的意识。女儿在对待自己孩子时的爱的逻辑，难以转移到自己的兄弟和侄子身上，因而，也就无法理解母亲所作所为。

从这一点推演开来，我们可以理解很多事：

有些人推断那对天天吵架的小夫妇早晚得离婚，因为昨晚，男的又把媳妇打得鼻青脸肿。推断者眉飞色舞地讲着事情如何如何，谁对谁错，以及推导出一些顺理成章的结论。然而，吵吵闹闹中走完一生的夫妻多得是。旁观者的理性逻辑根本无法理解争吵夫妻间维系的那份感情纽带。

有些亲戚不理解，老父亲到了耄耋之年，还为已结婚多年的儿子在省城或首都买房披星戴月地在地里苦干。他们的逻辑是，孩子养大了、供他读书了，又帮他娶了媳妇，应该歇歇了，累的皮包骨头，一身病，图个啥？孩子在外，挣的钱入不敷出，你自己不给自己留条后路，还倾其所有，万一有个病咋办？从理性上看，这不错，但老父亲根本不是从理性出发，而是感情，他愿意，他爱自己的孩子，那么，从爱出发，从愿意干出发，无论多苦多累，都阻挡不住他迈向农田的步伐。

从这些例子可以看出，一个人做事不一定完全从理性出发，因此，旁观者的理性判断，实质上很可能误读了当事人的精神状态，从情感、从欲望、从本能、从亲情、从习惯，当事者做出了旁观者用理性难以理解的很多事，然而，那就是当事人的人生。人生岂能是从一两条理性规则和计算公式就能读懂的呢？当然，我们也无法用当事人的复杂精神状态去要求旁观者的观世方式。这种当事人和旁观者的双重逻辑，导致了分歧和不理解。作为当事人，我们不要埋怨旁观者的不理解，同样的，作为旁观者，我们也不能自以为是地下着无脑的粗浅判断。因为，旁观者未必明，当事人也并不像他所看到的那么傻。

当"东方不败"变成纯情玉女：
浅析商品化时代的爱之本质

　　很多人在找婚配对象的时候都要看其容貌，这没有错，但不应夸大。在商品化的时代，对外表美的过度宣扬让人们夸大了对外表的重视，所以很多女孩子去化妆整容，去买奢侈品装点自己。其实这大可不必，不说萝卜白菜各有所爱，如果说找对象唯外表论，那么为什么那么多"丑女"最终找到真爱呢？

　　在一个全民看脸的商品化时代，娱乐影视圈里的明星们更是耐不住寂寞，非要把自己整的天下第一不可。然而，美女帅男不少，真正受到大家追捧的并不多。这当然有偶然的因素，另一方面也表明，如果仅有一副美人坯子，充其量是一个花瓶，是让人爱不起来的。一个演员真正被观众喜爱，并不是因为你的样子多么迷人，而是你的角色所附着的精神内核。例如，在偶像剧中，大家往往会喜欢女一号，哪怕那个女二号长的多么倾国倾城，凸凹有致。大家为何在同样风姿卓绝，甚或是容貌或演员服饰方面略逊于女二号的情况下，将爱的天平毫无理由地投向女一号，就是被女一号外表下负载着的品质所深深打动。观众们喜欢女一号的温柔体贴，善解人意，重视友情，善于牺牲，心地善良，孝敬长者，坚强豁达，勤俭自立，尤其是没有俗不可耐的铜臭味。与之相对，谁会喜欢那个刁钻蛮横、无理取闹、唯我私利、毁人姻缘的女二号呢？哪怕你在美，容貌赛过天仙，也难以走进人的心灵。例如2015年热播的《琅琊榜》中，纵使誉王的智囊——秦般若（王鸥饰）的饰演者的美貌获一片赞誉，但也没见得有什么粉丝群，因为她（角色）的蛇蝎心肠和权谋算计难以让观众产生爱怜之心。

　　更显见的例子当属金庸名著改编的电视剧《笑傲江湖》（2013）。

为何以往的东方不败形象如此遭人厌恶，哪怕是林青霞版的东方不败也让人爱不起来，而陈乔恩饰演的东方不败却让粉丝们爱得着魔？这是因为东方不败这一角色的内核变了，不再是那个欲练神功必先自宫的变性阴阳人，不再是那个残忍专断、野心勃勃、杀人如麻的魔教教主，俨然成了出身卑微、历经苦难、眷顾亲情、为爱舍身、用情专一、侠骨柔肠的纯情玉女。观众对她爱得死去活来，缘于这个角色改变带给她的美好灵魂，这与演员的外表美丑无涉。由此可见，内在美比外表美更为重要，人品的改变完全可以主导人的爱欲。这在影视剧，还是日常生活概莫能外，丝毫不为高度浮华的商品化时代所影响。

然而，不可否认的是，在商品化的包装和助推下，明星们愈加偏离生活的地平线，变成了远离自我和观众的虚幻造物——偶像。为什么人年龄大了不容易追星，原因是电视剧喜欢在无柴米油盐的爱情领域大书特书。经历婚姻的父母们看到偶像剧天天情啊、爱啊，便觉得是骗未婚少女的小把戏，爱情的激情终要归于平静，转化为亲情，变为心照不宣的担当和责任。因此，父母们更加务实，他们希望孩子在生活中少走弯路，少些磨难，遂在亲事把门时更加关注对方学养、工作、房产和家庭出身。而在年轻人的世界里，这些带有铜臭气的考量玷污了爱情的纯洁。他们渴望轰轰烈烈的爱情，死去活来的爱情，海誓山盟的爱情。他们的想象力充分发达，在现实中得不到慰藉时，便试图在偶像剧中寻找共鸣。那些纯真美丽的偶像女神们就成了他们爱的象征。然而，这种爱之所以是偶像式的，缘于它是明星的皮囊和角色灵魂品格的理想组合物。在商品化时代，这种结合受到各种方式加工和维护。偶像的粉丝越多，电视剧制作方的收入越多，而偶像之肉身的明星的广告费也就越多。然而，除了皮囊之外，角色演完了，角色负载的品质内核便随之而去。但无论是签约公司，还是明星本人都不愿意让这层神圣的光环消失，因为，这意味着自己的关注度和人气将受影响。例如，艳照门事件中的钟欣潼和张柏芝从观众心目中的清纯自重的玉女一下子跌回至粗俗淫荡的世俗女孩时，角色的神圣外衣被赫然扯下，明星还是那个明星，但在观众心中，她们成了没有神圣光环的肉身同一性。最终，二者的玉女星路戛然而止，明星变成路人。

在商品化时代，爱的本质并没有变，人们爱的不仅是外表，更是关注美的内心。不过，商业化时代，偶像明星却变成了虚幻不实的象征。她们在剧情演绎完成之后本该回归真实自我，然而商业化的逐利动机让她们继续虚幻地伪装成观众喜欢的那个角色，通过参加综艺访谈，热心公益事业，佩戴时尚服饰，拉开与观众的距离，塑造自己本然如此的美好形象。在观众自欺和商业伪装的双重掩盖之下，这种虚假的明星效应打造了银幕生活与真实生活的内在断裂，让演员和观众忘记了人在戏中，还是戏如其人。景观型的商品化社会让彼此的界限愈加变得模糊，但作为真实的自我，终究是要回归真实世界，而不应耽溺于虚幻之中的。这对观众如此，对于演艺明星亦复如此。

符合民意的立法便是善法吗？

2013—2014 年，笔者到美国斯坦福大学访学，其间亲历了一件当地华裔群体的"轰动性事件"，因而对自由民主制国家的立法有了更加切身的直观感受。事件源于 2014 年初，一州参议员在加州宪法修正案中提出一项提案，呼吁立法"限制亚裔入学，提高西裔和非裔在加州大学系统中的入学比率"。众所周知，加州位于美国的西海岸，是北美华裔人数聚居最多的州地之一。较之西裔和非裔学生，亚裔尤其是华裔学子更擅长学习和考试，因此大学录取比例明显高于当地人口所占的比率。这一提案从差别正义原则出发、旨在平衡各色人种在大学中的比例平衡，增进教育机会的实质正义。然而，一个法案的提出，很可能会伤及一部分群体的权益。而这一宪法修正提案若获通过，无疑会增大亚裔学生考入加州大学系统的难度，侵害到他们的切身利益。因此，这一提案在参议院表决通过后，便在当地华人圈子里炸开了锅，Wechat，QQ，Facebook 等网络社交平台到处激荡着对这一惊人"不公"议案的反对声音。而所涉内容最多的，鲜有关于这一提案学理层面上公平正义的讨论，而是例陈这一法案通过后将会对华裔子女未来升学带来怎样的冲击和连锁反应，以及应当采取什么样的合法手段加以游说、请愿和联名抗议，以合力阻止该提案在众议院通过，云云。当然，由于华裔子弟的众志成城，结果自然是皆大欢喜。移居美国的华裔智识精英们在学习和同化上堪称典范，他们以自由民主制的合法方式维护了个人权益，在异域战场上打赢了一场血不见刃的胜仗，给不知深浅的西裔议案陈请者以有力还击，成为新千年之后发生的一件足以令华夏儿女拍手称快的经典案例。

然而，笔者这里处理的不是爱国主义或民族主义的问题，作为一个知识分子，作为一个客居他乡的旁观者，在西方国家上演的这场平常得不能再平常的个案中，笔者看到的是事关公正之严肃问题的喧嚣闹剧，是多数同意之立法原则背后赤裸裸的利益博弈，是将公正视为对谁更加有利的权衡和狡计，是民主立法丧失其应有的灵性高度和德性原则的世俗与悲催。简言之，这里并不存在任何一方的你胜我败，而是凸显了民主立法原则的道显无能。更准确地讲，在这场民主制立法的猫鼠游戏中，根本不存在什么贴合民意的事实，所谓民意，只是传媒夸大的理念化概念，现实中的民意不过是一个个利益集团的相互冲撞和无奈妥协。而这种冲撞和妥协的内容又绝少关于灵魂完满的公正秩序，更多是对感性欲望的妥协平衡。

一叶落而知秋，但读者或许仍会狐疑，笔者对民主法制的评价是否太过悲观了些，难道现代法制真像笔者言之昭昭的那么格调低下或品位不高？经验性案例的证伪或证实或许均不具备说服力，因为这里事关价值判断，这里我们不妨从理论层面，尤其是从古今立法精神差异和中西社会性质的不同两个视角来阐明自由民主立法的固有限度。

一是从古今立法精神的差异上看，现代立法似乎具有更多的民意因素。古典法强调人有差等和伦理道德秩序的义务遵行，现代法则更加强调权利（民意、民权）的制度保障，后者以众生平等和天赋人权作为自己的立法基础，一改古代立法所强调的灵魂—理智完美的应然要求，曲意迎合现代人对利益分配和感性肉欲的过度关注。这种古今立法精神的异质差异带来对立法者的不同要求，例如，在柏拉图那里，哲人是当仁不让的立法者，而在中世纪犹太—伊斯兰哲人看来，集哲人、政治家和预言家于一身的先知才是应然的立法者。虽然哲人与先知不同，但作为立法者，两者强调依据天道（神意）而非大众人心来颁布律法。因为，他们深知大多数人被感官欲望所宰制，从而只是依照是否对自己有利的原则来评判法规的公平正义与否。但现代立法的目的是要保障人的天赋人权，因此势必要倾听大众的心声、遵从大众的意愿。这就导致立法创制受到民众欲望的绑架，因而降低了它应有的灵魂高度。正因如此，西方立法和司法实践都有意拉开与民众的距离。例如，欧陆法典的条文更多依照理性主义哲学作为其法理基础；而英美法系则重视强调法官在法律适用中的自由裁量权，而三权分立下的大法官，即便在自由民主制典范的美利坚合众国，也从来是与平民无缘的、极少数终身任职且高薪供养的精英。

二是从中西社会的性质和文化传统来看，法制（妄论民主法制）的应然地位和霸权地位在传统中国社会似乎从未真正确立或存在过。自秦灭六国、独尊商（鞅）法二世而亡后，中华民族自汉至清，虽然刑律建制从未缺席，而真正起作用的更多是礼治而非法制。这一点费孝通先生在《乡土中国》有着精到的论述。在费孝通先生看来，中国传统社会的根基具有乡土特质，崇尚"礼治秩序""无讼"和"无为而治"，因而法治下乡在实践中产生过许多助恶祛礼、包庇不仁的副作用，结果，"法治秩序的好处未得，破坏礼治秩序的弊病却先发生了"。（《乡土中国》，人民出版社 2008 年版，第 72 页）然而必须看到，时下传统中国正被现代性的商业社会所渗改：前者遵行熟人社会的礼治秩序和道德准则，后者则是资本逻辑统治的陌生社会。因此随着市场经济的改革深入，法制取代德治已不可避免。即便如此，也不意味着我们必须将法制视为解决中国社会问题的万能密钥，相反，我们要充分认识到民意之法绝非意识形态所宣传的那么理所当然。作为超越性的存在，灵魂的在者，法律可以安置我们的身体秩序和利益安排，但绝不能带来伦理精神层面的秩序和满足。

另外值得一提的是，法制的局限性还与它对政体的依赖之间具有密不可分的关联。在这一点上，布卢姆曾敏锐看到，法制的目的有依赖于政体样式的不同。因为不同的政体具有不同德性教育目标，例如，有些国家培养虔诚的人（如神权政治国家），有些国家培养好战的人（如斯巴达），有些国家则培养勤劳的人（农耕国家）。与之相对应，政体需要培养与它的基本原则相符的公民，如：贵族政治需要绅士，寡头政治需要崇尚和追逐金钱的人，而民主政治需要热爱平等的人，等等。（《美国精神的封闭》，译林出版社 2011 年版，导言，第 2 页）因此，统摄性的法制观念是政治正确性的意识形态宣传的后果，法制观念并不存在自足的前提，它的应然地位和目的旨归有赖于民主政体的前提预设。

综上可见，民主法制只具有相对的文明属性。一方面，它的理所当然和权威地位发生得相当晚近，而且与数量化的市场商品经济的高歌猛进相伴而行，从而丧失了古典社会的人性理解和对德性和节制的义务强制；另一方面，它对于类似中国传统的乡土社会而言，具有一定程度的限度和破坏作用，这一点不可不察。因而，如果借助民主法制的优势，同时辅之以礼治与德治的补充与增益，是我们建设现代中国和复兴中国文化的重大课题，也是汉语学人面临的义不容辞的理论任务。

试论自由的多重面相及其当下困境

对于现代人而言，自由就像空气一样切近而熟识，以至于由于离得太近而难以看清其真实面相及其内在冲突。哲学思考就是让熟知的事物陌生化，从而厘清错乱，回到事实本身。下面，我们就对自由这一范畴的多重面相及其内在张力做出哲学式的廓清和分析。

一　自由的四重面相

作为哲学上的一个核心范畴，毫不夸张地讲，有多少哲人，就有多少关于自由的理解。概括地讲，我们从自然法、所属官能、政治哲学和本体论视角四个侧面归纳出对自由的四类不同理解。

从古典自然法视角，我们说，人是动物与神之间的一种存在。与动物的相似之处在于，人是肉体的存在，受到各种本能欲望和自然法则的主宰和限制，因此就人的肉身性的一面而言，毫无自由可言。但人还有与神相似的一面，这就是理性灵魂，灵魂作为能动、超越的一面，让人拥有了驰骋想象、超逾现实的能力。因此，从自然法的角度来看，自由是人灵魂的权能，而非沉重肉身的关联项。

但事情并非那么简单。灵魂的德性并不是铁板一块，粗略地讲，它还可以分为知、情、意（欲）三个方面。那么自由到底是灵魂中具体哪一方面的官能呢？古今哲人对此观点莫衷一是。例如，康德认为自由是理性（实践理性）的对象，因为理性具有可普遍性，而自由律令则是可普遍化的理性命令的对象，那么，自由作为自律，便是理性的一种权能。但把自由与理性画等号，明显狭隘了自由的范围，浪漫主义强调理性不能包打天下，因为艺术创作中显然有自由想象的驰骋，音乐创作中的情感的时间流淌和纾解也与自由有着内在的关联。而且，不仅理性和情感中包含自由，意志和欲望中也可能包含着自由的成分，柏拉图曾将自由和欲望的德性相连接，批判古希腊民主政体由于缺乏高贵的德性只能归为次坏的政体样式。叔本华则将自由看作是意志这个强有力的瞎子托着理性这个瘫子东奔西突。可见，对于人来讲，自由可能与其所属的任何一种德性品质相关联，从而体现了现实中人的不同面相。

然而，应该看到，上面的划界和说明，仅限于前现代的自然人性的分析。到了近代，尤其是在启蒙现代性语境下，自由越来越与权利相连接，从而拥有了政治哲学的面相。在反对政教一体的教权背景下，自由与平等成为强有力的论战符号。根据伯林的见解，自由包括消极自由和积极自由。前者强调最小政府，突出"少管我"的含义；后者则体现主体性的能为。这种能为的自由，在存在主义那里，尤其是萨特的自由本体论那里达到顶峰。自由成了原子化个体的一种宿命：选择是一种自由，不选择也是一种自由。自由的面相从启蒙以来所追求的积极、正面的价值，到存在主义那里成了不可逃避的包袱和负担。现代性危机让自由的含义凸显了更多的张力和冲突。

二　自由的负价值和内在困境

首先，积极自由凸显了现代性的精神困境。积极自由作为一种能动的自由，是与古代社会的沉思和静观相对立的一种进步论形式。它凸显了主体性和人类中心主义的某些特征。换言之，在积极自由的呼吁下，人们去征服自然，去实践创造，去书写未来。其结果是，自然环境持续恶化，空气、水和土壤等都不堪重负，人类生存环境堪忧；人之自然（本性）同样受到了威胁，人成了金钱和资本的手段和奴仆，在自由权利的扩张下，道德的底线不断被突破，精神虚无主义甚嚣尘上；对未来期冀，使得现在成为实现未来的一个环节和中介，现在成了可以忽略不计的转瞬即逝……

其次，政治哲学的内在紧张。这一紧张突显在哲人自由和大众自由的对抗上。柏拉图在洞穴寓言中指出，人生在政治的洞穴之中。哲人依靠机缘和思想努力，走到洞穴之外管窥真理，回到洞穴中教化大众。但结果是被大众因渎神和误导青年而宣判死刑。启蒙是照亮，近代启蒙崇尚通过大众教育实现人人平等。但这不意味着启蒙是让大众走出洞穴过哲人的生活。相反，启蒙的教化是让大众继续过政治生活，即洞穴生活。因为哲人是少数人的事业，就像科学家和艺术家只是少数人的志业。这倒不是由于智商不平等或精英主义论调，而更多的出自偏好的差异。哲学生活挣钱不多，难以被人理解，而且异常辛苦，所以现代启蒙充其量只能消除大众对哲学的敌视和偏见，而根本无法引领大众走出洞穴过哲人生活。因此，哲人的自由就与大众的自由之间产生偏差。换言之，哲人必须照顾大众的偏见立言力行，否则就会重温苏格拉底式的命运。

最后，自由与责任的内在紧张。按照存在主义的观点，自由是一种自由决断或道德选择。任何一种决断或抉择都可能面对着道德两难，面对鱼和熊掌不能兼得的损失。因此抉择往往是痛苦的。如在《存在主义是一种人道主义》中，萨特举过一个真实的例子，年轻人在爱国和孝敬母亲之间陷入道德两难，一边是报仇雪耻，一边是赡养老母；一边是内心的良知呼唤，一边是道德亲情的不二义务。因此，自由的选择并不是理论逻辑上是非对错，而是涉及实践中的道德冲突和道德困境，是一种难以承受的生命之重。这也是弗洛姆将其专著命名为《逃避自由》的原因所在。

三　简短小结

因此，自由并不像启蒙哲人所宣扬的那样纯粹和美好。自由的实现可能与启蒙的其他价值，如平等价值的吁求之间产生悖论，可能与科学和艺术的昌明之间呈负对应关系，还可能与人类中心主义和主体性哲学的不恰当强调存在内在关联。在当下中国，尤其是现代性未竟、现代病肆虐的当下中国，我们尤其要警惕打着自由名义对传统伦理德性的消解，这种虚无主义无论是对中华民族的伟大复兴，还是对文明共同体的认同都无益处；另一方面，我们也要提防行积极自由之名的人所高举的进步主义旗帜，这种做法加剧了对当下之恶的伪饰，现在的幸福被未来的期许所剥夺，人们成了挣钱的工具和手段，成了一个又一个未来目标的可以牺牲的当下环节。在一个没有当下幸福感的此刻，我们如何让国人对自己的中国梦说 yes。这看起来是一个理论问题，实际上又是一个紧要的实践问题。

在一个数量—同质化的世界，
我们如何安适自处

苏格拉底有句名言，"未经省思的人生不值得过"。宽泛地讲，这句话不仅要求我们对个体的理智限度有所省察，也要求我们对身处的洞穴世界——政治社会有着清醒的认识。自知者明，中西哲人对此代有论述，并非此处主题。本文试图对我们身处的周遭世界做出思考和判断。

毋庸置疑，我们身处的现代社会与前现代社会迥然不同。到底哪里不同呢？经验层面上我们可列举出许多许多。有的哲人从三个层面来讲这种区别：工业体系，理论观念和发生方式。从工业体系上看，现代世界是一个生产性（劳动、实践）的商品交换世界，工业化的大规模生产和交换的市场经济成为现代生活的主导方式。工业体系的支撑点是技术创新和应用，后者旨在减轻人的负担，但悖谬的是，简单重复的计件/时劳动（如马克思所批判的），大大加重了而不是减轻了作为生产者的现代人的负担。从现代观念体系来看，现代世界倡导自由、平等，崇尚原子化的个人权利，启蒙思想家发起"独立宣言"和"权利法案"等镌刻的权利和自由原则以最简单化的口号（公式）方式宣告了与前现代等级社会和宗法约束的决裂。尽管在启蒙之初，这些口号的提出只是预设了它是诸多可能性中的一种，但在政制实践和社会普及之后，这些现代理念变成了无可撼动的最高标准和不容置疑的意识形态，决定性地主导着现代人的思维方式。从现代性的揭示方式看，尼采认为是奴隶道德的某种继续发展，是欲望居上和末人统治的现代形式；海德格尔则将其看作是技术化生产方式对人的存在的宰制和垄断，是形而上学遗忘存在的现代形式。

原则上讲，这种类型化的方法并不算错，然而，它更倾向于用现代的语言来表达现代性的生成。当现代性危机，即理性主义的普遍信仰被理性主义的怀疑和颠倒所取代的 20 世纪，这种言说方式让我们无法看清现代社会的对立者，即前现代社会的特质和形象。换言之，只有把前现代社会作为一面镜子的对比参照下，我们对现代世界的认识才能显现它的真容。

为了方便起见，我这里运用知性的语言将古今世界定性为：伦理世界 VS 欲望世界；质的差异 VS（数）量的同一；异质等级 VS 同质平等的对立。前现代世界是伦理的世界，德性、道德评价，伦理观念秩序统治着人们的日常生活。做一个好人完胜于做一个有钱人，做一个君子远超于做一个利欲熏心的商贾。伦理世界将人与人之间的纲常与规范，作为一种义务或法则。在这样的世界中，人时刻要克制私欲，规范言行，正心正己。在伦理的世界，个人的存在有其质的独特性和无可替代性，而在量的世界里，一切质的差别都被消弭，都变成可以交换的商品，个人的成功变成了数量（数值）的比拼。"比多"的原则让人变得不再淡定和满足，一个亿万富翁的幸福感和满足感完全可能被富豪排行榜上的位次下移或数量不敌而彻底化解。伦理世界讲求做一个好人，一个自足、节制、得体、合宜的人，哪怕我身无分文，但完全可以因饱读诗书、完全可以凭借一技之长而引以为豪；而量化的世界，数量上的地位完全可以被更大数量的场域所吞噬，自我的存在感也因为数量的卑微（用一个质的术语，穷）而让自己抬不起头来。

问题是，数量化的逻辑是如何建构起来的呢？从自然科学，尤其是物理学领域来看，当数学成为典范的科学之王，自然科学（物理学）的数学化便成为关键。从数学学科内部看，笛卡尔的解析几何，就是用代数（量化）来解几何中直观的形的关系。从物理学的数学化来看，作为物质第一性质的时、空、运动，都用量的公式来表示，牛顿超距的万有引力就是用最简单的公式来解释宇宙天体之间的运行规律。而第二性质的颜色、声音和粗糙感等也不断被量化，如，红、黄、黑等颜色的质的差别被波长的量来表示，冷、热的质的区别还原为温度计上刻度的多少来标识。时间的快慢，被钟表上的同质化的数量来描摹。摩擦生热，还原为分子运动的快慢，等等。结果一切物理世界中的质的分殊，都成了数量可以评估的对象。当然，这不是说量的评估是错误的方式，但一旦将量的评估作为决定性的、宰制性的评判标准就遮蔽了另外一些评估的可能。例如，时间上的快慢，如果用均值的量来计量，就无法说明相对论下的一些事态，如奔赴考场的高考考生坐在拥堵不前的计程车上，急救室外等待手术是否成功的患者家属，备考三年等待张榜公布榜单的那几分钟，等等，比躺在床上安适熟睡的那七八个钟头还要漫长。

自然科学的量化的最大危害不仅在于其精确性是否保留，而在于其消解价值的判断带来的中立化，导致自然科学的成就所带来的巨大的技术成为有可能为邪恶意图所用。另一方面，量化的标准，自然科学的成功，让人文科学变得不自信，变得中立和量化起来。在人文、道德实践领域，量化标准也开始一统天下。一切质的差别，如好人—坏人，孝—不孝，嫁给爱人—嫁给有钱人，救死扶伤—见钱救人，搀扶摔倒者—碰瓷讹诈，好学生—成绩高的学生，等等。人伦生活中，量的主宰和逻辑不断突破着质的道德底线，在数量化的比拼下，在一切都可以商品化的社会中，良心的道德判断，正逐渐被量的成功标准所取代。当马克思说，资本的逻辑是现代社会隐秘的客观逻辑时，当他在《资本论》中强调"有百分之三百的利润，就敢犯任何罪行，甚至绞首的危险"时，马克思看到了现代社会的量的逻辑本质。百分之三百的利润是资本，是金钱的数值，是一个量的概念，但人可以为了这个量不去做好人（质），甚至去犯罪（质），甚至不过年回家看双亲（孝，也是质），可以出卖肉体（笑贫不笑娼）、灵魂，甚至生命。我们看到量的力量何其强大。当量的逻辑统治一切，所有人都丧失了质的差异，无差别性的平均状态开始盛行，因此，现代世界确实是一个平等—均质化的世界，那么，民主制也就是最好的政治制度。可见，量的维度，平面化均质化是现代世界的本质特征。因此，海德格尔在《形而上学导论》中宣称现代世界的没落表现在"诸神的逃遁、地球的毁灭，人类的大众化，平庸之辈的优越地位"。"所有的事物都陷在同一个层次上，陷在表层，这表层就像一面无光泽的镜子，它不再能够反射与反抛光线。占统治地位的维度变成了延伸和数量的维度。"

然而，现代世界的量的统治又意味着什么呢？数量化的增长是恶的无限，它与节制、德性和善无关，是人的欲望和动物性层面的彰显和无度。因此量的现代世界，是打着权利旗号的欲望的世界，是制造欲望、生产欲望，放大欲望的世界。好莱坞电影刺激感官的欲望，情欲的欲望，通过商品的方式，票房的指标将展示美与善的文艺片、伦理片挤占出去。政府中的 GDP 评价标准是量的逻辑，幸福感被量的数值所标识，但在残酷比多的量化逻辑下，主体自足的幸福感又如何安放？学术质量的标准被量的绩效评价所绑架，孔子式的述而不作惨遭淘汰，论文的数量，评奖的数量，刊物的排名等级，奖项的排名等级替代了论文内容本身的质量和深度。教育在量的评价下出了一堆垃圾，出现了虚假的学术繁荣。老百姓在钱的逻辑的推动下，把自己变成挣钱的工具，在挣钱的名目下，远离妻儿、远离父母，不能尽丈夫、儿女的孝道和义务（义务是责任，是伦理的质的规定）。更可恶的是，在量的成功的最高标准下，以次充好、以差充好、以假充真、真善美退场，假丑恶横行。最后，在量的逻辑下，文化不再淡定，文化工业（产业），机械复制，精神的荒芜进一步加剧。

在一个数量、同质化的世界，我们是否能淡然一笑，波澜不惊。现代化论者用无法回到过去来辩白，文化论论者用不能对文明进步的成果加以拒绝来标榜进步。其实这些立场，都是遮蔽了问题的真相。问题的真相是，知不足而自省、自警：看到了问题，不是二选一的非此即彼，而是要想办法尽量修补，所谓亡羊补牢，未为晚也。这才是我们正确的态度。而在当下，我们能补量之不足的唯一方式就是，通过阅读，来唤起古典德性和伦理的在场可能性。如果德性伦理的气场足够强大，欲望的气焰就会收拢，量化的限度就会得到制衡。这才是我们当下应当采取的正确态度。

自由民主制为何在中国近代如此虚弱？*

列奥·施特劳斯在晚年的一篇传记性导言中诘问："为什么自由民主制在德国总是很虚弱？"德国近代思想界、文学界的翘楚，如黑格尔、歌德都曾为法国大革命的胜利（自由民主制的典型样态）欢呼过。在更有利的情况下的1848年，德国并没有成为自由民主制的国家。德国自由民主制的真正现实表现是魏玛共和国。在德国人眼里，魏玛共和国是德国第一次世界大战战败的结果，"作为战胜方的自由民主国家却因在《凡尔赛和约》中出卖自由民主制的原则而玷污了自由民主制"。因此，德国人对自由民主制这一"无剑的正义"并未真正心存感激，而是将其和神圣罗马帝国崩溃的屈辱、与德国战败的苦痛联系在一起。何况，替换德国自由民主政体的又是希特勒的极权专政主义。

相似的情形在中国近代同样出现了。在这里，我们需反思的是：为什么自由民主制在近代中国如此虚弱呢？或者更直接地探问：为什么自由民主制在中国近代历史上未能成为有力的政体形式呢？有人可能会反对，从1911年，更精确地说，从1927年到1949年，完成形式上全国政权统一的中国国民党难道不可以看作自由民主制在中国的现实代表吗？稍微了解一下中国近代史，我们就可以作出判断，水深火热的中国人民，在外有八国瓜分、日寇独进，内有军阀争霸、国共争锋的历史条件下，谈何自由人权、民主选举？因此，三民主义也好，自由民主政体也罢，在内忧外患的战乱年代不过是一种口号或标签罢了。

---

* 本文写于2010年春夏之交，未发表。

一

如果说，自由民主制对近代德国是屈辱和软弱的象征。这种境遇挪到中国近代是有过之而无不及。中国人了解自由民主制是通过鸦片战争一声炮响开始的。原始资本积累之后的资本主义，为了开拓国际市场，开始了血腥的海外殖民活动。西方近代哲人竭尽心智勾画的启蒙纲领在资本和利益的追逐中早已偏离了原初的轨道，背离了当初的信誓旦旦。泱泱大国的中华民族肇始看到的自由民主国家不过是血淋淋的侵略者和剥削者。梁启超在《欧游心影录》（1919年）中勾画了其心目中的欧洲精神形象："就私人方面论，崇拜势力，崇拜黄金，成了天经地义。就国家方面论，军国主义、帝国主义，变成了最时髦的政治方针。这回全世界国际大战争，其起源实由于此。将来各国内阶级大战争，其起源也实源于此。"（梁启超：《欧游心影录（节选）》，载于《尼采在中国》，上海三联书店2001年版，第4页）

第一次世界大战对启蒙现代性做了实践上的否定，自由民主制在运行二百余年后弊端百出，在第一次世界大战中得到了集中的展现。其影响对于战败方的德国是巨大的，它极大地挫败了神圣罗马帝国的精神高贵，以及德国人民对于自由民主制的厌恶情绪。同时对于战胜方的中国影响也是巨大的，巴黎和会上西方自由民主国家的卑劣做法激怒了中国学生，引发了影响深远的五四新文化运动。近代以来中国优秀知识青年和文化精英带着救国图存、振兴中华的爱国情怀在器物层面——洋务运动，制度层面——戊戌变法，思想文化层面——五四新文化运动向自由民主国家学习。德先生（民主）和赛先生（科学）确实是启蒙运动的精华，但在中国人眼中，这二者早已丧失了启蒙之初的真理性内涵，更多的是"恢复中华"的情绪性反应。

二

清政府灭亡以后，中国没有建立起强大的自由民主制。当然，这不单单是上面所述的对自由民主制的反对情绪，西方诸列强也不希望中国

96

成为强大的自由民主制国家。这就像东欧剧变时的俄国一样，以为苏联解体了，社会主义国家不存在了，俄国和欧美就成为兄弟了，欧美友国自然会伸出援助之手帮助俄国迅速发展强大起来。但是，西方希望拥有的是贫弱缠身的俄国，而不是强大制衡力量中的俄国。因此，休克疗法的俄式改革经历了近二十年的艰难恢复期后仍难以自强。近代自由民主制的中华民国同样反映了"无力使剑的正义的可悲图景"。自由民主政权的软弱使袁世凯轻而易举地窃取了革命果实。《中华民国临时约法》及"三民主义"瞬间成为良好愿景被束之高阁。这也最终促成了孙中山建立自己的军队武装的决心。然而，还没有看到自己革命武装和全中国的统一，孙中山先生就溘然仙逝。自由民主政体的构想在国共分裂、军阀混战、八年抗战、解放战争等战火中一推又是二十多年。确切地说，自由民主政体最终也未能在中国大陆得到实质性的建立和推进。

与此相对应的是，1917年的苏联革命给中国人带来了新的希望。从作为众多学术思潮之一的马克思主义到苏联作为社会主义现实的马克思主义之间的时间跨越极为短暂。马克思主义与中国实际的契合程度远远大于自由民主制。马克思对贫苦的无产阶级的同情，对资本主义贪婪的无情鞭挞，对深受帝国主义侵略之苦、处于水深火热中的中国人民来说颇为亲切。更重要的，马克思的阶级斗争学说，革命理论，资本主义必然灭亡的论断也是极为有效的理论工具和实践指导。因此，共产主义学说取代了启蒙自由主义理论并在中国的土地上生根发芽，结出了硕果。

三

西方文化对中国的影响是植入式的。近代中国的屡战屡败，使中国的知识分子怀疑中国传统文化在根本上不如西方。这一文化怀疑主义经历了"中学为体—西学为用"到学习西方的政法制度，最后发展为"打倒孔家店"。文化怀疑主义发展成为文化虚无主义。但从根本上看，中国传统文化在近代史上并未真正丧失话语地位。近代中国思想家始终在西方思想的背景下做着可贵的西学东取、中西比较的工作。

1949年，中华人民共和国建国，人民民主专政的政体建立起来。

国家只是一种统治形式，其内容还是需要思想文化来支撑。对填充内容的文化的择取成为新中国的一项艰巨的历史任务，同时也付出了巨大的代价。"文化大革命"的"破"，对传统文化的掏空式批判，导致改革开放后各种学术思潮的纷至沓来。新儒家、新保守主义、马克思主义、新自由主义……改革开放三十年来，思想文化领域的文化论争高潮不断。官方的马克思主义自不必说。传统文化的强劲复苏，自由主义思潮的不断挺进也成为当下中国文化政治领域的有生力量。2008 年奥运会开幕式上的中国传统元素，2010 年世博会上的中国冠建筑，政治领域的和谐社会构想，以德治国方略都是中国传统文化不断受到重视的标志。伴随着中国融入世界步伐的加快，市场经济的全面展开，西方教育模式的推广，80 后自由民主意识的增强和公民网络参与的加大，自由民主思想也逐渐在中国政治舞台上发出了更多的声音。但鉴于自由民主制在中国近代的恶劣印迹及当代中国官方领域对其的高度警惕，从目前看，自由主义思想作为一种主流话语形态的可能性尚不存在。

四

根据上面的表述，自由民主制在中国近代历史的舞台上一直处于虚弱的状态。其原因主要如下：一是在起源上。中国人民遭逢自由民主制国家，并进而认识自由民主制时，中国社会处于闭关锁国状态下，专制政体和孔孟儒家文化的契合并未在相对平稳的轨道上出现裂痕。此时的中国人根本不需要什么所谓的自由民主政体的统治形式及其预设的自由、平等、博爱的人文理想。而一旦在西方列强的炮火打开大门后，中国人基于爱国主义的天然情感对自由民主制产生了本能的敌视态度。因此，中国文人和政府从来没有主动地把自由民主政体作为一种理想加以贯彻，而是将其作为图强攘敌的策略被迫学习他，即使在戊戌变法中尚且如此。二是自由民主制发展到 20 世纪初，其残酷、贪婪的本性和弊端暴露无遗。第一次世界大战中自由民主国家的参战，及其之后在和约上出卖自由民主制原则的行为玷污了自由民主制。因此，自由民主制本身丧失了作为一种政治理想的本性，也丧失了人们为之实现慷慨赴命的激情和动力。三是中国内忧外患、战火连绵的现实背景，加之资产阶级作为一个阶级发育并不成熟，远没有成为一支独立的利益集团登上历史的舞台，因此，中国的自由民主制是软弱无力的政体形式，根本无法完成统一国家、振兴国家的历史任务。

人的成功真是命定的吗？[*]

作为一个社会人，总是需要扮演许多面相。如作为教师的面相、丈夫的面相，下属的面相，回到家里作为儿子的面相，女婿的面相，舅舅的面相等等。不同的角色有着不同的要求，面对着不同的规范和规矩，不能混淆对待。否则就会导致关系紧张，轻则被视为不明就里，重则被斥为不够成熟，甚至背上自私、任性的骂名。

但对我而言，最重要的角色纠葛是学问身份和生活身份的冲突问题。即如何把书本上的知识与生活中的现实有机统一起来。因为，我常常发现，生活中的很多事情，其实就是学问的事情。然而，可能是由于自己学问过于浅薄，对于生活的复杂性和折射的道理常常不能达到自觉地反思。所幸，最近偶尔能够"学以致用"，并将这些感想诉诸笔端。下面就是一例。

一日，陪老婆一起看书（老婆常常会联想及身，属于极度敏感细腻的类型）。她突然抬起下颌，郑重地问我，"你最遗憾的事是什么？"我笑笑，"我这人达观，觉得所得所获都是上苍所赐，所以没什么可遗憾的"。老婆不理我的回答，自顾自地喃喃道，"我最遗憾没考上个好大学，所以一直以来都走霉运"，然后就神情凄然起来。这是她一贯的论调，悲观和神经官能症使她很少会像没心没肺的我那样整日傻呵呵地笑。一会儿，她翻身睡去，平静得犹如婴儿。我却出奇地陷入沉思。

好多人都抱怨命运不济，人的福寿功德命中注定。老婆是其中的一位，而且常常对此坚定执着。她把命运的是非归结为过去生活中的一个偶然事件，如没进个好大学，或没过四级（不然就可进京了），或没嫁

---

* 本文作于 2010 年 6 月，未发表。

入豪门（不然就不会这么辛苦）等等。用一些大道理，或一些相反的事例，如名牌大学的毕业生照样有混得不好的，四、六级过的，或进京的未必都是前途灿烂之类的事例都是无法说服她的。因为，对一个浪漫的理想主义者而言，现实的落差总是不断提醒她自己的不幸福。而不幸福总要归结为一个原因或因素。没进好大学，进而没找到好工作是最为直接的人生拐点，因而就理所当然地成为"罪魁祸首"了。

然而，这里面却涉及一对很重要的学理概念——偶然和必然。人在社会中生存，受到太多不可控因素的制约和影响。表面的制度合理和机会平等，常常在就业时的学校歧视、等级歧视、性别歧视、资源差异、人脉差异等诸多外力面前丧失可信度，沦为官方和宣传的一个噱头。何况工作之后的诸多职场规则和不确定的职称评定、级别升迁、人事应酬等等。因而，随着年龄的增长，冲劲的减弱，阅历的增加和心态的变老，自己的前途命运往往不再成为日思夜想的主题，转而寄托给命运之类的话头，而注意力的方向和希望的支点向下移到子女的头上。即子女成了个人期望和梦想的承载者。烂漫年华的欢乐过早、过多地承载了父母和社会的重压，因而，在孩子的负担问题和幸福指数成为现代社会的一个重要问题。

我们还是把话头拉回来。质问一下到底人的成功是必然的还是偶然的，是命定的还是努力所得。一个人的成功不是水中月、镜中花，客观因素绝对是很重要的指标。它不仅包括你的财力基础、人脉资源、家庭背景、智商情商，还有那些不可控的政策因素、领导的喜好因素、社会现实的背景变迁等等偶然因素。与强大的客观因素相比，主观的因素同样难以克服和至关重要。人毕竟是情感的、非理性的生物。一个追求享受、关注眼前、渴求仰慕、喜好物质的个体，让他违背本性，抑制情感和非理性喜好，以极强的毅力和漫长的拼搏去追求一个不可控的前景。这本身就十分的困难，再加上没有遇到好的老师的鼓励和引导，好的学校氛围给予的熏陶。

更重要的是，时代的成功标准往往成为随时代的秉性而变、在当代则更多地以金钱和权势的高低为标志。但世俗的成功标准如果和个体的秉性和人生理想不一致，反而会捉茧自缚，成为自己痛苦的根源。

苏格拉底有句名言"未经审查的生活不值得过"。也就是说，一个人要有自知之明。知道自己能力如何，喜好如何，适合干什么，能干什么。然而，这样的自我审查，自我反思还要抗拒世俗成功标准的冲击。我们喜欢的事情往往不一定会带来名利、权势和金钱。而这些往往被视为成功的标志。但这些东西的获得往往要压制秉性、屈从世俗、身不由己。因此，大众认可的东西未必是每个人都适合，或者给每个人带来幸福的事情。苏格拉底的审查方法，是提问，询问什么样的生活是好的，是值得我们去过、去奋斗的生活。而我们每个人的询问则要询问自己真正追求的什么样的生活，自己能够适合干什么。

这样看来，我们去追求的生活和成功，是自己深思过的，是自己尽力追求的，是需要自己和常识之见相抗击的结果。那么，这样的生活就不应该是必然的、命定的，而是个性的、偶然的、自由选择的差别生活。

从微信"红包拜年"看现代性的"技术座驾"*

　　中国传统节日中最重要的节日之一便是春节。每逢新春佳节，无论多忙多累，人们总是千方百计地踏上回家的征程，期待早日与亲人团聚。此等举动，远远超出现代性的理性算计，成为市场经济洪流下残存的维系亲情伦理的最为重要的本能性惯性行为之一。然而，你可曾想象：当我们千里迢迢回到家里，期待与至亲父母围坐攀谈的浓浓亲情画面，变成了大家齐整整地端坐在炕沿边或沙发上，各自沉默无声又专注地低头摆弄自己的智能手机……是的，此等让人不敢想象的冷漠场景，现如今已悄然在千百万过春节的中国家庭中频频上演。而这，全赖于微信的发明，更准确地说，是微信发红包功能的发明。

　　有人或许会责问，你是不是有点小题大做了：过年发个 wechat 红包，送个祝福，联络一下家人亲友情谊，有什么不对。但打开手机，点开微信群，铺天盖地的都是派发红包的信息，这未免让人感到有些不舒服、甚至不正常。更重要的是，这种行为不仅充斥在各种同学圈、朋友圈、同事圈，亲戚圈，家人圈等精英群体之中，而且受到日常百姓，从目不识丁的农村百姓，到耄耋白发、老眼昏花的长者的青睐。在 4G 手机方兴未艾的今天，各色人等都能娴熟地通过语音，眯缝眼、颤巍巍地通过划触屏幕派发、接收红包，表达感谢，传递祝福。

　　真是"佩服"那个设计微信，尤其是想到发红包点子的"英才"。他用自己的灵机妙想，借助将秒想变为现实的化腐朽为神奇的能力，成

---

　　* 本文以《"红包拜年"：现代性的"技术座驾"》为题发表在《社会科学报》2016 年 3 月 3 日。

功地、悄然地影响了几亿，甚至十几亿中国百姓的日常生活，篡改着中国传统佳节的亲情内涵。无论是贪图小便宜的、暴发户甩钱露富的、传递亲情友情的、显得无聊图个乐呵的、通过网络寻找存在感、成功感的，大家都把眼睛盯在手机上，忙碌地接受着红包，表达着感谢。来而不往非礼也！那些收到红包感觉不好意思的，还不时派送红包，然后眼睛紧盯着手机屏幕，看看谁最终抢到了自己派发的红包，享受着收一支带来的存在感和成就感。结果是，自己的腰包并没有真正损失多少，GDP 也没有因成百上千亿的红包数字流动得到丝毫提升。唯一改变的是，大家不再无所事事，而是眼睛被牢牢地锁定在手机屏幕上，成了彼此距离最近却又相隔最远的亲人。人们不远千里回到家里，家长里短闲嗑没了，温暖互望的注视没了，眼睛全都盯在手机上，手指滑动和敲击在触摸屏上。亲人变成了低头一族。你坐在我身边，而我的眼睛和心却挂在了虚幻的网络上……

海德格尔前瞻性地看到了这一点，他用技术座驾来批判这一现象：技术本来是为人的舒适和便利服务的，然而，它却是最终宰制了人，奴役了人的生存，让人成了异己的存在。现代人发明了手机，旨在缩小人与人的时空距离，便利人与人之间的亲情沟通，却最终让人无法离开手机，甚至成了手机的奴隶。有了智能手机，微信的普及似乎顺理成章，从歌功颂德的角度讲，它这一发明成就了中国式的 facebook——社交网络。然而，各种"主要看气质""发红包""晒美食""晒旅游"，让人感到如果没有把自己的图像挂在网络上，没有在网络上晒晒美图，好像自己就没有吃过、穿过、玩过一样，一句话，没存在过一样。这种存在感让现代人都成了"低头一族"，忘记了传统意义上最为重要的交流方式：面对面的情感交流，心与心的深度沟通，我们都成了网络大数据下的一个数字，一个可有可无，外表风光却内心空虚的灵魂浪者。

当然，笔者并不是极端反对现代性的一切软或硬的成果，但是我们要做有批判思考的现代人。苏格拉底曾言，未经反思的人生不值得过。对于那些可敬的父母们，您真的希望你的儿女千里迢迢回到家里，除了给他或她端上一桌美食，就独自沉浸在没有关联的网络世界里吗？您真的希望自己的儿女回家，来和您沟通交流的时间都没有，而是眼睛直勾勾地盯着手机，无来由地惊喜或哀叹错失红包吗？您希望自己幼小的孩子在悄然间模仿你的作为，迷恋起手机和上网，早早戴上高度近视眼镜吗，沉浸在不愿敞开心扉的网络虚拟世界里吗？这里，我们不应该苛责技术或软件的发明者们，不应该苛责那些提供便利的互联网经销商们，当然也不应过度苛责那些给你发送祝福的亲朋好友，我们要做的只是，在做这些事情时要有所节制，要懂得技术的限度，要学会摆脱过度沉迷，要知道传统佳节最珍贵的方式其实很简单：就是陪老人多聊聊天，多到户外陪孩子运动运动，多陪家人一起看看电视，而不是让手机成为阻挡我们沟通亲情、温暖心灵的障碍。

试析"无人故意为恶"何以可能？*

    苏格拉底有句脍炙人口的名言："无人故意为恶。"即是说，凡作恶的皆因其无知，如果知道自己的言行有失德性，那么，他是不会去做的。这句话虽广为流传，却与我们的常识感格格不入。根据常识经验，我们知道，无论是历史上的英雄人物，还是日常生活中的芸芸众生，在道德两难面前，我们是否知道是非好坏是一回事，能否完全依照善恶标准去做又是另外一回事。例如，兄弟相残定然是有违人伦的，但无论中西历史上，弑父杀兄、篡位夺权之类的宫廷之变却屡见不鲜。换言之，在残酷的政治夺权中，道德上的良心谴责往往被视为妇人之仁被弃之高阁。

    对此，苏格拉底可能会争辩说，你自以为掌握的是善恶真知，事实上却未必如此。为了说明这一点，苏格拉底弟子柏拉图在《理想国》中提出了著名的"洞穴寓言"：人们生活在洞穴之中，因锁链所困无法转头，也无法走出（意见）洞穴，唯有少数哲人因种种机缘（思想上）走出洞穴，见到真理之光。洞穴寓言是个形象的比喻，我们可以设想锁链并非意指某种外在的束缚，而是人之情欲、想象对其理智真理的遮蔽，而走出洞穴之人是在爱智之欲（好奇心）的驱使下，打破自然肉身性的束缚，管窥到真理之光的照亮。在柏拉图的心目中，其师苏格拉底便是这样一个走出洞穴受到真理之光照亮的少数哲人，不幸的是，（如洞穴寓言所揭示的）他在接受真理之光后折返洞穴，试图教化众人，结果被意见宰制的民主大众宣判死刑。苏格拉底之死虽然可悲，却从实践上证成了他的上述命题：作为走出洞穴，接受真理之光照亮的哲

---

  * 本文以《"无人故意为恶"何以可能？》为题发表在《社会科学报》2016 年 1 月21 日。

人，苏格拉底是真知的唯一获得者；而他从容赴死、为真理献身的行动，便是知行合一、无人故意为恶的真实写照。至于那些明知不善而为之的常人，不过是未走出意见洞穴，不知真知为何物的多数庸众。因此，从他们的经验出发既无法理解、也无法证伪"无人故意为恶"的命题。

然而，我们知道，苏格拉底式哲人是可遇不可求的，我们不能通过这样罕有的个体实例（如苏格拉底之死）去证明某一命题（即"无人故意为恶"）的普遍有效性。换言之，我们要在哲人的真知和意见大众的结合处来考察"无人故意为恶"的真确性。这时，我们就要剖析，德性之知和善恶行动两相分离的根由何在？

根据斯宾诺莎的见解，个人的天赋之权包括两个不分高下的方面：一是"行理智之所命，或依理智的律法以生活"；二是"行其欲望之所命，或依欲望的律法的规定以生活"。在有律法之前的自然生活的状态下，两者拥有同样的权利，无所谓善恶之分。但为了求取"人真正的利益与保存"，摆脱极其可怜的野蛮生活状态，文明人必须压抑为情欲所驱迫的权利，高扬受理智所指引的权能（参见《神学政治论》，第十六章，第214—217页）。也就是说，为了人类的普遍福祉和文明，必须用理智炮制善恶之法，压制情欲本能。然而，这一行为本身预设了人性的二元分裂和根本紧张：善恶只是理智认知的结果，而行动的领域则受到情欲本能的干预，人类实践本身包含着知（真、善）与行（意志）的内在紧张和相互张力。

为了解决这一内在冲突，康德试图强调道德律令的普遍性的一面，极力驱逐实践理性中的欲望质料，以保证自由免于堕入因果范畴（本能欲望支配）之中而失去根基。但缺少了本能欲望的道德动机论是抽象的，它最终要步入现实，与本能欲望产生关联。这时理性如何控制欲望，达到知行合一便成为难题。康德的解决之道是不断的理性启蒙，让人成为具有自觉理性的人，成为真理之光照亮下的自律者，才能保证苏格拉底式的知行合一。（参见康德《回答这个问题：什么是启蒙？》）

在理智命令安排下的人类社会循规蹈矩，缺乏生命力。对尼采而言，理性人是缺乏生命意志的奴隶，而非具有强大生命意志和价值创造冲动的主人。叔本华更是直截了当，他翻转了康德的命题，认为人性之根本绝非理性，而是欲望的瘫子骑在理性的瞎子身上，无来由地指挥后者东奔西突。尼采和叔本华看到了理性动机论对实践行动的无能为力，靠理性之善去行动，或许只对少数洁身自好的智慧哲人有效，而大多数人则是打着理性—善的旗号（公然弃绝理智，恐被他人看成疯子），实则依照个人的趋利避害的意志和欲望行事，这种知行分离的困境当然也是苏格拉底式"无人故意为恶"之箴言难以在现实中出场的原因所在。

尽管受到人性复杂性的掣肘而在实践上困难重重，但作为文明社会里的现代人，我们却无法否认苏格拉底式命题的实践价值。为了使人类免于施密特式的逐利征战，为了使人类获得普遍的福祉与安宁，知善行善的苏格拉底式命题必不可少。在这方面，理性的启蒙、教化和制度设计虽然必须，但并不足够。因为在知识上的了解与实践的行动之间有着不短的距离和诸多因素的干扰。西方传统社会通过无所不能的上帝预设，通过虔敬与顺从、救赎与拯救来获得道德的习惯和行动的力量。而在古代中国，传统文化的君子情怀和伦常规训曾在历史上起到很好的维系社会良性发展的作用。如果说，现代性危机已然表明理性无法自足地保证在俗世建构一个和谐安宁的人间天堂的话，那么回到中西古典，从传统中汲取力量未尝不是遏制现代人欲望倒地、道德沦丧的重要资源。

纯正思想理应远离浮华

真正的学者应淡泊名利，这并非故做高姿态，而是本性使然。

世人大多追求功名，常常为不被大众认可而苦恼莫名、郁郁寡欢。佛家对此较为极端，认为一切功名皆为水中月镜中花，是虚空不实的幻象。然而，对于智识精英，妄论世俗中人，这充其量是心向往之的事。例如，无论歌者、艺术家，还是诗人、文学家，多从佛家所斥责为幻象的情感宣泄出发，因为缺少听众/读者的喝彩/共鸣，便如即将耗尽燃油的汽车，找不到前行的动力。

然而，悖谬的是，真正的思想和有价值的事物，往往只是少数人的事情，注定与大众无关。所以在现实生活中，我们看到的情形是，为大众所熟知的只是那些走马灯般登场的流行歌手、影星和文体明星，而真正对时代精神有所洞察的思想家，对真理具有卓越推进的科学家，对社会进步产生重大影响的政治家，都是籍籍无名，甚至饱受同代人诟病和误解。这种悖论在极端追求名誉，制造景观，释放欲望，鼓吹一夜成名的现时代尤为凸显。

但真相就是真相，无论怎样放大其悖谬性，怎样强调美梦成真都无法弥合其间的巨大鸿沟。为了看清这一点，我们不妨举几个例子：斯宾诺莎堪称近代最伟大的哲人之一，其生前仅有两部专著出版，一生颠沛流离，受到同族犹太人最严苛的诅咒，辞世二百年后才名声大转；卢梭，生前遭人唾弃，膝下五个子女全部送到孤儿院，"死时穷困潦倒，死前被马车撞翻，又被猎狗扑伤践踏"；叔本华，30 岁左右便自费出版巨著《作为意志与表象的世界》，30 年后才为他赚取到些许的声誉，这让极度渴望名声和极度"自恋"自信的年轻人不得不在母亲的威名和父亲遗产的庇护下，自嘲"那个时代配不上他"聊以自慰；克尔恺郭尔，一个忧郁而敏感的哲学王子，在出其意料多活的 9 年光景里，他的作品虽然深邃而具有爆发力，却不受世人待见，多以自费方式出版；尼采，其天资虽然早为人识，然而，太过卓绝的才情和高处不胜寒的形单影只让他不得不宣称自己的作品唯有二百年后才为人识。

哲学家如此，文人也难脱宿命，普鲁斯特的鸿篇巨制《追忆似水年华》在遭到屡次退稿后，不得不自费出版前三部。卡夫卡 1924 年去世时，他出版的几部书才卖了不到几百册。本雅明虽然曾为杂志报纸的文学副刊撰文近十年之久，却在 1940 年仲秋决定自绝人世时，依然少有人知道他的名字。对此，阿伦特曾在《启迪》一书导言中这样描述这一现象："历史是一条跑道，有些竞赛者跑得太快，结果消失在观众的视野之外。"虽然这些优秀的竞赛者"常常先有同仁的最高赏识"，然而，"单纯的名誉，无论有多高，由于有赖精英的判断，从来不足于让作家艺术家维持生计。生计只有大众口碑的赫赫名声才能保证，尽管不必是恒河沙数的大众"。

为什么大众无法赏鉴到真正的思想？为什么真正的思想与大众绝缘？因为思想精英和大众之间的趣味大相径庭：大众被眼前的事物，被自己的欲望和激情所左右，而思想精英则在纷繁的乱象中看到背后的法则和原则。在媒体景象和欲望生产的消费社会，在大众文化和舆论主导的后现代社会，大众成为资本逻辑俘获的对象，在不知不觉中受制于"亲见亲闻"，被奴役和异化之外的糖衣所俘虏，而精英则善于在景观社会和消费社会的浮华中看到精神的失落和荒芜。这些是那些身居洞穴中的大众所无法理解、也不愿接受的。

在生前赢得美名的思想精英是幸运的，里面包含着诸多偶因的巧合。真正的思想是远离大众的，如果它太过高远、深邃、光芒四射，甚至无法为同时代的精英同行所理解。所以，如果真的有志于思，有志于学术的人，必须具备淡泊名利、曲高和寡的心性气质，那些时代闪耀的影体巨星在时光的浪潮中褪去光泽，甚至连名字都不再被人记起，但那些具有恒久意义的思想作品，却在沉寂千年之后仍能散发出耀眼的光芒。

毋庸置疑，在物欲泛滥、追星造星的消费时代，认清这一道理，率行这一典范，意义更为重大。

断想三则：论雅—俗艺术、
追星与认清自我

一　艺术：民族与流行，高雅与低俗，
和谐面具下的彼此攻讦

看过"中国好声音"这档当下最具人气的真人秀节目的观众不会不熟悉，导师最常用的评语往往是："你感动到我了"，"我认为，情感比技巧更能打动人，所以我选×××"。第二季"中国好声音"最具争议的事件就是实力唱将姚贝娜被"菜鸟"学员萱萱 PK 下马，泪洒现场，折戟而归。导师和媒体评审团的理据就是，后者比前者的演唱更感动人。前者（珍珠）的委屈在于："如果我能选择自己想唱的歌曲，恐怕不会留有那么大的遗憾"；而众粉丝（贝壳）们则刷屏疾呼："好声音通过选歌将实力唱将挤出舞台实在令人无语：姚贝娜无权选歌，而听不懂歌词的评审团又如何感动，何况两首歌的难度相差又如此悬殊。"

节目已然过去两载，斯人已逝，谈论结果对于双方似乎已不再重要。但这里面折射出来的艺术分歧却值得关注。好声音的四位导师不是学院派的教授，而是清一色的流行歌手。在他们口中的"感动远比技巧重要"，就包含了对艺术理解的流行偏见。按照时下科学客观的分类，歌曲分为美声、民族和流行（通俗）。如果说美声是曲高和寡、水土不服的舶来品，那么主导当下中国乐坛的就是民族（含美声）和流行（包含通俗）两种类型。那么，导师组口中的感动便可理解为流行和通俗，借以对抗美声、民族的技巧性唱法，从而让受过专业训练的中国音乐学院的高才生完败于专业声歌训练阙如的草根歌手。因为后者体现了音乐的真谛：情感的自由表达和宣泄。艺术是自由的创造和表达。

美声、民族也罢，通俗流行也好，两者都表达情感，不过前者表达的更多的对民族、国家的热爱，后者更多表达个体对情绪、情爱、和悲伤的感悟。在一个崇尚自由、个体无依无靠的时代，流行更能拨动大众心绪的琴弦，成为人们热衷传唱的对象。不过，人的情绪多样而善变，流行的歌曲很快被后面的流行浪潮所覆盖，这种短暂性和情绪当下性、以及受众的嬗变性、大众性特点，让美声、民族音乐的学院派教授所不齿。而后者作为一种缺乏情感，注重音域、气息、音高等技巧的艺术类歌曲，又很难打动人们的心弦，因难以为众人传唱（太难）而被流行歌手所鄙弃。因此，民族美声的艺术歌曲与流行通俗类歌曲之间的高雅与流俗的互掐和敌视便悄然形成，从而有了上面感动与技巧孰高孰低的论断和评语。但我刚刚也说过，艺术既包括曲高和寡，也包括下里巴人，它体现的是人的自由，是对必然规律和现实生活的宣泄和逃离，反映的是不同类型的情感、情绪的张扬。人，是多面的存在，因此，歌者应当是综合性的歌者，这样才能运用更好的技巧去表达情绪的丰富性。姚贝娜是一个拥有专业十级钢琴基础，能弹奏肖邦作品，受到高中到大学十多年专业声歌训练、热爱音乐、崇尚自由（如喜欢摇滚力量型歌曲）和情绪张扬的歌者，但在这个充满偏见的舞台上，她必定遭遇专业学生与流行选秀的悖论和冲突，这种夸大性的戏剧性结局本是意料之中，不过当事人和观众都深埋在琐碎细节中难以认清罢了。

二 歌唱家还是大学教授，文学家与文学评论家

姚贝娜的大学老师、中央音乐学院的教授马秋华老师曾力劝大病初愈的姚贝娜回校任教。姚最初的反映是我能教好学生吗？而随后的结论是我想在有限的时间放在舞台上，放在无限放大自己的演唱事业中。毫无疑问，姚是中央音乐学院科班出身，又是青歌赛冠军，佳作频出，加之名师推荐，回校任教绝不成问题。但这里根本上却涉及歌唱家与乐评人、艺人和教授两种职业类型的差异。

说到职业，很多人会比较二者的收入、知名度或孰高孰低之类的表面差异，实则不然。我们可以类比一下来说明这个问题。比如，作家和文学评论家孰高孰低？莫言是诺贝尔文学奖的获得者，一位没有上过大

学的草根作家，凭着对生活的感悟，创作了很多耳熟能详的优秀作品。但另一方面，一个文学评论家（教授）也很重要。最重要的文学评论家或文学教授，从事后的角度能够将莫言作品的类型、价值和优长进行归类和范畴提升，让有潜质的文学青年受到启发；从事前的角度，他能逻辑地提出各种文学主张，引领文学艺术创作走出新路。例如，意识流小说，存在主义小说，弗洛伊德类型的小说，都是在某些重要的理论的支撑下，在某些作家天才的理解和创作下生发出来的。换言之，二者之间有着不可替代的分工和职能不同。当然，我们不否认有萨特这种即是小说家又是哲学家（文学理论创建者）的全能类型。

对于歌者同样如此，一个歌唱家可以将情感谱曲、作词，形神兼备地演绎出来，成为一部部经典，感染听众，让这个灰暗的、无聊的世界里充满音乐，充满美丽。但不要指望这些原创性的歌者去做大学教授，人的生命有限，时间有限，鱼和熊掌难以兼得。虽然，理想上我们渴望像刘欢的全能型教授歌者，但如果能在各自的领域里发光，取得相应的硕果，也算不赖。

三　追星，与年龄看似有关却无关

以往，我有一个偏见，即认为追星是年轻人的专利。但事实上却未必如此。就像爱情，少受理性算计和人生阅历牵绊的青年容易坠入爱河，这个不假，但爱情作为人生的一种例外的绽出时刻，实际上可能发生在人生的各个阶段。与爱情相仿，追星也是触动我们内心里那个最软弱的地方，让我们逃离世俗的理性牵绊，寄托我们对最美好事物的遐思。

悲剧，是把人生最美好的事物揉碎了让人去觉悟，喜剧，是把生命中最丑陋的部分拉近了个人看；与之相对，爱情和追星则是日常生活状态的本真性溢出，让人去感受生命中最美好的存在，而为此付出自己情感，甚至整个身心。

这样的机会实属难求，人一辈子没有追过星，没有恋爱过，按部就班、顺风顺水地按照自己规划，抑或是大众眼中的生活节奏工作、结婚、生子、终老，实则是一件憾事。因此，让内心有一小片刻的溢出和绽放，哪怕没有任何举动的单相思和追星，这种经历未必是一种坏事。当然，这种痛苦的美好还是不应该超出责任的限度，不应该违背世俗伦理和侵害家庭生活完整性，尽管这说起来容易，做起来未必如此。

四 一位歌者的思想遗产和教训

歌者姚贝娜的去世引发了我对她的关注，奇怪的很，一个几乎同时代的同龄人，在世时走在平行的时空里，根本没有交集，去世后才引发关注。即使，《甄嬛传》的大热，即使青歌赛的辉煌，即使好声音的绽放，即使 2014 春晚的压轴演唱，即使《画皮 2》和《一九四二》的热映，这些都没有让我注意到她的存在。虽然，我也是一个网虫，成天看网上的各种被筛选过的新闻，但我就是不知道这个女歌手的存在。直到她去世，我去网上搜寻她的足迹，看她青歌赛的日月凌空和小品，看她《甄嬛传》的主题歌，看她好声音的真性情，看她春晚的婉约大气，看她的流行金曲《心火》和她生命谢幕前最后一次完美收官：Hi 歌现场《鱼》的演唱，以及各种访谈，以及她去世后相继举办的北京追思会，浙江追思会，沈阳追思会和台湾追思会，等等。

我常常想，是什么触动我内心里最柔软的部分，让这个从未追过星，也从未想追星的成年人的理性防线全线崩溃。这是说不清楚的，如果说得清可能就没有吸引力了吧。我曾写过两篇文章来纪念她，而这篇涉及她思想遗产的文章算是对我心中的这个女孩的最后一点纪念吧。在我看来，姚贝娜给我们的启示起码有三个方面。

一是在一个浮躁功利的时代，她用她的行动告诉我们厚积薄发的硬道理。

我一直有一个偏见，在我们这个时代，不要让孩子去涉足音乐、美术、影视、音乐的领域，因为，这个领域更加的浮躁、功利。每一个少男少女，在电视媒体景观的鼓动下，都做着一夜成名的美梦：通过一档电视选秀节目或影视作品，一夜成名，家喻户晓，名利双收。成功的真相往往很是残酷，它需要你的忠诚与热爱，你几十年如一日的拼搏，你不断突破自我的尝试，你的机遇和人脉背景，你的良好心态和遭遇挫折的能力。因为缺少前述的积淀，很多选秀选手虽然一夜成名，却很快被人遗忘。

但姚贝娜则让我们看到相反的一面。她 4 岁学钢琴，每天 8 小时，最后达到钢琴 10 级，9 岁登台，从武汉音乐附中到中央音乐学院再到海政文工团，二十年的积淀并没有让这位女孩达到自己期冀的高度，相反，离自己的音乐梦想渐行渐远，甚至一度抑郁，直至患癌住院，涅槃重生。姚贝娜的天才和扎实有目共睹，在青歌赛的直播舞台上摘金夺银，遇知音伯乐捞仔，参加《金沙》面试获三宝肯定，主唱《金沙》被刘欢赏识，面试《生命的河》获冯小刚首肯，参加好声音被亿万海内外观众肯定，没有演唱实力岂能在一次又一次的面试考核中被如此多的业内人士和观众所认可。

当然，这与父亲母亲的做人教诲和人脉关系很大，没有母亲，她就不会有钢琴的扎实基础，以致获得作词作曲，拥有固定音高的高超技能；没有父母的遗传和音乐熏陶，也不可能有她如此好的基础和对音乐的热爱；没有父亲的引荐和人脉，不可能有捞仔帮忙作曲，也就不会有后来一系列的贵人相助；没有父亲的隐性影响，也就不会有青歌赛众评委的先入为主的好评和高分。但是，音乐界的名人多了，歌星的有潜质的歌二代也不胜枚举，也没见到几个有如此高的名声和圈内圈外肯定，换言之，父母的教育和人脉的触媒只是潜能，主要还是在于姚贝娜对音乐的热爱和对每一次演唱机会的把握，极端地讲，姚贝娜的成功是她对父母掌控的疏离的过程，她最成功最快乐的生命是最后三年，是她离父母的期望和要求最远的三年。她听从内心的呼唤，去唱歌、去作曲，去填词；她离开海政，参加中国好声音，这些绝不是学院派父母的想法，而是她最叛逆、最主动，也是最听从内心的举动。而这一时期，恰恰是她受到观众喜爱，成名成家，个性作品井喷的时期。但根本上，与同季度好声音学员相比，她用一年多时间走完了他们十年都未必达到的高度：出个人 EP《1/2 的我》，荣获最佳唱片，荣获最佳歌手《心火》，编曲个人作品，演唱《随它吧》，登上春晚演唱压轴歌曲《天耀中华》，成为华鼎奖最具人气女歌手奖，完美呈现辞世绝作《鱼》等等。这些成绩的取得，是她十多年人脉积累和登台演唱经历积淀的结果。这个具有演讲和作词天赋，小品和绘画天赋，舞蹈和现场爆发力，词曲原创和扎实基本功，献身并专注演唱，不执着苛求，心态超然，充满感恩心态，不浮华虚荣，珍视每次演唱机会的女孩，在积淀了那么久之后，终于像火山一样爆发，是那么的炫目，那么的震撼人心。

二是姚贝娜的成功，与她的人品有着内在的关联。在浮躁而又功利的社会舞台上，在靠绯闻和炒作博眼球的歌曲演艺界，姚贝娜的出场嫁衣是那么的表里如一：她对音乐的热爱和她为人的低调谦逊。这个阳光、洒脱、纯净单纯、情感丰沛而又执着音乐的女孩，靠的是嗓音和内心的忠诚赢得了一个又一个的恩师贵人。如，捞仔，三宝，沙宝亮，刘欢，冯小刚，那英，等等。而一旦成为朋友，他们便成为这条路上的推荐者和引路人，一起将姚贝娜推上了众星闪耀的舞台。更重要的是那些粉丝，让姚贝娜找到了自信，找到了自我，他们就像坚硬的贝壳，在伤害来临时，用忠诚保护着这个单纯女孩（珍珠）不受伤害，在阳光洒落时，敞开臂膀，托举他们的珍珠熠熠闪光。这些贝壳喜欢的，不仅是姚贝娜的嗓音和动听的歌声，还有他们与珍珠之间共同奋斗的心有灵犀。良好的人品修养和坚强达观变成为姚贝娜与众恩师，众粉丝之间的强有力的纽带。看厌娱乐圈浮华的人们，在一棵冰清玉洁的白百合绽放时，岂能不被夺去他们的整个身心。姚贝娜的事实告诉我们，在一个浮华的社会中，保持一个纯净淡然之心，拥有良好的人品是多么的重要，而我们，正把它视为廉价的废纸片到处乱扔。

三是生命的脆弱告诫我们，姚贝娜的死亡与其说是命运的安排，不如说是性格的使然。姚贝娜 2011 年查出乳腺癌，她不觉得是命运的不公，因为她有母亲遗传的乳腺增生，有过度追求完美造成的 5 年抑郁，还有拼命熬夜带来的功能紊乱。然而大病初愈后的她，将劫后重生的经历归咎于命运，这让她的心得以释怀，然后整装出发。2014 年 6 月，复查的结果是乳腺癌扩散至肝脏和骨头，这次，这位乐观的女孩拒绝了化疗，继续满负荷地工作，并最终猝然离去。如果说三年前的乳腺癌来自她的抑郁和追求完美，三年后的复发则是她完美和拼命工作的反弹。一个彻夜工作的女孩，一个过度挥霍青春和健康的女孩，一个为了排一个 MV 而从早晨 2 点起床，一直工作到晚上十一二点的女孩，一个一天连飞三地赶演出的女孩，她的免疫力和身体状况是可以想见的。她没有死在乳腺癌复发上，还可能死在过劳所带来的其他地方上。生命的根本不仅是灵魂的丰满，也在于肉体的承载。一旦我们放逐了后者，前者又何以寄托。姚贝娜为自己的跃升打好了地基，以她绝美的唱功，扎实的基础，人脉的累积和舞台经验的积淀，我们不怀疑她会创作出更多更美的作品，她不是那昙花一现的选秀之星，而是长久的珍珠琥珀。但她太过急迫了，她战胜了一次病魔，但没有战胜自己的性格，她猜中了开头，却没有猜中结尾。她的离去太过急促，以至于还没有来得及绽放光亮。她用生命告诉我们，如果不征服自己的性格，最终只能被自己打败。

为何传统婚礼远比结婚证书
更有力地维护婚姻

  对于改革开放以来每一个已婚的中国公民来讲，我们一般都举办过婚礼。毫无疑问，婚礼上，新娘、新郎是婚礼上的主角。就像电视剧，也会有男一号和女一号一样。男女主角都很重要，但我们都清楚，仅有他们不够，还需要编剧、导演、摄影、化妆、配角，等等。当然，婚姻当事人不会把婚礼等同于电视剧，因为结婚是两个人人生中的重要事件，不像电视剧，男女主角是在演戏，是做给人看的。

  事实真的是这样吗？

  以过来人的身份看这件事，事实未必如此。除了那些父母反对逃婚等例外事件，我觉得大多数婚礼都是在演戏，都是做给人看的。在婚礼上，虽然形式上 30 年以来有很多革新，但化妆、接亲、伴郎、婚礼司仪主持、宴席等模式基本相似。与每部电视剧都有明确的导演、编剧、摄影、化妆师、配角等具体不同，婚礼上的编剧大多是隐性的传统习俗，甚至受到影视剧的影响和引导。

  婚姻是爱情的结晶。其实两者差异很大，爱情确实是两个人的事情，但婚姻不是，婚姻往往是两个家庭或家族的事情。袪除世俗的收回礼金的现实考虑外，婚礼可以稳定爱情的暂时性和不稳固性。中国是人情伦理社会，伦理道德的传承，让老百姓把丢不丢人看得很重。结婚证书本质是一个合同，一纸契约，合同契约包含了自由，也有违约责任，会通过经济成本的损失保证婚姻不破产，但作为一个和约，结婚证书却没有道德负担或道德压力。而婚礼不是这样，婚礼是男女两家亲朋好友的共同见证和共同祝福。结婚时，亲朋好友到场的见证，给新娘新郎本人及其父母带来了伦理上的压力，如果离婚，那这两个家族的所有亲朋都会知晓，离婚毕竟不是好事，谁也不想让自己的丑事摆在亲朋面前。这样的事情在西方同样存在，只不过不是基于道德，而是基于宗教，是在上帝面前，通过牧师、指环的方式让上帝见证这份婚姻，在庄严的仪式中共同许下诺言。虽然中国婚礼现场的交换指环和相互许诺在不严肃的司仪那里变得很戏剧化，但根本上仍然是一种许诺和誓言。因此，婚礼作为一个仪式，在中国，是一个道德压力和道德见证的场合，是伦理层面上对婚姻的一个束缚。

为了更好地实现这样的一个目的，百年来，甚至几千年来形成的婚礼习俗固定了下来。因为有了伦理道德的目的，所以，具有稳定形式的婚礼很少掺杂太多个性主体的自由意志。因此，我们看到的婚礼现场大都如出一辙，新娘新郎如同木偶，如同电视剧的男女主角一样按照程序、仪式，按部就班地完成各种角色。

但随着市场经济和自由意识的提升，道德习俗的影响力正在减弱，婚礼中的道德束缚也渐趋失去其应有的约束力。所以人们便把眼光投向带有经济压力的结婚证书。从这个意义上讲，婚礼的形式更加掺杂一些新娘、新郎的个人意志和个性特征也没什么不好。

中美饮食文化的三个根本差别

留学生到美国必然遭遇的文化冲突中必然包含饮食方面的重大差别。一个显见的例子是父母在国内询问亲人在美的状况时，劈头盖脸的疑问就是关切你"在美国吃的怎么样啊"。这在美国人看来是匪夷所思的，一个吃的问题为什么成了首要关切的问题。

在笔者看来，中美饮食方面具有三点根本不同，简要总结如下：

一、中国人靠眼睛吃，美国人靠脑袋吃

中国人做菜、摆菜，首先讲究的是色香味俱全，不是一堆食物的分类自取，而是要有形、有色、有味。为了达到视觉上的赏心悦目和味觉上五味俱全，中国人煎炒烹炸尽施、动物肠肚内脏、血液、头颅、甚至动物生殖器全都能摆上餐桌。而美国人吃的问题上，首先考虑的是营养不流失，怎样吃最健康，所以，很少见到他们会在厨房里大炖、大煎、大炸，大炒，更多看到他们生吃蔬菜瓜果。

二、中国人吃的问题已经超越满足基本需求的本能活动，成为一种"和的文化"支配下的文化现象，而美国人更多的是借助饮食加强私人联系、交流思想和增进友谊；

中国人喜欢吃川菜，吃火锅，一家人热热闹闹，团团圆圆，氛围融洽。吃火锅时，大家将筷子放到锅里夹菜，然后放到嘴里，然后拿着带着唾液残余的筷子再到锅里取菜，将少许唾液留在锅里，从卫生学角度看，或者从美国的视角看，这是多么不卫生的表现！翻滚热辣的火锅将你的唾液、我的唾液搅在一起，混成一体，看了都想吐，还怎么吃。但对中国人来讲，这才是朋友，才是一家人，这恰恰体现了和的观念。如果像美国人一样分餐，父母首先会想，出国了，长能耐了，嫌我脏了，都不能在一锅里夹菜了，等等。当然，这种和的文化不仅体现在火锅里，因为其他菜系也是装盘，混在一起吃；更重要的还体现在酒文化，敬酒献词，台面讲话，等等方面。在美国，无论大小聚会，都是各取所需，找自己想交流的朋友私下交流，很少看到敬酒，讲话、拼酒、醉酒等现象。美国人靠 party，靠非正式的私下交流拉近彼此距离，交流各自想法，吃饭是一种中介，他们尊重各自的饮食习惯，而很少在意排场，很少强化饮食本身的符码意义。

三、中国人的吃具有质的异质性，美国人的吃更多强调量的普遍性（同质性）

因为吃上升为和的文明活动，文化具有异质性和特殊性，这就形成了具有质之区别的各种文化；所以中国虽然是一个国家，却具有完全异质的八大菜系，有着南甜北咸、东辣西酸的迥然不同的饮食偏好。由于重视味道和颜色，所以不同地域将自己饮食的口味推到极致，辣的辣到口麻，咸的咸到味苦，酸的酸到倒牙，甜的甜到心碎，全然不管对身体会造成什么损害。有人可能会拿气候、地域说事，说四川地区潮气大，吃辣的可以去湿，但东部不潮的地区也爱吃辣。而且，美国地域面积也不小，却少见这种异质性的饮食地区差别。对美国人来讲，饮食事关健康，所以怎么健康怎么吃，因此，从量上的规定形成的饮食具有了跨地区的普遍性特质，所以，东西海岸，南北地区，无论走到哪里，美式西餐大体相同：面包、奶酪、青菜沙拉、烤肉，饮品，等等。

当然，饮食仅仅是文化的一个方面，所以不能就事论事地从其自身出发，这样会一叶障目、不见森林。但从西方主体人格、自由意志、文化精神、启蒙思想等哲学角度加以审视，这样虽然会看得更清，但就扯得太远了，更非本篇所能容纳，就此点题，请各方批评。

怀念写信的日子

现在的通信手段越来越便捷、迅速：短信、手机、邮件、QQ……它们使沟通和联系变成瞬间的事。写信变成了一件奢侈而让人奇怪的举动。有事，打个电话，或发个短信，瞬间搞定。谁还拿起信纸，反复酝酿，措辞，然后大老远地跑去邮局，买信封、贴邮票，写地址。然后等个个把月或更长去取回信。是啊，有急事，即使发电报也是破费时间和金钱的。这么说着，现代通信方式的迅捷确实要让古人，或者说二十年前的人羡煞啊。

然而，通信方便而廉价了，话没少说，有时煲电话粥长达一个多小时，QQ 聊天多个钟头，好像是该说的、不该说的、直白的、含蓄的、高雅的、粗俗的都说尽掏空，然而回想一下，还是觉得缺少点什么。这时，怀念起写信的日子。

闲暇之余，在书架上翻看。徐志摩的《爱眉小札》映入眼帘。相信，现在的知识青年也该不少吧，但是罕见这样的爱情书信集成。恐怕不是文笔的粗陋或感情的不真，而是写信已成往事惹的祸。不单如此，施特劳斯通信集，马克思早年手稿，等等。这样的思想家的一些思想片段和学术交流也在当代学人那里渐趋消失了。有时，我在笔记本前写作删改时，一个念头就不由自主地窜了出来：我们还能像古代哲人那样留下书简和信札么。现在电脑、手机、网络等的发明是一种进步呢，抑或一种丧失？

通信的快捷将情感的深度和真挚平面化了。对谈和瞬间、简短的短信回复取代了书写的情真意浓和玩味咀嚼。同时信息量的加大和垃圾信息的增加使可贵信息的保存成为历史。

因此，我们这一代将很难再有《1844 年经济学哲学手稿》这样的思想遗产意外发现，也丧失了写信所带来的那份矜持和真挚。

尼采面对报纸的发明慨叹曰：可惜，"晨读代替了晨祷"。晨祷，是每日清晨面向上帝的祈祷，是净化灵魂，安静内心的每日功课。然而，现代人每天早晨的必修课是读报纸。各式各样的花边新闻、爆炸式的消息和财经、娱乐咨讯打破了现代人心灵的宁静和晨祷的祥和。俗事、日程表而不是灵魂的宁静、提升成为现代人的生命时间。通信工具和交通工具的日新月异使人无处藏身、无法宁静。我们到底是进步了呢，还是一种缺失？

施特劳斯在晚年回答学生提问时质疑：现代性到底是一种进步，抑或退步。毫无疑问，在"生活水准和诸多便利、法律保障，甚至其他更重要的事情"，我们进步了，然而这些进步与现代技术的发展紧密相连，而现代技术又依赖着科学的发展。至于科学，尤其是自然科学是无法证明自己的好与坏的，因为科学悬置价值判断，只对事实进行分析。如果想到第二次世界大战中，纳粹利用科学的武器和飞机如何侵略全世界，如何令人发指地屠戮犹太人。我们就会知道科学有着可怕的破坏力和负面意义。因此，我们只能说，在有些方面，我们进步了，有些方面，或许更重要的方面，我们又退步了。比如，精神的高贵方面，宗教的虔敬方面，甚或道德的自律、节制方面。

我现在真的有点怀念写信的日子了。

下篇

哲思片简

一幅政治哲人的思想地图

——读谢帕德的《施特劳斯与流亡政治学》[*]

从传记角度审视一位思想家，我们常常发现他青年时期和成熟时期具有重要不同。伟大哲人的一生是自我检省、自我超越的一生。其思想轨迹，从年少时节的左奔右突、思绪喷涌——随着年事日高、理性擢升、激情减退——逐渐走向成熟时期的冷静客观和墨守成规。卡尔·马克思便是一个显例，他历经青年时期激情闪烁的异化批判、偶像（黑格尔）批判之后，渐趋步入晚年的经济决定论和唯物史观时期。依循这一理路，谢帕德（Eugene Sheppard）将施特劳斯的思想发展也划分为这样两个时期。在《施特劳斯与流亡政治：一个政治哲人的锻成》（*Leo Strauss and the Politics of Exile：The Making of a Political Philosopher*，以下简称《施特劳斯与流亡政治》）一书中，谢帕德反拨迈尔的施特劳斯研究路向，批判"迈尔过分偏重施特劳斯成熟时期著作的教条主义，从而大大削弱了他对早期施特劳斯令人激赏的研究成果。成熟时期施特劳斯著作的特点是，过分武断地强调成对相反范畴的紧张对抗，如耶路撒冷与雅典，启示与理性，古代人与现代人，而迈尔通过解释、调和这些对立概念，来理解施特劳斯的工作及其思想遗产"。（《施特劳斯与流亡政治》，第11页）。与此相反，谢帕德强调自己的研究"追随施特劳斯思想的发展一直到1948年，集中研究古内尔（John Gunnell）先生所恰切提及的'施特劳斯主义之前的施特劳斯'（Strauss before Straussianism）阶段"。（《施特劳斯与流亡政治》，第12页）。

---

　　[*] 本文是《施特劳斯与流亡政治学》一书的中译本序言，原载《古典研究》2013年第3期。

谢帕德对施特劳斯思想历程的二分法让人很容易想到布鲁姆（Allan Bloom）的三个阶段划分。在广受赞誉的《纪念施特劳斯》一文中，布鲁姆将施特劳斯思想发展分为"前施特劳斯的施特劳斯""隐微写作主导"时期和"像作者理解自己那样理解他们"的经典解释学时期三个阶段。在布鲁姆看来，这三个阶段之间连续且不断深化，"施特劳斯的早期作品受到赞誉，它们被看作是某位古怪兴趣的人的学术创造。第二个阶段的作品被认为是荒谬的，它们激起了怨愤。第三个阶段的作品被忽略了……但这些书是真实、伟大的施特劳斯，与它们相比，其余的只是序言。"（《巨人与侏儒》，2007 年修订版，第 13—16 页）。从这些论述可以看出，谢帕德与布鲁姆眼中的施特劳斯针锋相对：前者看重的是"施特劳斯主义之前的施特劳斯"的激情恣意，而后者则强调施特劳斯主义时期的曲径通幽。

施特劳斯后期思想固然具有重要的思想史意义，但谢帕德的学术探究似乎更贴近施特劳斯的原初意图。一方面，从发生学的视角看，作为一个德裔犹太流亡哲人，施特劳斯拒斥纳粹极权主义的合法正当性，这最突出的表现在对"多层次写作的探究"上："施特劳斯不仅描述了一种被遗忘的阅读和写作艺术；而且，在自己出版的专著中，他也开始尝试践行这些技艺。施特劳斯已经开始考虑将显白写作视为自己着手评注、诠释和学术贡献的一种方法手段。"（《施特劳斯与流亡政治》，第 111、127 页）但究其根本，对犹太人流亡境遇的关注、对神学—政治困境的省思、对"魏玛自由主义挥之不去的反感"作为施特劳斯思想的底色一直贯穿于他的整个学术生涯。只不过这一隐秘关切，在他到达美国后，为了适应新寄居国的新环境而变得更加韬光养晦而已。因此，不能由于表述形式和具体论题上的变化而对施特劳斯更加显白的早期思想加以贬低。相反，只有重视、理解施特劳斯早期的学术思考和理论关切，才能透彻理解施特劳斯的理论热情为何如此专注地深入西方学术的理论原初和深层脉动。但对于生长于自由民主背景下的美国学子而言，他们很难体悟一个边缘者、流亡者的彻骨之痛。更何况（第二方面），正如谢帕德所展示的，他们接触到的施特劳斯早期文献也颇为有限。"随着施特劳斯美国事业的展开，他作品中那些最让人困惑的方面开始变得有意为之。如果接受这一论点，那么施特劳斯思想的独特之处就在于：故意留下足够的线索以引发敏锐、细心读者的怀疑，同时避免引起普通、粗心读者的注意。由此出发，施特劳斯坚决地试图抹除或隐藏自己对其时代重大问题所持的真实立场的所有确凿证据的做法，就显得不足为奇。这种模糊处理或可解释笔者在本章中所考察的一些文章和讲演（［译按］指早期作品）为什么在施特劳斯后期出版的文集中未能收录再版，甚至被列为禁止出版作品的原因之一：它们或许暴露了太多施特劳斯的真实观点。"（《施特劳斯与流亡政治》，第130页）可见，正是由于文献的匮乏和体悟的缺失，布鲁姆对施特劳斯思想重要性的体悟发生了天平上的倾斜。

问题是，同样的流亡背景，相似的社会局外人的体验，并不必然走向右的激进保守主义，也可能走向左的社会批判学说。这方面显见的例子是法兰克福学派（the Frankfurt School）的左翼学者们。那为何唯独施特劳斯走向了保守的右派回归，而没有像左派人物那样本着无畏的理智真诚峥峥前行。这或许有性情气质方面的原因，但更直接地源于思想统续上的传承。在1960年的一封致索勒姆的信中，在赞扬索勒姆在"聪明才智方面为其他犹太人照亮了家园"，从而成为"一个对现在活着的每个犹太人的祈福者"之后，施特劳斯写道，"我从气质上便不可能追随你——或者如果你愿意也可以说，我也曾郑重表示恪守一个信念，恪守现在的信念的誓言……：moriatur anima mea mortem philosophorum ［我的灵魂一朝死去，也如众哲人之死］。"（《回归古典政治哲学》，2006年，第397—398页）我们不妨再举一个间接的例子，伽达默尔在一次访谈中描述了与施特劳斯初次会面时的印记："我特别记得他有趣的样子：隐秘的、怀疑的、讽刺的，和总是不无愉快的。……他肯定在我身上觉察到一个因为成功而自豪的青年学生的盛气。知道他如此敏感，我在这之后非常小心地不冒犯他。"（《访谈：伽达默尔论施特劳斯》，载于《回归古典政治哲学》，第486页）上面两个例子，前者说明了施特劳斯为何没有成为宗教信徒而是一位哲人，后者则间接证明施特劳斯内敛持重的谨慎性格。这些个体心性和性格气质方面的因素是施特劳斯没有成为宗教信徒（如索勒姆）和锋芒外露的社会批判者（左翼学者）的潜在原因。

与性格气质上的因素相比，柯亨、尼采的思想影响，以及犹太学术机构的研究经历等因素直接促使施特劳斯远离左翼的社会批判。作为新康德主义马堡学派的创始人，柯亨的犹太思想成为引领施特劳斯学术思考的向标。"虽然施特劳斯足够成熟地拒绝了柯亨诠释学中的几个核心方面，但是他的许多重要洞见却是在对这些诠释（甚至是错误诠释）的理解和论辩中产生的。"（《施特劳斯与流亡政治》，第23页）借由柯亨，施特劳斯重估斯宾诺莎的意义，回溯到迈蒙尼德的中古犹太哲学，最终抵达柏拉图的春秋笔法，从而开掘出一套柏拉图式的政治哲学。而尼采对平等主义的挞伐和对马克思共产主义愿景的末人批判，则成为施特劳斯现代性批判的理论基石，因此，经历柯亨和尼采思想洗礼的施特劳斯，再也无法从自由主义内部，像那些"半调子的马克思主义者"那样通过零敲碎打的批判修补工作来挽救自由民主制的西方社会。

综上可见，无论从思想分期、原初意图，还是理论旨趣方面，要想对施特劳斯思想获得一种恰切的理解和把握，就要对他的流亡处境和生活经历有所了解，在生活与思想的关联中勾勒这位政治哲人的思想肖像。谢帕德的专著——《施特劳斯与流亡政治》就是进行这样一种谱系学的工作。该论著以时间为经、问题为纬，将施特劳斯早期思想划分为四个时期：（一）反犹主义与新康德主义时期；（二）魏玛保守主义犹太人时期；（三）流亡欧洲与思想转向时期；（四）迫害与写作的艺术：纽约时期。在这四个时期，自由主义批判和流亡问题两个显著特征反复出现，借助翔实缜密的历史分析和文献梳理，谢帕德展现了青年施特劳斯思想发展的生动画面，为读者描绘了一幅政治哲人蜿蜒前行的思想地图。

"生命的学问"与"知识的学问"

——读科拉科夫斯基《日常生活札记》*

现代人做学问大致包括两种情形：一是将学问的思考视为个体生命的存在方式，即"生命的学问"；二是把做学问与获得知识等同起来，将学问的获得视为个人谋生、博名或优则仕的手段，这即"知识的学问"。为什么会有如此迥异的两种问学方式，这一方面源于天资方面的差异，或者是天资虽够，但没有找到学问的"入路"（牟宗三语）。例如，哲学专业的许多博士、硕士研究生甚至在哲学讲台上执教多年的讲师教授们，虽然在谈到专业领域的知识时可以滔滔不绝，并且在报刊杂志上屡发"大作"。但是只要认真阅读一下，他们的知识论说或观点考证也许能"说服"读者，却很难"打动"读者。为什么？无非是因为这些渊博的见识仅仅是"知识性层面"的进入，而不是"生命性层面"的融通。我们知道，哲学与其他学科门类的一个本质区别在于，它主要不是知识性的累积（虽然这很重要），而是一种生命性层面的触悟。因此，这些专业意义上的哲学学者们的渊博知识不过是"外在于生命的'概念'系统"，既然这一缺乏激情和爱智欲望的概念系统无法打动这些专家学者本人，又如何能够打动读者呢？

另一方面的原因源于这些知识人没有以"学术为志业"（韦伯语），他们的生命志向游离于学问本身之外。对于他们而言，做学问只是一种谋生手段，是一种获得名誉、博得功名的方便法门。因此，这些人利用当前文教体制的量化指标管理要求，将自己研究领域的同一论题在粉饰

---

* 本文以《植于生活根基和土壤上的思考》为题发表在《中国社会科学报》2011 年 9 月 13 日。

改装之后在不同的杂志上发表，以达到评职升职的数量要求。因此，在学历普及化的今天，我们可以看到大批为了学历而求学的"莘莘学子"，为了升职而读博的"官员博士"。当然，还有一大批学者们，在年轻的时候激情澎湃，将做学问视为实现生命意义的舞台，并写出了既能打动自己又能感染读者的好作品。但青春易逝，学术艰辛，由于苦熬不住，步入不惑之年，他们就放弃了作为生存方式的哲学，或去过轻松自在的世俗人生，或步入官场，将生命的学问化解在觥筹交错中。这在浮躁的中国学界确实是一个见怪不怪的典型现象。

但幸好，哲学不是大多数的人的事业，而且，总有一些充满良知的公共知识分子为我们的青年学子做着以学术为志业的表率，并用一生的践行诠释着何为"生命的学问"。其中，科拉科夫斯基就是一位杰出的典范，而他的著作《自由、名誉、欺骗和背叛——日常生活札记》(*Freedom, Fame, Lying, and Betrayal——Essays on Everyday Life*, Westview Press 1999，中译本唐少杰译，衣俊卿校，黑龙江大学出版社 2011 年版）便是将学问思考和生命之在有力结合的样板之作。正如该书中译本序（衣俊卿作）所言，"科拉科夫斯基是在日常生活的根基和土壤上思考哲学问题，或者说他揭示抽象的哲学理论问题内在的日常生活丰富性，因此，我们可以说，这本小册子为我们提供了一种真正思入生活世界的深处、思入日常生活的细微之处的生存哲学、生命哲学，一种与日常生活水乳交融的活的哲学思考"。"在这种意义上，科拉科夫斯基日常生活随笔最突出的特征就是：回到日常生活的肥沃的土壤和内在的生命及其丰富性来思考哲学的问题和生命的问题。"

为了更好地理解这一"生命的学问"的内在含义，我们不妨在著作中抽取两个片段来加以例证。

一　论欺骗：禁止说谎能作为一种金规则吗？

从道德哲学上讲，禁止说谎是一条具有普遍性的规则。在《实践理性批判》一书中，康德强调：人"要这样行动，使得你的意志的准则任何时候都能同时被看作一个普遍立法的原则。"这是纯粹的、实践的理性在这里的直接立法，这一法则没有规定任何具体（质料）内容，而只具有一种形式的规定性，即康德所讲的道德律。在康德看来，禁止说谎就是一条可普遍化的道德律。因为人们说谎的目的是为了达到某种功利目的或掩盖某些不可告人的行为，简言之，是为了让别人相信。相反，如果允许谎言存在，或者极端地讲，在一个特定共同体中，谎言普遍横行，那么人人都会把对方的话视为谎言，也就没有了主体间的彼此信任，那么撒谎也就不会达到让人相信的目的。因此，禁止说谎在康德那里就具有了普遍性的律令特征。

但在科拉科夫斯基看来，康德的这一"道德的绝对命令断言，无论在什么样的情况下，我们都绝不能说谎；这一命令不仅是不可能实现的，在某些情况下，它还与其他的绝对命令诸如对我们的同胞持有的善有所冲突，或者还与公共利益有所冲突"。如在战争、商业或外交活动中，谎言不仅不是应予以避免的，而且是一种广受倡导的艺术手段。抛开特定领域的阈限，我们在一些个体性道德冲突事件中，也会感到康德的道德律令的悖谬性。例如，科拉科夫斯基谈道，当"一位犹太人隐藏在你的家里，党卫军踢开你家的门来搜捕他，那么，你，进而一切有一点良心的人，是以我们都拥有绝不说谎这一高贵的绝对命令的名义，要把他交出去而置他于死地吗？"

从这些事例我们可以看出，科拉科夫斯基抛弃了对某一理论学说的概念上的分析论证，将学问的思考深入到生活世界的实践领域，从实践智慧（亚里士多德意义上）的领域加以考察"欺骗"这一哲学范畴的真值意义。实践智慧需要人生经验的累积，也需要最高的目的善的引导，科拉科夫斯基就是在良知和经验的融合中，将哲学范畴的论析和生活的经历有机结合起来，从而使读者读到的不是抽象的理论论证，而是一个睿智哲人的包含真理内涵的深刻洞见。

二　平等与平均主义：启蒙思想的再反思

"平等"范畴的提出是启蒙思想家与传统学说彻底决裂的一个重要范畴。因为根据古希腊宇宙目的论思想，人性具有自然的等级差异。在《理想国》中，柏拉图借助神话的隐喻来说明，人的质料包括金银铜铁不同类型，因此，有的人天生适合做哲人王，有的人适合武士，有的则只适合做农工阶层，因为他们分别受到理性、激情和欲望等不同德性的主导。亚里士多德同样依据宇宙目的论观点认为人的高低等级具有自然的正确性，因此，在亚里士多德看来，奴隶制绝不是违背自然律的事情，而是符合自然的事实。

但到了近代，由于自然正当被自然权利所取代，人人平等成为了一个革命性的口号。但科拉科夫斯基看来，对于何为平等，这仍是一个未经审查的概念。如法国大革命中的雅各宾派的主张人的绝对平等，尤其体现在人人都应得到一切尘世利益中的均等的份额。这一将平等主义等同于平均主义的倾向在 19 世纪的许多不同主义派别中得到认同和主张。这导致了极端危险的后果，如法国大恐怖中的狂热屠杀和掠夺行动。在科拉科夫斯基看来，在极端平均主义那里，"主要的事情是不允许任何人比别人过得更好。但是，这种推理是不能成立的。诸如此类的意识形态并不关注改善人们的命运，而只是关注于确保任何人的命运都不能比其他更好；这些意识形态不是由正义感而是由妒忌所激励的"。其实，这种由妒忌所激励的平均主义我们并不陌生，"文化大革命"时期的过激群众运动中就包含有这种观念的流毒，它撕咬着"善良"的革命群众们相互批斗、剥夺隐私、践踏他人的人格尊严。从理论上讲，平均主义最终导致的社会精神的平庸化，它不是引导普通大众像知识精英看齐，而是试图政治、经济、文化精英屈从、屈就于普通大众的意志，"如果它付诸实践，那么整个经济必然会从属于极权主义的控制……最后的结果是既贫穷又压迫"。

当然，科拉科夫斯基并不是像尼采那样贬黜启蒙理想的平等，他反对那种"试图在利益分配上达到完全平等"的平均主义做法以及这一做法导致的贫穷和压迫。但科拉科夫斯基不反对人格尊严和政治权利意义上的平等主张。在科拉科夫斯基看来，"若是我们不想蜕化到野蛮状态，那么人在尊严上的平等和由此而来的权利平等和责任平等，则是根本性的需求。……我们关于这种平等的信念不仅维护了我们的文明，而且是使我们之所以成为人的所在"。

这就是科拉科夫斯基的智慧，他摒弃了理论哲学非此即彼的独断论断言，将生活经验及其感受的中庸、平和纳入哲学范畴的思考中，同时又与流俗的种种习见划清界限。科氏的这部箴言录篇幅精炼、语言晓畅，却包含了权力、名誉、宽容、美德、暴力、自由、上帝等 18 个最为重要的哲学范畴的富有洞见的表述，因此是一本启迪智慧、滋润心灵的生命学问的典范之作。

帝国的没落与正义的寻求

——读黄仁宇的《万历十五年》[*]

　　古希腊哲人色诺芬写过一篇对话叫《希耶罗》（或译《僭政》），对诗人西蒙尼德与僭主希耶罗关于君主生活与平民生活哪一种生活方式更值得过作出了精彩的论辩。这篇对话对君王生活优劣的展示是哲学式的，使熟稔普遍平等生活观念的现代人对帝王生活的神秘和至高无上权威背后的悲凉有了理性上的透视和了解。但读罢，理论上的说服仍拘囿不了情感欲望上的向往：即使帝王之君的生活有百般不幸，我们还是欣然向往之。然而，黄仁宇先生的《万历十五年》却让笔者彻底打消了这个向往，也就是说，笔者毋宁选择现代自由人的平凡生活，也绝不染指古代专制帝王傀儡般的牌位生活。黄先生秉持大历史观，即拉开历史的间距，抛却所属民族礼法观念的羁绊，引领读者去审视四百年前的（1587 年）明末万历皇帝时代几个官僚的悲情命运。另一方面，《万历十五年》的描写并没有给读者带来悠远的时间隔膜感，而仿佛是一位充满智慧的老人坐在对面，向现代读者讲述一个遥远而熟悉的古代先人们的逸闻趣事及其成败评判。

一　"大历史观"的历史著作

　　黄仁宇先生自称其写作的视角是大历史观，而他本人恰恰具备了这种历史观写作的主客观条件。所谓大历史观（macro - history），是相对于"小历史"的情节而论的。人的生命短暂，而历史事件的意义非经

过百年以上的间隔无以品评其意义，因此黄先生将历史的审视基点推后到三五百年的明朝末年以窥探这历史长距中的是非成败，在古今中西时空视域下品评其意义及其症结所在。除了长时段的时间间距要求，大历史观还要求视野上的国际性。因为如果囿于一己民族道德传统的褊狭，即使历史的时段再长，也很难突破传统道德评价的阈限而得出让人眼睛一亮的新见解。黄仁宇先生游学海外多年，其早年的坎坷经历，几十年遍游各地，遍览不同的习俗见解，广涉西方诸家作品，加之慎思明辨的秉性，使他超逾了中国传统观念的羁绊，能够从技术（法律）的角度而非道德的视角看待历史事件及其人物，因此得出了迥异前人（历史学家）的判断和评价，让人读后耳目一新，备受启发。

这里不妨试举一例，以甄别黄先生的历史观的独特之处。在《〈万历十五年〉与我的大历史观》一文中，黄仁宇先生将明朝末年到民国初年的一段历史规律通过"潜水艇夹肉面包"的基点来加以审视。所谓潜水艇夹肉面包就是一块面包从中间切开，上片面包代表上层政府乃至皇帝，下片面包代表代表底层民众，中间的夹层肉喻指联系上下层的道德或法律纽带。从这一类比出发，黄仁宇认为：1. 明末乃至清王朝的汉堡结构中联系上下两层面包的纽带是儒家道德传统的"尊卑男女长幼"——"幼者必须追随长者，女人必须服从男人，没有知识的人必须听命于有教养的人"（《万历十五年》，第141页），这套传统观念通过科举制度的方式加以实现。而1905年废除科举之后，上下两层之间的连接被人为斩断，满清封建帝国的灭亡自然无法避免。2. 清王朝灭亡之后，新的力量及中间连接层尚未形成，因此私人军事势力横行于世，因此民国初年的军阀割据局面就不足为怪。3. 国民党专政期间创造了一个上层机构，结束了军阀混战，但其政经制度局限于城市，尚未建立起与下层大多数底层民众之间的有效连接。这为中国共产党发动土地革命和新民主主义革命创造了机缘。可见，黄仁宇的大历史解释，超越了党派立场，获得了对近代革命的自我理解和认识。另一方面，黄先生长时段、综合式的历史分析也非西方历史学研究的简单模仿。西方历史研究主流，尤其是英美学院派历史研究注重分析，其特点是分工详尽，详尽"显微镜"式研究之能事，而对"望远镜"之观点很少注意。黄仁宇先生则即注重细节的分析，也强调细节分析之后的反思与综合论述，试图揭示各种历史事件肇发的缘由及其后果，尤为注意揭露中国传统官僚体制的弱点和弊端，因此超越了西方历史研究的局限性，对中国前现代历史研究开辟了崭新的路向。

二 封建帝国的没落及其症结

《万历十五年》表面上着眼于明朝末年的一个无关痛痒的年份。但黄仁宇的笔锋却透过这一普通年份的几个官僚的人、事、命运对整个封建帝国的文官制度、财政赋税、思想状态、统治策略、军事革新、法律技艺等等，进行全盘的审视和评判，尤其带着知识分子的公共良知对封建帝国的没落及其症结给予了有力的挖掘和剖析，实所谓爱之愈深、责之愈切。

剥离黄先生传记体铺叙方式的雾障，此处笔者将《万历十五年》对中国传统封建王朝的批判之具体要点抽取概括如下：

（一）文官制度为主、重文轻武

庞大的封建帝国明王朝的统治策略依靠的是成熟发达的文官体制。帝国的文官以儒家中庸之道为处事原则，标榜稳健和平，以保持各方的平衡作为施政的前提。而武人诉诸极端的战争以解决问题，被文人视之为"血气之勇"。即使克敌制胜，在战争中打败敌人，也不过是短暂而局部的成功。因为要维系一个帝国的稳定与繁荣，要管理幅员辽阔、情况复杂的百千个州县百姓相安无事，服从天朝，靠严刑峻法或一些将领的血气之勇是无法办到的。因此，帝国统治的秘诀在于"运用伦理道德的力量使卑下者服从尊上，女人听男人的吩咐，而未受教育的愚民则以读书识字的人作为楷模"。(《万历十五年》，第19页) 由于帝国在体制上实施中央集权，在精神上以道德为支柱，管理方法上依靠文牍。因此一个人只要熟读经典，考取功名，便可以获得步入政坛的资格，从而可以光耀门楣。但文官为主、重文轻武的制度使帝国着眼于经济的简朴存良和军事技术上的停止不前，从而阻碍了军事技术的现代化，在同一时期丧失了与西方国家争先比肩的机会。

（二）以德治国、重德轻法

由于帝国的统治是通过文官集团来进行的，而文人一朝为官的唯一通道是熟读"四书"典籍，且在科举考试中博得名次。因此，浸淫儒家经典多年的文人一旦为官后，自然依靠其所诵学体悟的道德伦理学说于日常政务之中，为了使自己治国平天下的宏愿得以实施，文官还需要加强与其他文官之间的合作，因为与目不识丁的农民合作是不可能的，他们不读书，不明事理，缺少共同语言；而与地方上的绅士合作也效果甚微，帝国幅员辽阔，情况复杂，局部利害差别巨大，通过文牍作为联系中介，接触极为有限。至于武官，由于他们是纯技术人员，不通文墨，缺乏政治意识和表达个人见解的能力，很难受到文官的重视。因此，获得其他文官的支持与合作，才能使政治上有所作为成为可能。文官修习的四书以儒家学说为主，儒家学说所独显的伦理道德个性自然摒弃法律的极端和僵硬，因此，作为帝国精神上的公共纲领，父子、兄弟、夫妻以及君臣之礼便成为上下一心、长治久安的治国之基。但道德标榜的帝国有其拙劣的负面效应：一是人们乐于把细枝末节的局部问题、乃至技术问题转化或上升为道德问题加以对待，以至善或极恶的名义做出断语，从而混淆视听。二是"以道德力量作为施政的根本，关键在于防止坏事发生，而不在于琐屑地去解决问题"。（《万历十五年》，第101页）因此阻塞了政府高效和法律等技术的发展。三是儒家的仁突出利他和集体因素，强调节制、去私、无我，最终达至圣人境界，这一伦理观念抑制了个人的欲望和个人权利的伸张，造成了文官集团的人格分裂，即为公的仁义道德（阳）和为私的物质贪欲（阴）的两重性。

（三）财政赋税僵化混乱、腐败横行

由于帝国以"四书"中的道德教条作为帝国立政之根本，号召官民简单朴素的自律生活。因此，帝国的财政技术发展极为缓慢，如交通通信、统计分析、会计制度、金融体制等等都极为缺乏，这就导致政府对民间经济、地产等方面的具体情况感到隔膜，因此税收和预算等也就不能有效且合宜地进行。另一方面，由于财政上的僵化落后，政府给予官员的俸禄微薄而不合实际。一个文人科举中榜，表面上看是个人天资

卓越和勤勉的结果，实际上源于几代人的节衣缩食、妻母的克己付出，族人的接济照顾。一代清贫成为显达，幕后的惨淡经营历时已久，因此，"荣誉的获得者必须对家庭负有道义上的全部责任，保持休戚与共的集体观念"。（《万历十五年》，第193页）但是帝国财政上的死板、混乱导致官员的不切实际，是为官者无法实现体面生活和照顾乡里的道德责任。因此文官集团具有明显的双重性格，一面是标榜仁义道德、救世济民，以人民的公仆自居；一面则极尽物质的奢华与贪欲，以帝国权力的实际主人自居。另一方面，面对帝国朝廷的严格考核制度，文官为求自保，便相互照顾，作为保护安全的手段，因此形成了形形色色的小集团，如"乡谊"（出生于一省一县），"年谊"（同年中举或进士），"姻谊"等这些派系之"谊"成为文官之间相互帮扶、共同进退、掩盖腐败、影响公正和效率的重要方面，其流毒之深殃及现世。

综上，在黄仁宇看来，"中国二千年来，以道德代替法制，至明代而极，这就是一切问题的症结"。（《万历十五年》，自序，第4页）在道德一统之下，技术无法得到重视和发展，因此法制建设和经济发展止步不前，因此，大明王朝无疑是落后政制的集中代表："明朝采取严格的中央集权，施政方针不着眼于提倡扶助先进的经济，以增进全国财富，而是保护落后的经济，以均衡的姿态维持王朝的安全。"（《万历十五年》，自序，第2页）这样封闭而没落的制度导致万历皇帝朱翊钧，大学士张居正、申时行，都御使海瑞，蓟州总兵戚继光，哲人李贽，或身败、或名裂，无一能功德圆满，其结局自在情理之中。

一点评价

黄仁宇先生吸纳西方自由、民主以及经济技术和法律等流行观念反观中国封建帝国的衰败，指出道德治下的简朴封闭的中国封建社会最终落伍了，万历十五年发生的人与事彰显了中华帝国由盛及衰的诸种征兆。笔者赞同黄仁宇先生强调"道德非万能，不能代替技术，尤不可代替法律……凡能先用法律及技术解决的问题，不要先扯上了一个道德问题"（《万历十五年》，第250页）的主张。但西方现代政经制度的发展并非那么完美无缺，以至于可以像黄仁宇先生那样拿来作为标杆来品评中国社会发展的得失。从实践角度看，现代性的中国进程可以说实现了黄先生所指出的中国传统社会致命之痼疾，我国的法律、军事、经济、金融等方面的技术得到了长足发展。在市场经济的主导下，各种技术为适应社会政经的发展，无论政府职能、法律规范、金融体系、科学技术等方面的进步实可谓直逼欧美。但这能证明我们的国家就真的强大了吗？现代西方哲人反思自身的现代性危机，认为一个重要方面就是因为技术脱离了道德的约束，反过来成为异化主体自身的力量。物质主义、技术主义、虚无主义等方面所表征的精神萎缩和价值颠覆告诉现代人，西方的标准，尤其是现代西方的成就不足以成为中国进步和崛起的唯一样板，反而是提醒我们避免随其步入不归之路。从这个角度看，黄先生确实秉持了五四启蒙以来批传统、扬民主、科学的思想遗风，然而这一五四传统本身恰恰需要重新检审。这里，笔者不禁设想，如果中国社会真能按照明清王朝的路子走下去，而没有遭到西方列强的武力侵略和文化植入，是否今天的西方会反过头来向中国的德治社会学习呢？当然，历史不容假设，已经部分西化的中国社会已无法退回到明清王朝的帝国时代。但这是否意味着在精神领域，我们还要秉持过去那种重德轻技之中国传统社会之弊端的判断视角呢？黄仁宇先生《万历十五年》的学术意义不容贬低，但我们今天的知识分子仍要以批判反思而非全盘接受的立场来对待它。

如何重估我们的传统？

——读卿文光先生的《思辨的希腊哲学史（一）》

　　卿文光先生的新著《思辨的希腊哲学史（一）：前智者派哲学》（人民日报2015年版，以下简称《思辨的希腊哲学史》或《思辨》）新近出版，有两方面动因促使我提笔撰写这篇评论文字。首先是出于思想上的原因。熟悉卿氏的同道都知道，先生属于那种"板凳宁做十年冷，文章不写一句空"的思想家。他对荣誉、职称，以及当下学界盛行的数量化—生产性考评体制有着赫拉克利特式的傲慢与不屑。对他而言，学问，或者说对真理的执着与向往是他的人生志业和生活方式，而不是与个体生命格格不入的谋生手段或外在化的知识累积。秉持这样的治学原则，从教十数年中，卿氏发表的文章少之又少，累积的学术心得却日渐丰厚。眼前的这部专著，便是他继处女作《论黑格尔的中国文化观》（社会科学文献出版社2005年版）之后出版的第二部学术专著，也是先生沉潜蛰伏十年、思想积淀升华的一部力作。面对这样一部足以令人侧目动容的良心巨作，任何对纯粹真理有所欲求的读者都将开卷受益，这便是促使笔者提笔著文的思想上的考虑。

　　与之相对，第二个写作动机更具私人性质。卿先生将他的新著题"献给黑龙江大学历届爱听我课的同学们"。这是一份思想的厚礼，它特别地指向那些爱听他课的学生，"爱听"作为智慧上的引领和灵魂上的共振为师生之间建立起了联结。从这个角度看，卿文光是幸运的，他的赫拉克利特式的傲慢与自信并没有为他带来后者彻心透骨的孤独，而是像斯宾诺莎那样赢得一批潜在的"信徒"和思想追随者。笔者2005—2008年在黑龙江大学攻读硕士学位，期间有幸聆听卿师振聋发聩、远离俗见的思想见解。三年的学徒期虽短犹长，虽不能说得其思想精要，却是卿氏课堂忠实（却带有疑虑）的铁杆粉丝。如今八载飞逝，捧读这部新著，那种熟识的味道和气息扑面而来。师者有所表示，献上这样的一份思想厚礼，作弟子的不能无所作为，即回馈自己阅读的点滴感受。这或可视为促发此文写作的情感动因。

言归正传，让我们回到实事（文本）本身。卿师新著名曰《思辨的希腊哲学史》，根据该书"后记"的说法，该著只是三卷本中的第一部，论及的是古希腊"前智者派"的诸家学说。全书共分九章，外加引言和后记，近四十万字。从结构布局上看，米利都学派（章 2）、毕达哥拉斯哲学（章 3）和赫拉克利特哲学（章 5）各据一章，爱利亚派哲学占据三章内容（章 4、6、7），后爱利亚派自然哲学包含二章内容（章 8、9，包括恩培多克勒、阿那克萨戈拉和德谟克利特三家学说）。这样的文章布局与该书的标题十分贴合，即强调前智者哲学的思辨性（爱利亚）的一面。作者毫不避讳自己的批判意向和立场观点，这使得这部洋洋洒洒、生机勃勃的学术专著饱含三方面特质：希腊性、精神性和西方性。下面我们分而述之。

首先是希腊性。我们知道，20 世纪哲学（如尼采、海德格尔）的一个显著特点是回到古希腊，即意在拒斥黑格尔哲学的理性化路向，开启西方哲学重新开始的可能性。毫无疑问，古希腊是西方哲学的开端和源头。思想的开端与物理的开端不同，前者不仅是位移上的出发点，而且对后来的思想进程具有某种统治和支配作用。也就是说，思想的开端不是一次性的出发点，它在思想的演进过程中一直在场，只不过这种在场或以正面辩护的对象，或是批判指摘的焦点，甚或以休眠式的假死面相出现。关于这一点，我们简要回顾一下柏拉图和亚里士多德在西方哲学史上的多舛命运便可一目了然：如果说晚期希腊化时代是新柏拉图主义的天下，那么，中世纪经院哲学无疑受到亚里士多德哲学的主导；到了近代，柏拉图—毕达哥拉斯的数理哲学开始走上前台，而到了德国古典哲学，亚里士多德传统在黑格尔那里得到的集大成式的复兴，并在叔本华—尼采意志哲学和克尔凯郭尔宗教之思的猛烈攻击之下，在海德格尔那里得到某种创造性的重释和复兴。正是在这个意义上，一些哲学家强调，哲学就是希腊的（如黑格尔、海德格尔）或哲学就是"柏拉图主义的"（如尼采、怀特海、波普尔）。

由于西方哲学的正统由爱利亚派奠定，并在柏拉图—亚里士多德那里得到完善和发展，因此要想摧毁这一唯理主义或形而上学统续，就需要回到古希腊，回到诸家纷起、百家争锋的原初思想现场，重新思考巴门尼德—柏拉图—黑格尔之外的哲思可能性，这正是尼采—海德格尔—后现代诸家正在做的事儿。面对后黑格尔时代拆毁、解构、无精神性的哲学浪潮儿，卿文光从黑格尔哲学以及对中国文化观的思考（参见《论黑格尔的中国文化观》）回溯至古希腊，试图重新梳理古希腊哲学的思辨正统，从西方哲学内部为西方思想正本清源，以遏制无精神性的后现代主义的狂飙突进。因此，从新著的选题方向（回到古希腊）和切入视角（理性思辨）来看，卿氏著述的选题指向可谓绵里藏针、颇具深意：他要改变黑格尔式理性传统式微的局面，在西方哲学的源头处与后黑格尔时代的诸家哲学短兵相接、同台竞技，重新开掘出理性主义传统复兴的可能性。当作者如是做时，他所倚重的立场是其一直所秉持的黑格尔立场，这就涉及该著的第二方面思想特质：精神性。

其次是精神性。如果说"希腊性"代表了《思辨》一书的立意旨趣，那么"精神性"则凸显了该著的范式立场和方法论原则——黑格尔的精神哲学和概念辩证法。作为清华的高才生，国家科技进步奖的获得者，卿文光毅然放弃了大有前途的美好前程，投身到德国古典哲学思想王国之中。从 1998 年考入武汉大学攻读哲学博士学位至今，卿文光对黑格尔哲学的专注和热爱已有近二十年的光景（忽略 1987—1998 年11 月的思想转型期不计）。可以说，黑格尔哲学已经融入他的血液，成为他思考东—西方哲学，理解世间万象的源头活水。当然，在后尼采的时代，西方哲人中不乏黑格尔哲学的追随和崇拜者：洛维特、科耶夫、泰勒，以及西马阵营中的卢卡奇、阿多诺、哈贝马斯等人。但就笔者的目力所及，20 世纪中—西哲人中尚无一人能像卿文光那样痴迷黑格尔的思想。毫不夸张地讲，卿文光是黑格尔主义中的黑格尔主义者，同时又是不拘泥于黑格尔信条、创造性地活学活用黑格尔辩证法的黑格尔主义者，这在当下中国亟须西方理性精神启蒙和滋养的背景下显得尤为可贵。一个聪明的头脑能对一种哲学思想（而非信仰）如此痴迷，间接表明这一学说本身是何等的博大精深；另一方面也表明卿文光与黑格尔在思想经验上（而非学说或问题意识）的共振与融通①，当然，反面的情形是，上述的思想经验绝不会在尼采和克尔凯郭尔身上找到。对于《思辨的希腊哲学史》的读者而言，只要翻开该著，便会感受到卿氏以黑格尔概念辩证法为源头活水所做出的学理分析，这在新著的后记中得到作者本人的亲证（第312页），此处不再列举赘述。

最后是西方性。如果说希腊性意味着回到源头，标示了作者哲学思考的立意高远；精神性表明了方法论原则，异于后尼采时代解构、拆毁、碎片化和无精神性的哲学书写；那么西方性则标明了作者的现实关怀，渗透了卿氏对中西之争独特进路的思考诠释。毋庸置疑，《思辨的希腊哲学史》是一部纯粹学术的精神史专著，但翻开这部专著，随处体现了作者对中国传统文化的参照理解和自觉批判。例如在谈到毕达哥拉斯哲学时，作者认为中国哲学也有对数的思考，但尚未摆脱感觉经验的束缚，未能达到数的哲学（数的"概念之自觉"）的高度（参见第82—83页）。再如，在谈到希腊哲学产生的神学背景时，作者强调希腊宗教具有发达、成熟的人格神，而"上古中国人所崇拜的最高神'天'完全是自然之天，毫无人格性"，由于哲学晚于宗教的发生，因此，唯有"宗教是发达的人格神宗教（意味着拥有自由精神）时，它才可能产生真正的理性思想或哲学。由此可以明白，为何希腊有纯粹的自由的理性思想这种真正的哲学，而中国却没有，也不可能有"。（第39—41页）可见，作者对古希腊哲学的学理分析充溢着对中国传统文化的思之关注和对照分析，某些偶发之论看似漫不经心，实则包含了作者的人生体悟和现实关切：一方面包含着"以西为镜、以明得失"的拳拳之心；另一方面蕴含着对中—西哲学之理的深入理解和缜密思考。

卿文光先生《思辨》一书的学理意义自不待言，它绝非笔者此处轻描淡写的粗线条勾勒所能涵括。对黑格尔概念辩证法的灵活运用，以及对中国传统文化的诸多论断既是该著超越同类作品的优势所在，同时也可能成为该著受到诟病的焦点所在。古希腊哲学是一副由诸多哲学大师构筑的巨石群像，在《希腊悲剧时代的哲学》（又译《理性边缘的哲

---

① 三者的关系表现为，一种哲学学说的提出是以某种问题意识作为其思想前提，而这一学说及其背后的问题意识又以写作者的思想经验为基础。

学——尼采论哲学之源》）一书中，尼采认为前柏拉图的哲人以前无古人的独创性，塑就了八种不同的哲学原型。这些"纯粹的典型"人物包括：泰勒斯、阿那克西曼德、赫拉克利特、巴门尼德、阿那克萨戈拉、恩培多克勒、德谟克利特和苏格拉底。与《思辨的希腊哲学史》不同，尼采在其著中要恢复的是阿那克西曼德和赫拉克利特的生成与创造，而非巴门尼德的远离现实、贬低生命的"空洞的逻辑真理和概念游戏"（《希腊悲剧时代的哲学》，第 69—75、97 页）。卿文光先生的《思辨的希腊哲学史》也好，尼采的《理性边缘的哲学》也罢，它们都包含鲜明的个人立场和价值偏向，具有旗帜鲜明的批判指向和论战意图。

在笔者看来，上述两种带有先入之见的阐释古希腊哲学史的方式并不适合初学者，它们很可能让读者产生这样的印象：唯有自己一方的阐释才是的真（理）之路，其他的阐释皆为谬途——充满意见的不归路。然而，事实上，这两种立场只是代表了两种不同对待西方哲学史的思想进路。这里我们不妨借助哲学史上各家对待赫拉克利特的不同评价来说明这一问题。简要地讲，西方哲学史上包含五种差距甚远的评价赫氏思想的方式，它们的评判结论中所展示的赫拉克利特形象简直就是完全不同的两个人。

（一）在柏拉图的眼中，赫拉克利特强调的在又不在，是又不是的矛盾现象是对感性世界的贴切描述。但在柏拉图看来，还存在一个与变动不居的感性世界相对立的真实世界，即理念世界。感性世界并不真实，因为它是感官的幻象，是对理念世界的模仿。借助两个世界的划分和对立，柏拉图表达了对爱利亚派不生不灭存在（理念）的高扬和对赫拉克利特感性之流的贬低。（二）尼采对赫拉克利特的解读与柏拉图的原则完全一致，但结论完全相反：在尼采看来，超感性的理性世界并不存在（上帝已死），唯一真实的世界就是感性世界，在这个世界中，有亏欠、充满变动不居，因此唯一的正途不是诉诸理性思想，而是诉诸艺术家式的直觉思维。在尼采看来，理解这个生成的世界不应该像庸俗的斯多葛派那样出于人类利益的关注，借助道德评定的方式把赫拉克利特"关于世界游戏的基本审美直觉拉扯为对于世界合目的性的平庸关注。"（第 82 页）（三）亚里士多德在《物理学》和《形而上学》中从本原论的视角出发，将赫氏的火本原与米利都学派的水和气本原相提并论，从而将它们认定为同属于运动性的质料本原（质料因），以区别于柏拉图的形式因和阿那克萨戈拉的动力因。（四）黑格尔和马克思对赫拉克利特的评价，既不是从柏拉图的感性经验上归因，也不是从亚里士多德的本原论学说出发，而是将赫氏思想视为自己学说中重要一环，如黑格尔将赫氏的动变纳入自己的逻辑学中，通过赫拉克利特的矛盾来解释概念的辩证运动，而马克思在其博士论文中将自我意识类比成火，将一切他者带入自身加以吞噬。（五）而在海德格尔的视野中，赫拉克利特与巴门尼德的关系并不像柏拉图和尼采那样充满二元对立。海氏从自己的存在学说出发，认为两者之间在本质上其实并无二致，而他正是借助赫拉克利特的去存在（to be）来重释巴门尼德的存在（being，存在者）。概括起来，在后辈哲人的眼中，或是从质料（火）的方面去定位赫拉克利特的思想（如亚里士多德），或是从运动本身（火即运动，除了生成，别无所有）角度去理解赫拉克利特在哲学上的创见（其余四家）。

这五家学说的差异无所谓对错之分，它们只是通过五种不同类型的哲学视角出发去理解赫拉克利特的学说。当然无对错并不代表没有高下之分，而如何评价各家解释的高下则有赖于读者的思之体验和立场学说。这就提醒我们，在西方哲学内部，并不存在一种凝固不变的哲学观，并借以作为硬性标准来判决中国思想（参丁耘《中国之道》，第250页）。中国思想强调感性经验的一面，强调易（变）的学问（如《易经》《道德经》）。例如《论语》中从不询问普遍不变的真理问题：孔子弟子问孝，并不是问孝的（普遍性的）定义是什么？而是向老师就教，自己作为一个独特个体如何才能更好地尽孝。孔子的回答也绝非苏格拉底式的助产术或下定义，而是结合不同弟子的特定情况，答曰"父母在、不远游"，"三年不改于父之道"，云云。中国传统儒—道学说对变的重视与阿那克西曼德，尤其是赫拉克利特的思想存在诸多共通之处，如果说西方哲学内部对赫氏生成学说并无定见的话，那么，我们又何以依据某一言述或极力高扬，或严苛贬抑中国传统学说的是非高下呢？

总而言之，汉语学界修习西方哲学，是否应本着相互增益、取长补短的原则，即用中国传统的思想经验和情感因素来弥补西方哲学坚硬的理性主义，同时用西方思想的理性求真意识来克制中国思想的圆柔变化、缺少原则，从而开创出一种中西方哲学相生共长的新形态。而不是像有的学者那样倡导坚硬的儒家社会主义，认为凡是中国的都是好的，或是用西方的某一标准强硬地修正中国的传统文化，打造出一个与中国精神完全格格不入的新型中国文化来。尽管这样的折中主义由于初始原则的互斥而短期内难以形成一个中国学派。但与其强求初始一元、从一而终，莫如诉诸二元张力，例如西方的耶雅张力或中国的佛儒紧张。佛学入儒（儒释道合流）在中土经历了几百年的时间，可以想见，西学入中在短时间内也不可能一蹴而就。但无论怎样看，我们都需要卿文光先生这样的某某主义者，因为不经历这样的痴迷性的中介中转，我们连黑格尔思想的真谛都不知为何物，何谈对他的理解消化、据为己用呢？

试论我们时代的哲学口味

每个时代都有自己的哲学口味或精神偏好。例如，与古代相比，现时代更加强调自由、平等、民主和科学精神，更加重视个体灵魂的欲望满足而非伊壁鸠鲁式的个人心安，更加看重（价值）中立化的科技进步、碎片化的文本阅读、数量化的成功标准和（道德）虚无化的个人决断，而非古典时代所倡导的沉思的幸福、精神的富有、节制的美德和对荣誉与德性的尊崇。从哲学观的视角来看，我们现时代的这些精神偏好可归为哲学口味的古今嬗变，或者说源自现代哲学的实践转向：这种转向从古代对沉思静观的理智生活的向往转为对实践、操作和技术革新的热衷，从自然和永恒宇宙秩序的理观转为对个人权利（利益）的道德考量、政治设计和制度安排，从自然哲学、本体论和形而上学的哲学思考转向对认识论和存在论的学理探究，一言以蔽之，古一今哲学观的嬗变就是从天人合一的宇宙目的论转向天人相分的人类中心主义。

这种哲学口味的古今之变可以在康德和亚里士多德对待道德哲学的不同态度上窥其概要。在康德那里，尽管他将"头顶的星空"和"心中的道德律令"相提并重（《实践理性批判》"结论"，邓晓芒译，第220页），但在对理性静态的解剖学分析（划界）当中，作为其体系大厦拱顶石的道德哲学，无疑占据更为重要的位置。换言之，在自然与自由，宇宙科学与道德哲学的对堪当中，康德更为重视后者。对他而言，自由（自律）更能凸显人之为人的价值，它能够将人从动物性和感性生活的泥潭中超拔出来，彰显人的高贵和尊严。

与康德对宇宙的贬低和对道德实践理性的重视不同，亚里士多德将伦理的实践生活视为低于宇宙和形而上学的事情。在亚氏看来，伦理与政治的生活属于实践的领域，关涉的是可变的人类事物，而对宇宙事物的思考，则是对始因不变的那些永恒事物的思考，属于灵魂德性中的理智德性。两相比较，道德的实践活动只是次好的生活，因为它需要很多外在的条件，因而不够自足；而沉思的生活持久、自足（《尼各马可伦理学》，1177a20—1177b），因而是最幸福、最接近于神性的生活。正是在这个意义上，亚里士多德高度评价泰勒斯的典范意义：仰观天象、静观（theoria、理观）永恒，实现了人生的最高可能性。

这种对理性沉思生活的热衷在古代并非为亚里士多德所独有，而是代表了古希腊诸多圣贤的集体偏好。例如，毕达哥拉斯以奥林匹克赛会为例区分了三种不同的人生态度：赛场上的运动员是为了荣誉而战，他们孜孜以求的是头奖的殊荣；穿梭于观众席上的商贾小贩根本无意于比赛结果的如何，他们关注的是能否卖出自己的商品，即能否盈利；至于观众，他们是赛场的旁观者或欣赏者，对赛场上正在发生的事情进行思考分析。在毕氏看来，这三种类型的人代表了三种完全不同的生活方式：观看者的沉思生活，谋利者的算计营生和爱荣誉者的竞技人生。在这三种生活方式当中，谋利的人生最为低贱，他们受制于欲望，对利害得失斤斤计较，甚至不惜诉诸不实的花言巧语进行牟利；荣誉的人生好于前者，因为荣誉瞄向某一技艺的完善，但由于受制于观众（技艺拙劣者）的好恶而不自足；而观看者（与希腊词"理论"同义）的人生因其摆脱了日常生活的琐碎和不完善，因而是最优等的生活方式。

显而易见，这种对旁观者沉思生活的热衷并不符合现代人的口味：现代人更加热衷的是运动员的光环，而不是观看的人生。在现代人看来，球星（罔论歌星、影星）、万人瞩目、日进斗金，这才是真正值得效仿的生活样式。然而，古典的德性（节制、荣誉）向私己利益（权利、自由）的追求之所以可能，我们不能不提霍布斯为此所做出的努力（受论题、篇幅所限，此处不论马基雅维利和宗教改革的情形）。在《利维坦》中，霍布斯从自然状态的分析出发，强调人本性上是欲望的动物。人之欲望即包含感官快乐的追求、也包括生命的保全和对权力与荣誉的向往，等等。在这些不同的欲望类型中，荣誉是万恶之源，因为它不仅偏离人之生命保全的正当性基础，而且是败坏宗教纯洁的罪魁祸首——对荣誉的热衷和诉说的欲望导致了假先知的出现。因此这种对荣誉的断头和对利益（自我保全、权利）的高扬或可解释现代哲学的趣味转换：人们不再寻求义（德性）与名（荣）誉的生活，而是耽溺于利益和欲望（自由）的追逐。简而言之，在启蒙哲人的吁请和努力下，毕达哥拉斯所鄙弃的谋利者的生活方式成为现代生活的样板：成功而非有德性的君子成为人生追求的目标，价值、名望、幸福全都归结为数字多寡的较量，甚至连人自身也成了实现赚钱牟利的工具。生命流转、欲无止境，现代人忘记了古典哲学对节制和德性的教导，人人都焦灼地奔跑在成功的路上，却再也无法获取古人唾手可得的幸福。

用尼采和舍勒的话讲，现代社会（与古代社会相比）的这一现状可用"价值的颠覆"来加以描述：在价值秩序的图谱上，感官和欲望价值得到高扬，生命的价值、尤其是节制而有德性的精神生活遭到了贬黜。而这种价值评价体系发生逆转的原因源于哲学观的实践转向：对宇宙真理的仰望静观转变为对可变人事的俯就凝视，转变为对人的感官欲望和身体的过度关切。简言之，物一本转向人一本，客观转向主观，宇宙目的论和天心合一观（宋明理学）转向人类中心主义。人成了（探究、关注、服务的）中心，那么自然就不再是我们沉思和旁观的对象，而成为为了人类福祉（欲望享受）加以征服、改造的对象。在这个过程中，技术（技艺、创制）的重要性变得愈加凸显。而在亚里士多德心目当中，poiesis（制作、创制）和 techne（技艺）的位次最低，它因初始因（动力因）与终成因（目的因）的相互分离而无法自足，例如一张木桌，它的始因在工匠，而目的则在成品。与之相对，实践智慧则因初始因和终成因均指向人生的整体而实现了内在同一，因此，在亚里士多德看来，创制和技艺活动应当服膺于道德实践的主导。

现代哲人认为亚里士多德贬低技艺、高扬实践智慧和理智德性源于他陈旧保守、目光短浅：亚氏没有预测到全球化时代的到来和可能，他的政治蓝图是节制的城邦世界，而非其弟子亚历山大所开创的帝国体制。毫无疑问，亚氏有他的盲目之处，我们不能强求他预测现代丰腴的物质文化生活和日新月异的科技进步，然而他对技艺和创制的贬抑却有着现代人所不及的清醒和深刻。在亚氏看来，没有德性和目的（善）制约的技艺将会偏离最佳生活方式的目标本身，造成目的与手段的颠倒，以及道德生活的堕落（因欲望泛滥所导致）。当然，亚氏没有预料到现代技术（technology）已全然不同于古代的技艺（techne），后者的质料（材料）来源于自然，并最终复归于自然；然而现代技术产品的质料不但来自于非自然（人造物，如塑料、电池等等），而且这些抛弃的技术"产品"（垃圾）也无法通过自然的方式得到分解，再次融入自然的循环系统之中。这一事实的恶果在于，不仅现代技术（包括科技，也包括统治术、战术、赚钱术等）脱离了德性的束缚，成为为恶（如两次世界大战）的帮凶，而且利用科技对自然的征服可能带来自然的疯狂报复和生态的极大破坏，例如雾霾、土地和水的污染，等等。这在中国当下已变得昭然若揭。

毋庸置疑，在反对人类中心主义和现代技术的问题上，海德格尔的哲学可谓不遗余力。遗憾的是，海氏的哲学过于强调始因（潜能），强调存在（being）的"存在着性"（to be），而否弃亚氏极为看重的目的因（善）。这使得海氏的技术批判和此在的本真性决断因为没有道德—善的关照而变得浮萍无根，最终非但没有实现哲学观的古典回归，反而引发了更为激进的后现代主义和虚无主义——就连海氏本人也因卷入纳粹的丑闻至今受人诟病。这就提醒我们，改变一种哲学口味并非易事。但顽固、执着、难以逆转并不应成为我们无所作为的借口，如果现代哲学口味中的某些方面真的没有它的父辈（古典哲学）那么醇厚和高明，我们为何不能尝试着回头，复兴古典哲学中的精华之所在。而这，或许就是我们这些哲学从业者的使命之所在。

哲学真的无用吗？

——行在 yosemite（优胜美地）路上的思考

在国外访学，无论是参加学术活动，还是外出旅游，遇到陌生人，大家总会相互介绍一下，每每在介绍自己的专业为哲学时，对方往往会"啊"地惊叹一声。美国人的感叹，我不好断言，但是中国访问学者或硅谷华裔的惊讶还是可以揣测其意图：啊，好高深，言外之意是哲学玄而又玄，与我们相距甚远。在 soul food family 组织的 yosemite 旅行（2014 年 5 月 30 日至 6 月 1 日）中，同行的一个医学访问学者就坦率地声称，"和你们学文（婉约提法，不好意思直说哲学）的交流过几个，觉得你们有些虚无缥缈，不切实际"。

一个人自身有无价值，全靠自信，不应为外界的评价所摇摆，但是被问多了，被质疑时，不免会停下脚步，想想，哲学真的一无是处、一无所用吗？

这里我不想引用过往大哲的种种表述，只是想从日常生活入手，来简要地谈谈哲学的用处抑或大用之处。

我们以人为例，人是活生生的存在，同时是群体性的存在。这种存在需要有很多实用性、应急性的专家，如医生。当人生病时，医生非常有用，他是必需的存在，当然也是某定情形下（疾病）的必要存在。或者说，医生是病理学处境中的必不可少者，其他的专业，如建筑学家是建房修房状态下的必须，电脑专家是电脑故障或改进状态下的特殊存在，等等。只有一个学科，它是整体性的存在，不仅必不可少，而且更为重要，这就是哲学。因为，人可能生病，但大多数时间是健康，健康人不需要找医生，虽然有时医生会提供营养学和饮食习惯方面的建议。健康的人就会思考，我应该过什么样的人生，什么是幸福的生活，以及选择什么样的工作来实现这样的幸福生活。这就需要哲学。当然有人说没有哲学，我也知道什么是幸福，比如当下，大家都有一个追求，就是找一份挣钱很多、受人尊敬的工作。这个追求其实并不可靠，因为这是当下的成功标准和社会价值取向在个体身上的映射，但个体不同，个体的内在兴趣会质疑这样的工作选择。比如，虽然银行职员的薪资较高，但重复性的柜台数钱工作，你不喜欢，你喜欢挑战性的工作，干银行职员的工作会让你觉得生命虚度，浪费青春。再比如，科研人员的工作是两点一线，实验室、论文、回家，其他的爱好全部成为奢谈，但那些喜欢与人打交道，喜欢交际、旅游的人就会从根底里排斥科研工作，虽然重点高校科研教师身份备受人尊敬。因此，人不是健康了就什么都有了，他还需要价值、需要个人目标的实现，这就要有自己的审查和决断，而不是社会或他人成功标准的左右。

假设人生病了，大家觉得医生很重要，可以立竿见影、救人于危难，哲学是无病呻吟，其实不然，肌体上的疾病固然需要医治，但心理上的疾病似乎更为隐蔽、更加需要医治，这就是哲学的工作。很多人在撕裂的工作与生活状态下工作，在关系紧张的家庭生活中生活，在焦虑、抑郁的精神压力下思考，其带来的困境严重侵扰自己的身体健康，更影响幸福生活的质量。而这些，只有思考了什么是真正的快乐和幸福，如何达到心灵的宁静，如何应对不同的挫折和打击，才能做到。这（省思审查人生）也是哲学的内容，而且是哲学指导人生的触手可及的领域之所在。

人是群体的存在，我们不能脱离他人自己完全依靠自己去建房、治病、种田、唱歌，等等。群体的生活需要制度设计和正义规则。如果正义规则出现问题，那么个体调节的再好，也无法幸福地生活。如中国当下，医患关系紧张，医生天天为工作所累的同时，还要提防病人及其家属的失控。这对他来讲就无法全身心投入救死扶伤的理想中去，他首先为了自保（举证倒置），要开可不开的检查单，下可不下的药单，避免本该去冒的、对病人相对有利的风险。因此，在优胜美地的路上，另一位医学访问学者与我谈论更多的是，当前政府在医患关系中的种种失责，这显然已经不是医疗专业方面的问题，而是社会的正义问题，制度的设计问题，换言之是政治哲学方面关注的论题。

可见，哲学并非无用，而是处处可见。它是看不见的手，影响着你的所知、所感、所选、所得。即使你认为哲学家大而不当，你不需要哲学也能活的自在，那也不能证明哲学的无用，要知道，当今的所有重大观念，要么是 mks 的话语系统，要么是自由主义的话语系统，要么是传统文化的观念主宰，要么是消费社会的金钱主导，要么是实用或功利主义的价值原则，换言之，你觉得所谓的自主选择，实则都是这一或那一个哲学家的观念主导，你生活在过往大哲的话语系统中浑然不知罢了。哲学表面无用，实则却像看不见的线圈在你的潜意识中织就了决定论的网，主宰着你的感觉和判断，在你无形的言语或行为中表达出来。

总之，从个体和社会意义上讲，你还会自信地声称，哲学无用吗？

最后有必要回到题目，当在有用或无用的层面谈论哲学时，实质上降低了哲学的层次。把眼睛盯在有用上，哲学是无法搞好的。眼睛盯着地面、盯着当前的粗浅，很快被下一个欲望和时髦所取代。无用为之大用：宗教将目光瞄向彼岸，用其遥远的呼召来关照此岸；哲学源于好奇和惊诧，仰望满天的星空和永恒的真理；艺术源于情感的喷发，灵魂的倾诉和慰藉。正因为脱离世俗和眼前，正是因为目光的遥远与深邃，哲学、宗教、艺术才会高贵而富有生机。

155

关于政体与政道思维的一点看法

　　汉语学界一些专治中西政治比较的同人有如下一种观点，认为西方是政体思维，用一两条标准，尤其是依据最高权力的样式提出一些普遍性的法则，这种方法往往无力把捉复杂的政治现实；而中国古代对最佳政治秩序的思考是政道思维，这是一种整体性思维，强调道统与治术的统一，因而较之西方更加高明（可参见王绍光先生 2015 年 9 月 22 日在复旦大学文科楼 826 室"中析政治分析比较"专题演讲中对中西最佳政治秩序的政体与政道的二元区分）。

　　首先不论这一分类方法的简单粗暴，本身就是一种二元化的对立思维模式。假定这一论断为真，我们借政体模式来分析一下西方的哲人，这里遭遇到的问题首先便是，为何西方哲人喜欢对复杂的政治现象视而不见，专注于从最高统治者的样式对政体进行分类。

　　在柏拉图看来，自然界万物流变，但后面仍有不变的存在者，如鲜花含苞、怒放，旋即凋零，但花的美并未随之消失，花之美在于模仿了美的理念。同样社会也是流变不拘，我们每天在网络上，电视上看到各种各样的新闻，但政治社会，尤其是城邦国家，就像人一样，也有着不变的那个存在，不变的部分相当于它的本质，标识着它的品味和德性。

　　如人，有理性，有激情、欲望，所有这些都驱使着人做各种各样的事情，但与激情（武士）、欲望（农工）的流变和不自足相比，理性的部分更能标识理想人的特质，也是最适合做统治者的人。同样地，城邦（国家）也是如此，它可以是激情的统治者当政，从而彰显其东征西讨的好战本性（如秦朝、斯巴达），也可以是欲望的统治者当政，沉迷酒色，怨声载道，还可以是理性统治下对激情的武士和欲望的农工进行节制，从而成为一个正义之邦。

那么，问题很清楚了，与人一样，统治者相当于人的头脑，是理性的表征，而激情相当于人的躯体，欲望相当于人的下体。沉迷于躯体和下体的非理性行为，是无法把捉城邦的不变的本质的，唯有透过城邦纷繁复杂的现象，把捉城邦的统治者——灵魂，才能管窥到城邦的底色。

具体地讲，一个城邦有很多吃喝拉撒、打仗动粗的事件，这些属于激情欲望层面，但城邦还有一些教育与物质资源的分配、法律与制度的颁布，重大事件的决策等，而这些，唯有最高统治阶层才能做出，所以唯有分析最高统治阶层的德性配比，才能知晓这个城邦到底是君主制、贵族制还是民主制。从这个意义上讲，公正的教育资源的分配，对公共事务的决策，和关注精神培育、包含正义的法制实施是理性智慧之王当政的结果，因而是最佳的政体。可见，依据最高统治者的人数多寡和德性趋向对一个人格式的城邦定性，是有着理论根基和价值寻求的考量，因而也有着王道的一维。

当然，这种理论一旦成为教条，拿它去评判现实的复杂政治，确实显得有些生硬，亚里士多德看到了柏拉图理性建构的缺陷，因此他从经验的角度去对国家做出类型学的分析。亚里士多德也看到不变理论和可变理论的区别，他把前者称为形而上学，后者则包括政治现象。但他从宇宙目的论，从德性幸福角度对政体的划分，延续了柏拉图对最高统治者的评价，这里面包含着王道的考量，却也有着清醒的理性标准。

反之，称中国的最佳政治秩序的思考是王道方式，则缺少理论建构和理论清晰，包含着经验一锅粥的功利思量和利益权衡，这正是不足取的方面。

在西方思维中，政体思维并非是根基性的思考，相反，它需要借助更根本的理性建构和价值预设，在中国，这种前提的思考是十分欠缺的，而直接面对的是复杂政治现象的因时制宜。

例如，古希腊时期，人的政治社会性是毋庸置疑的，《理想国》中对此有所分析，一个人的独立生存是不可能的，它对吃、住、工具、护卫、法律和秩序的需求，使得人能够各尽其能，人尽其才，从而得到配享的幸福。但到了近代，原子式的个人出现，人们开始考察为何人要组成一个社会或国家，霍布斯的利维坦便试图解决这一问题，这一次，他从去神权的人权角度出发，从人的自然欲望本性和自然权利出发，考察国家成立之前的丛林法则之下的状态，个体人的权利是无法保障的，因此，为了保障人的权利能得以实现，为了避免无序下人的生灭受到暴死的威胁，所以需要国家。这里我们看到霍布斯对自由、权利和财产的价值原则的推崇，他对人的动物性的分析，与古希腊对人的德性目的论的预设和中世纪神学下人的罪的预设已大为不同，但其理论仍具有王道的价值预设和独设的理论前提。

　　为了理论上言说的便利，我们可以简单讲中西思维分为政体和政道的区分，但要看到这一区分本身遮蔽了许多东西，如不同哲学家基于不同的理论前提对政治现象的理论建构或经验分析，对德性、幸福或自由平等等基本价值的持守，对具体现实的应然关照和前提预设，这些既包含了中式王道思维，也去除了后者在经验上的具体而微。这些是那些类型学的中西政体比较论者应当予以清醒对待的。

试论治学研究中的"主义"与"问题"[*]

　　1919 年，胡适在《新青年》上发表《多研究些问题，少谈些"主义"》。这句话到了今天，仍然是许多学者秉持的治学纲要。在当时背景下，胡适提出这一观点具有重要的指导意义和适切性，同时也有着误导学界走向虚浮的功利之蔽（如影响了学界在 1949 年新中国成立时发出应有的声音，尤其像美国建国制宪时的那种学术争鸣）。但不管怎么说，救亡的急迫性还是给了胡适之说以时代的正当性。

　　但当下，在启蒙而非救亡主导的话语系统下，一些学者捧着古话，奉之为圭臬，眼睛盯着地面，则显得极不合适。

　　首先澄清一下，这里的"主义"不是僵化的教条主义或意识形态，而是指某种理论论说，即远离具体实证科学的抽象概念论证。而"问题"则是社会生活中发生的并纳入实证科学，如政治学、社会学、法学、历史学等眼帘的具体研究论题。

　　在这个概念框架之下，"主义"必不可少，而且十分重要。"问题"论者认为他们很具体，很实用，很有效，很紧迫，不像理论者那样高谈阔论，说着没有边际的话。实则不然，没有理论的深邃和与具体事物的抽离，是无法发现问题的关节点的。就如感冒，具体可以表现为流鼻涕、咳嗽、发烧、肚子痛、腹泻、肌肉酸痛、眼睛红肿，等等。具体科学看到了某些表征，便从法学、政治学、社会学等视角分别去诊治鼻涕、咳嗽、发烧等具体征候。实不知，如果没有看到相应的症结根源，然后直指靶心地消炎或去病毒，某些症状消失了，其他症状还会出现。因此，具体问题的具体科学式探讨头痛医头脚痛医脚，不仅对解决症状

　　* 本文发表在《社会科学报》2015 年 11 月 5 日，第 5 版。

无益，反而会贻误病情，直至病入膏肓，无法医治。

因此，没有哲学关切和深邃理论支撑的具体科学研究，看似紧迫、重要，实则对社会之病的把捉和治疗很可能治标不治本。最优秀的人是盯着最重要问题，而不是最紧迫问题的人。最重要问题看似最无用，却是最深沉、最有用的问题。康德将头顶的星空和心中的道德律令作为自己追求的崇高目标，而不是眼睛盯着地上的琐碎具象，才能开启现代哲学的大幕，并为现代自由主义及其道德学说提供坚不可摧的盾牌。

极端地讲，没有哲学的科学研究是没有灵魂的研究，那些打着"科学"大旗的教育者们，可以自己虚浮地、荣耀地通过紧迫问题的实证研究获得项目、获奖和名声。但千万不要抨击那些深沉的"主义"论说者们的好高骛远，因为这不会影响到那些自信的主义论说者，却可能让您的听众——未来的学生们误入歧途，走入科学的、功利的、没有灵魂和信仰支撑的学术之路。

当然，完全脱离实际的假主义者也误人误己，真正的学者应该从具体科学那里汲取养料，而不是在封闭的自我头脑中预设问题，闭门造车。史学、文学、政治学、法学、社会学都能提供这些养分，但要有甄别的去吸取，否则会营养不良，迷失自我。因此，有主义意识的具体实证研究，或者尊重、汲取实证成果的主义论述才是最可推荐的治学态度。然而，囿于学科背景的学人，并不容易做到两全，但可以引导学生去做，这才是师者的本分。

后现代思潮的两个隐秘冲动[*]

作为一种世界性的文化现象，后现代思潮绵延跌宕、牵涉纵广、方家林立、观点殊异，对其作出概而统之的类型学描述殊为不易。但说法国是后现代思潮的源发地和大本营，其产出了一大批高水准、有创见的后现代大师，恐怕学界不会有太大异议：福柯、德里达、鲍德里亚、德勒兹、利奥塔、巴塔耶、罗兰·巴特……我们可以将这一名单拉得很长。

问题是，为什么在 20 世纪后半叶，为何在法兰西的大地上一夜之间冒出如此多群星璀璨的后现代思想大师？在笔者看来，这固然有时代背景和现实积聚矛盾的助推，更根本的在于其思想背后蕴含着的两个隐秘冲动，更确切地讲，它的两个思想背景资源：对自由的极端渴望和科耶夫"承认的政治学"。

与英国人的温和保守、德国人的理性思辨不同，法国人浪漫而富有激情，这尤其表现在让一雅克·卢梭身上。在西方近代启蒙运动的浪潮中，卢梭是极度呼召自由，也是第一个对自由有所反思之人。"人是生而自由的，但却无所不在枷锁之中。自以为是其他一切的主人的人，反而比其他一切更是奴隶。"（《社会契约论》，第 4 页）卢梭的话振聋发聩，让老成持重的康德激动莫名，誓将心中的道德律令作为终生持守的学术信条；令热衷启蒙的门德尔松恼羞成怒："要是卢梭没有剥夺文明人的全部道德感该有多好！我对道德感实在怀有过多的好感。"（门德尔松 1755 年 12 月 26 日致莱辛的信，载《门德尔松全集》（*Gesammelte Schriften Jubiläumsausgabe*，卷 XI，第 27 页）在施特劳斯看来，门德尔

———————
[*] 本文发表在《社会科学报》2014 年 3 月 6 日。

松对卢梭的道德批判实在没有抓到点子上，因为他"忽略了卢梭原本的争论点：卢梭之所以批判科学艺术，质疑群居社会生活，其基点在于"野蛮人自己过自己的生活，而终日惶惶不安的文明人的生活价值，是看别人的评论而定……是以别人的看法作为自己看法的依据。"（施特劳斯，《门德尔松与莱辛》，第74页）换言之，在卢梭看来，野蛮人除依凭自然法则外，无须像文明人那样匍匐在虚荣的十字架下，而虚荣的根源来自群居生活所带来的等级制与特权。

卢梭对自由的高调吁请和对文明社会之恶的持续批判，深刻地影响了后来的法国人文知识分子尤其是后现代主义者。他们激进批判传统，或倡导非同一性的延异（德里达），或谱系弥散化的微观权力（福柯），或批判符号化的消费社会（鲍德里亚）……这些都隐秘地源自卢梭所敞开的对自由的极端渴望。然而，卢梭和后现代主义者们之间毕竟间隔一段不容忽视的时空间距，如果没有科耶夫的中介作用，恐怕也不会汇聚出后现代主义的汪洋巨流。

法国后现代主义者除了承继法兰西自由民主精神之外，还深受黑格尔、胡塞尔和海德格尔的影响，因此被称为"3H"一代。胡塞尔、海德格尔的影响自不必说，在法国，将黑格尔思想发扬光大，并进而与海德格尔思想相嫁接，从而决定性地影响"整整一代法国知识分子"的是科耶夫。在科耶夫看来，渴望得到承认既是人类的基本欲望，也是推动历史发展的基本动力。承认要求获得同样的尊敬和尊严，因此，较之贵族式的荣誉观念而言，该词具有更多平等主义的意蕴。科耶夫从黑格尔《精神现象学》的主奴辩证法入手分析这一概念，然而，斯密什注意到，"承认概念在黑格尔本人的思想中所起到的作用很有限"，是科耶夫赋予这个概念以"历史的强大动力"以及"某种世界历史性的重要意义"（斯密什：《阅读施特劳斯》，第217页）。因此，科耶夫的学说可以被称之为"承认的政治学"。

个体、社会、国家之间获得承认的非理性欲望，成为一种规训化的力量，抹平了差异，推动历史走向普遍同质的全球一体，这也成为科耶夫等人倡导欧洲一体化的哲学基础。然而，科耶夫构建的历史终结也为后现代主义敞开了大门，为后现代主义打破宏大叙事、线性秩序、极权统治、微观权力提供了可能。

如今，后现代主义与其他西方思潮一道横扫汉语学界。然而，仔细审视后现代主义的上述源起，可以让我们对后现代主义中国鼓吹者的"包治百病"论调产生某种警惕。诚然，后现代主义诸思想大师们敏锐细腻，发常人所不察之洞见，但笔者认为，他们对中国社会的现实意义不应夸大，其理由如下：

第一，从社会历史背景上看，后现代主义主要是针对西方社会历史发展进程中出现的病灶作出了理论反映，病因不同，治疗方案相同固然会产生水土不服。毫无疑问，西方社会经过启蒙现代性之后，反驳政教合一的统治形式所产生的公私分立和市民社会，培育了西方的自由精神和人格独立。这种培育中经启蒙哲人的高调吁请，市民社会的健全完善和制度设计上的安置布局，已经深入人心，因此，现代性的诸多危机，让后现代哲人在小政府大社会的背景下，更多考量社会文化层面的权利与统治，这就引发了福柯等人对弥散化的微观权利的考古学和谱系学阐释。而这之于中国，一个没有经历公私分立，市民社会培育，公权力具主导地位的东方社会，在公权力仍过于庞大，人权与平等观念仍有待制度设计与保障的现阶段，过度强调微观权利的制约与解构，明显感到有些格格不入。当然，利用福柯的后现代思想来抵消政府公权力的封闭与垄断也有其积极的效用，如弥散化的网络民主近几年风行一时，尽管它有其网络暴力、侵犯人权、仇官仇富的不良心态的一面，但仍对当前的制约公权，反腐监督起到不可忽视的作用。但尽管如此，其更大的意义仍有待论证与验证。

第二，从解释学的角度看，后现代主义激进批判传统，解构文本，抬高读者、贬黜作者，这固然有柳暗花明，阐幽发微的一面，但也有低估经典文本，轻视古典学问的倾向。近代启蒙运动以否定传统，贬低过去为起点，后现代主义有过之而无不及，这恰恰暴露了后现代主义的短视与偏见。如果跟着后现代思潮的路子往下走，我们无疑离我们的立根之基渐行渐远，匡扶文明的重任自然也就没有了立锥之地。正是在这个意义上，古典学、新儒家、东方学、保守主义的回潮可以视为是对后现代主义思潮的一种反拨。

第三，从传统道德和精神文明构建的角度看，后现代主义的激进反传统，解构的不仅是古典文本，更重要的是古典文本及其理论承载的道德和精神文化质素。前车之鉴表明，正是对传统的根底挖空，导致虚无主义的尘嚣甚上，为现代极权主义，尤其是纳粹主义的兴起提供了思想舆论氛围。如果说，人类无法创造一个免于矛盾的世界，那么，挖空传统道德的地基，如尼采和海德格尔所做的，不是引领现代人走向诗意的大地，而是步入相互屠戮的战场。

最后，从现代性的角度看，后现代主义作为一种态度，代表了激进反现代性的一脉，因为现代性出了问题，所以他们要有所反思与批判。但同样是应对现代性危机，还有英美政治哲学的完善之说，即在承认启蒙现代性之前提的条件下，通过完成启蒙理想（自由、平等、博爱）的方式来解决现代性的难题；也有保守主义的路向，即通过回归古典的德性生活，来抑制现代社会的欲望泛滥。无论哪种路向，作为现代性的一种理论反思，都有其不可忽视的积极意义，这岂是仅仅跟随后现代主义所能解决的呢？

试论现代哲学的实践转向
及其主体论根据[*]

有很多语汇来描摹哲学的古—今之变，例如：认识论转向，语言学转向，非理性思潮，后现代思潮，政治哲学复兴，等等。这些指称并不算错，它们分别标识出古—今哲学着力点的某些重要不同。但从根本上讲，最能标识出古—今哲学本质不同的却是现代哲学的"实践转向"。这种转变根置于哲学目光的主体论视角或人类中心主义倾向，从而带来物质（欲望）主义与历史主义的现代出现，最终引发了信念（不再）认同的现代性危机。因此，要了解我们时代的精神状况，就有必要对实践哲学的现代发生、表现及其限度做出说明。

首先，我们要强调的是，现代哲学"实践转向"的前提是主体性哲学和人类中心主义。这表现在：人们不再把目光瞄向遥远的"天际"，寻求普遍客观的宇宙论真理或彼岸的天堂，而是由外转内，关注人的认识是如何发生的（认识论），人的自由如何才能得到保障（伦理学），如何在纯粹理性的限度内在现世建构一个平等、富足、正义的人类社会（政治哲学），等等问题。表面上看，这种转向只是思考方向或着力点的某种转换，内地里却包含着对人的理性能力及其限度的关注和思考。在哲学史上，这一转向表现为一系列浪潮式的深入过程：从笛卡尔的我思怀疑开始，中经卢梭对自由的启蒙批判，最终在康德的主体归因的哥白尼式革命中达到高潮，彻底将理论的重心决定性归于主体—人的统摄能力（知性）和自由意志（理性或本体）。黑格尔哲学看似恢复

---

* 本文以《哲学"实践转向"引发现代性危机》为题发表在《社会科学报》2016 年 4 月 28 日。

了客观性真理的至上地位，但对主体性的热衷却丝毫未减，而是辩证性地融入实体的思考之中，以实体即主体的形式加以强调。马克思更是要言不烦，他旗帜鲜明地表明哲学的要务不是理论性地解释世界，而是实践性改造世界，从而再次高扬了人之主体的自由与解放。即使在解构人类中心主义的大师的海德格尔那里，在（人）对存在之领会的独特地位也一再受到强调（尤其在《存在与时间》中），并在存在主义大师萨特那里、以自由本体论的人道主义的方式得到了极端化的推进。可见，与古典哲学对外在于（不依赖于）人的客观真理的专注不同，现代哲学更多地将理论的目光转向人自身，挖掘人的认知潜能，关切人的异化和束缚，瞄向人的自由和幸福。因此，对主体性（人）的地位的强调和关注或可看作古今哲学思维转变的最重要的一个方面，它最直接的表现就是哲学思维方式、思想论题和语言表达都不可逆转地带有属人的痕迹，从而最终导致哲学从理论静观转向实践哲学。

其次，主体—人的地位的凸显和居于不可撼动的中心地位，导致古今哲学样态的重要不同：古典哲学崇尚理论静观，而现代哲学强调以理性（技术）方式建构（改造）社会，在实践中发挥主体（人）的能动地位。古希腊哲学强调理论直观，对象是不变的宇宙论真理或第一本体，而非变动不居的人事（可变真理）；关注的核心不是人的感官欲求和理知能力，而是人的存在根据。这一根据外在于主体—人，自足而客观。现代哲学更加强调实践改变世界。实践的主体是人，关注点由外而内，强调人的需求和内心的满足，这种满足在古典世界更多被看作是需要德性加以节制的欲望，真理的要义对人来讲是义务和束缚，而非相反。欲望和肉体相关，是一个贬义的词，要想光明正大地宣扬它，必须创造一些新的理念和范畴来加以美化，这些正面褒义色彩的语汇，包括平等、自由和权利，等等。平等和自由都是与人相关的，是与主体性相关的范畴，因此，自由和权利的高扬，是以哲学目光从外界转向人自身作为内在根据。而相应地，理论静观对实现人之幸福，尤其是物欲满足毫无增益，从而被劳动实践和技术创制所取代。借助实践的中介性意义，静观的神秘直观最终得到抛弃。

最后，这种理论哲学向实践哲学转变的直接结果便是灵性哲学向肉身哲学的主题转换和历史主义的出现。一方面，古典哲学对客观真理的热爱，在主题上表现为对永恒存在者、普遍的理式（相）和纯形式的思考和探究，在政治哲学上则表现为大写理性主导的热衷，这尤其在柏拉图的哲人王和中古先知律法学说中得到彰显。另一方面，现代哲学强调突破束缚，实现自由和保障人的各种权利，因此，哲学的主题从反思批判主体的理性能力入手，最终导向对人的各种非理性情感的强调。这在主题上表现为：叔本华—尼采对人的意志的强调，弗洛伊德对人的性欲和潜意识超拔，梅洛·庞蒂对身体意义的古典反动，舍勒对情感—价值的现象学直观，等等。灵性维度和道德义务被各种肉身性或非理性主题所取代，以往被理性主义哲学所忽略的主题在非理性哲学的视域内在人（主体）的层面得到重视和强调。

这种转变还表现在历史主义的出现上。古典哲学将目光瞄向永恒、不变的真理，等而下之的才是关于人事的可变真理（亚里士多德）。永恒具有超克时间和空间的特质，因此其阈限下的历史观要么是循环论的，要么是救赎论的，鲜有近代主体论哲学视域内的线性进步史观。现代哲学将目光投向主体一维，历史成了实现主体价值目标的时间单位。因而，真理便沾上了相对主义的习气，这表现在：任何真理成了特定时空中的相对真理，成为相对于不同民族，不同地域，不同时空中的真理。这种相对主义的真理观，在古希腊受制于形而上学和宇宙论的真理观，而在现代，却在启蒙的旗帜下，变得愈加重要。以至当下，价值多元主义的伦理—政治哲学和历史主义风头正盛，传统遭到解构，精神伦理价值失去了决定性的支配地位，各种权利和数量化成为主导支配性思维范式，价值虚无和启蒙信念认同不再，现代性危机由此而生。

当然，强调现代哲学的实践特质和主体性根据，以及随之产生的主题转换和历史主义的出现，只能看作是哲学的现代转变的一个特质，不可用它来套用或教条性地解释现实中具体的每位哲学家。一方面，哲学家的理论探索是个体性的，具有气质和倾向的差异，同时能够超越具体时间的局限，例如，某些哲人虽然生在现代，思维方式和问题取向却有古典气质，如尼采，反之亦然。另一方面，某些哲学观念具有真理性质，如马克思的资本批判，但正如后来哲人所批判的，它只是敞开或强调了主体—人的生产—欲望的一面，却忽略人所具有的挥霍、信仰，抑或理性的一面。即便如此，指出现代哲学的实践特质和主体性倾向，对于我们理解现代哲学及其弊端仍有重要的启发意义，同时对我们理解现代社会中具体而微的社会问题，如生态危机，空气污染，世风不古、物欲泛滥，具有重要的提纲挈领意义。它提醒我们，现代性的发生是一个整体性事件，对其问题的诊治理应由表象而深入，从整全性的哲学反思作为依据，万不可头痛医头脚痛医脚式的胡乱下药，往轻了说，这叫缺少实践感和理论智慧，往重了说，这是彻头彻尾的一叶障目，不见泰山。

不是风动、幡动，而是心动：
从六祖慧能到斯宾诺莎

从近代经验论来看，运动和静止是外物的属性，但康德不这样看，他认为时间和空间是人固有的认识能力，与外物无关，人就是带着时空的眼镜来看待外部事物的，同样地，运动和静止也是人认识领域的两个范畴。事物自身无所谓运动和静止，只是从人的眼光来看，事物才有这样表现形态。正如糖的甜，无所谓糖的真实属性，而是我们味觉的呈现结果；颜色的变化也是我们眼中对光谱折射在视网膜上造成的影像。

在中国，六祖慧能曾提出过类似的观念，风吹幡动，既非幡动，亦非风动，而是心动。如果心若止水，风动、幡动又如何呢？所谓客观地、对象性地观察世界是一种科学的视野，只是人的一种视角。存在论强调，人总是领会地遭遇事物，如一棵树，一只鸟就是把它当作一个可以歇脚的支点，但人看到这棵树，可能想到初恋女友曾和自己在此相遇，而今物是人非，所以看到这棵树，感慨万千；或者想起自己儿时在这棵树下纳凉、嬉戏，忆起童年的美好；或是想起曾在树下遭遇野兽攻击，进而惊恐万分；甚或想起老奶奶在树下为自己缝补衣服，温情涌动。同样一棵树，在人的领会里去遭遇万物，没有人的存在，奢谈客观事物的如何，如同幡动、风动。

当然，六祖的话里是要人们远离各种幻象，超脱物外，心若止水。同样的，1661—1662 年，斯宾诺莎在自己的《知性改进论》的导言中同样展示了这一观念。当时的斯宾诺莎经历了同族犹太社团的驱逐和诅咒，孤苦无依，饱受摧残，然而，他以超强的意志和真理的思索战胜了这些非人的苦痛经历。在开场首段描述中，他说："当我受到经验的教训之后，才深悟得日常生活中所习见的一切东西，都是虚幻的、无畏的，并且我又确见到一切令我恐惧的东西，除了我的心灵受它的触动之外，其本身即无所谓善，亦无所谓恶，因此，最后我就决意探究是否有一个人人都可以分享的真正的善，它可以排除其他的东西，单独地支配心灵。这就是说，我要探究究竟有没有一种东西，一经发现和获得之后，我就可以永远享有连续的、无上的快乐。"

斯宾诺莎所说的虚幻之物时荣誉、财富，以及世俗的诸种感官快乐。而他所追求的是最终是沉思的幸福和自由的思考。这些思考的对象是最为自足的神、实体和自然。在这个意义上，慧能也是寻求超越五欲六尘的心念幻象，追求不动心的最高境界，在这一点上，斯宾诺莎和慧能走到了一起，中西哲人在最高义理上实现了共同。

人为什么会信仰宗教？

在美国访学的时候，常常会被一些访问学者拉去参加教会活动。这些活动常常是聘请一些教授、名人，讲一些非传教性质的公共话题。在私下闲聊的时候，教会的教友（他们互称兄弟姐妹）对我们这些陌生人（他们称为慕道友）很是热情。大家关系处得不赖，但我天性顽劣，始终对受洗、入会不感兴趣。但见识多了，不免会产生疑问，为什么这么多移居美国的中国高学历人才到了美国会一股脑地加入教会？

对于身处异乡的中国人，孤独和渴望朋友是在所难免的，教会的温暖和热情确实让其中一些人不知不觉间加入这一大家庭，获得心灵的慰藉。这只是情形之一。还有一些人，在国内上学时顺风顺水，工作顺利，家庭美满，意气风发，但遭遇到了一些疾病和孩子教育等问题上的重创，在万般绝望的状态下，投入信仰的怀抱。在教会中，我常会遇到一些教徒眼睛发亮地向我讲述她/他所遭遇的最不可思议的奇迹的降临。

在《神学政治论》中，斯宾诺莎对人为何信教做出过有力的心理学分析。他认为，启示宗教是一种成见，人们因习惯受到这些成见的束缚，而成见本身又建基于人的本性所具有的一种原始倾向中。这种原始倾向就是人基于激情和想象而对财富、荣誉和感官快乐的追求。这种追求从本质上讲是自我堕落的，因为它受到贪婪、野心和贪欲等激情的操控和驱使，从而使人远离了自我保全的初衷，将自身的存在置于险境。如果人一辈子都受到幸运的呵护还好，但事实却不会如此，那些在无止境的贪婪和虚荣中轻率前行的人，一旦遭受到厄运的打击，便会变得迷信起来，转身投入信仰的怀抱。这样的厄运在我们身边不胜枚举，如身患重症、求子不成、子女不孝、事业受挫、亲人离开等等。受到激情和想象支配的欲望之人，一旦处于惨痛的困境中，就会变得优柔寡断，不知何去何从，开始随波逐流，乐于相信随便任何事情。概而言之，信仰往往来自对自己能力的绝望，信仰就是愿望，是对某种不确定、甚或不可企及事物的希望。

在斯宾诺莎看来，受缚于激情并因此容易采纳信仰的大众，"由于摇摆在傲慢的自信与沮丧之间，奴隶般地屈从于可能降临的好运或厄运，因此毫无内在的平静可言"。而真正"完善之人是坚强而自由的人，是热爱命运、沉思自然之永恒秩序的人"，这样的人没有信仰，热爱命运，在沉思中感到愉悦，既不抱有希望也不怀有恐惧，他们不像愚蠢的大众无节制地追求不确定的善，只能活在希望与恐惧之间。显然，斯宾诺莎是前者，他做到了言行一致，表里如一。

但像斯宾诺莎那样能够直面各种非人的迫害和苦难的人确实罕见，对于芸芸众生而言，理性与自信确实不足以应付生活中的种种不如意，面对厄运和无法逃脱的沮丧，将其诉诸全能的他者—上帝，并在其中获得慰藉和平和，或许是件不那么残忍的好事。对于无神论而言，生命的无奈与心灵的悲苦是难以想象的，从这意义上，尽管在真理上不足取，但在实践层面，我更希望他们安睡在信仰的麻醉当中，从而不必执着于生命中无法释怀的悲苦。

基督教为何反对并最终超越了多神论和偶像崇拜

　　这个题目让人联想作者可能是个基督徒或者为基督教做论证辩护的人，但事实上并未如此，作者并非基督徒，而是一个哲学思考者。标明自己的身份和立场，并非是表明自己比基督徒高明，或不屑于与基督教联系在一起，恰恰相反，随着哲学思考的深入，我时常感觉到哲学和基督教信徒之间常常在做着同样的事情：理解人的有限性处境，试图搞清楚自己的由所从来（根基），去往何处（生命的目的意义），何所作为（现世的幸福、道德）。当然，这些共同点不能抹杀二者之间的本质性差异：哲学是怀疑论者，不断对现有前提做着破坏性的颠覆工作；教徒则是以信仰为前提，以认同和服从上帝为自己的根本性前提。

　　正是由于这种区别，哲学思考者有时能够更好地理解基督教的一些教义，而基督徒在教会里从来不质疑、不争论这些教义。基督教反对多神论和偶像崇拜就是其中之一。

　　毫无疑问，基督教反对并超越了多神论，后者如古希腊、雅典的神话，古代中国的神话，如封神榜。基督教也反对偶像崇拜，如佛教寺院里的各种佛像，中国的关公像，等等。为什么？

　　在基督徒看来，偶像崇拜，崇拜的都是泥土雕像或金银雕像，而这些都是上帝的创造物，而非上帝本身，为什么要舍本逐末，去迷恋上帝的创造物：泥土金银呢？更危险的是，人们一旦偶像崇拜，往往容易遗忘了根源，把泥土或金银创造的偶像当作上帝本身，把自己的需要和渴望投射到这些偶像身上，最终变成了崇拜人自身，从而最终变得世俗不堪，功利短视。

　　这些解释不错，但从哲学的角度看，却远不足够。

因为，基督教作为一神教之所以能够绵延至今，是和哲学和其他教派不断斗争和完善自我的结果。早期的自然哲学把水、或火、或土、或气作为人由所从来的根据，并不能说服彼此，反而陷入了自说自话的窘境，因此，古希腊哲学最后走向了柏拉图的理念和亚里士多德的形式——最高目的的善。而基督教也是在反对多神论和偶像崇拜中走向灵之上帝的全知全能全善。多神论呢？不可能达到上帝的全知全能全善，海神波塞冬、智慧女神雅典娜，等等，他们只是拥有部分的力量（非全能），部分的知识（非全知），部分的美德（也会忌妒、作恶，因此非全善）。这么多的神，我们到底信哪一个，如果今天有这个需要，比如需要高考中榜，信了雅典娜，希望智慧超人，明天想美貌迷人，信了维纳斯，这些神岂不成为人各种需要的投射？也就根本无法为人类带来灵魂的宁静、最终信靠的港湾和行动的力量源泉。因此，多神论注定因其不完善而被舍弃。

偶像崇拜同样如此。今天人需要慈母的形象，造了观音的形象，明天需要忠义的表征有了关公的雕像。这些泥土雕像和金银铜铁石头雕像全是人所希冀的形象的化身。换句话说，是人创造的产物，而不是相反：上帝创造了我们。那么这样的偶像怎么可能全知全能全善。如果不能全知全能全善，我们为何要信他。所以，对于基督徒而言，上帝是不可理解的，上帝是道成肉身，他只是一种声音，而不是人的形象，也不受制于人的生理限制。否则的话，上帝是人的形象，是人生出来的，是男的或女的，那么他就是有限的，需要生他的条件，需要有父母。既然有产生的条件，就是有限的，又怎么能够是全能的呢？是人，就有肉身，就有了欲求，就有了有死性，又怎么达到全知全善呢？

所以基督教一定要反对偶像崇拜，才能达到纯粹，才能抵抗人的理性的追问和怀疑，才能经受不同教派和宗教的攻击，才能经受时间和空间的考验，才能给人带来行动的力量和永恒信靠的支撑。正是在这一点上，多神论和偶像崇拜最终会陷入口舌之战因无法自圆其说而被遗弃，而基督教、伊斯兰教和佛教（真正意义上的宗教，而非走样的偶像寺庙崇拜）才会如此持久有力的原因所在。

共同体存在必要性的古典哲学依据

　　共同体是否必须的问题，关涉到原子式自我主体（自由）与集体主义（国家主义）孰更根本的问题。

　　在这个问题上，波普尔谴责柏拉图为极权主义的主师爷，实为大谬。因为在古典哲学那里，根本没有主体性的个人存在，在近代认识论的模式下，主客体的二元区隔，让主体的自我凸显出来，笛卡尔的我思为主体的我奠定了基石，莱布尼兹的单子到康德的哥白尼式转换，达到了顶峰。有了主体独立和自我意识的膨胀，自由作为意志的属性成为了绝对性的标尺，在这种模式下，极权主义作为自由的极端反面才显得格外耀眼和刺眼。

　　虽然笛卡尔崇尚全面怀疑，苏格拉底亦是如此，但归根结底，苏格拉底，尤其是柏拉图那里，只有洞穴式的群体中的哲人的苏醒，没有大众苏醒一说。所以理想国里，只有秩序和服从，按照德性配享各自的幸福，甚至哲人都无法享有沉思的自处之乐。换言之，没有自我的觉醒和自由的本体化论证，古典世界始终处在自明的集体主义当中。人根本无法离开共同体，这是不证自明的，观看当中的本质性的相（理念）。

　　柏拉图的论证逻辑是，人需要城邦和共同体，每一个人都生活在洞穴之中，即集体的社会就是洞穴群体，在理想国中，苏格拉底论证经济上的猪的城邦时已经将集体或共同体设为不证自明的了：人无法独处，即使是哲人也如此，他需要有闲和有钱，那么就需要劳动者提供衣食，房屋，需要护卫者保卫城邦免受劫掠，需要统治者设立章法保证群体的稳定。但是城邦之人都是有肉身的存在，故而，都受到欲望、激情的干扰甚至宰制，所以由有缺陷的人聚合的现实城邦注定是不完备的，所以政治是次等的存在，在理想的城邦面前，它只能拥有有限的作为。

　　亚里士多德则将政治看得更高一些，因为，四因说中，除了目的因，其他因都被泰勒斯等（质料因），恩培多克勒等（动力因），毕达哥拉斯等（形式因）说过了。既然目的因无人思考，亚里士多德拿它来解读宇宙，所以有了目的论的宇宙学说，在这一目的论系统下，独处的人注定是不完备的，只有在政治中，在人群中，才能实现友爱等德性，才能让人产生荣誉之类的体验，从而实现人的完整德性和幸福生活。所以亚里士多德，说人天生是城邦的动物。

　　个体的觉醒在基督教那里直到以西结开始才有，在以西结之前的先知那里，惩罚的遗传性一直是个重大的疑难，但罪的问题怎能够是因父辈的原罪而让儿孙辈既得，每个人只应该对自己的罪型负责，因此，从社会性的罪到自我承载的罪的转变，才有了后来的个体自由意志和赎罪。

　　可见，共同体的概念在古典哲学和中世纪那里，并不是一个抽象的理论设定，一个与自我自由相对立的范畴。而是一个自明性的，人必然栖居其中的真实境遇。从范畴的角度推演它的必然性不是敞开了它，很可能是遮蔽了它的本来面目。

价值批判中的怨恨问题研究

——从尼采和舍勒的关系上看[*]

　　20 世纪西方哲学的一个重要主题是反思现代性问题。这种反思的样态多样、蔚为大观，如西方马克思主义的文化批判、存在主义的技术反思（如海德格尔）、后现代主义的形而上学拒斥（如福柯）等。然而，在这之中，从道德的基础入手，对启蒙以降西方文化危机进行价值批判的学者堪称寥寥。而在少得可怜的学者当中，有着重要学术思想传承担结论迥异的两位思想大师格外引人注意。他们便是尼采和马克斯·舍勒。尼采以强力意志为根基，将道德的起源区分为主人道德和奴隶道德，认为欧洲的危机是无能的、自我压抑、自我否定的奴隶道德占据主流话语的结果，因此他对柏拉图以来，尤其是基督教道德传统进行了颠覆性的批判，借此恢复欧洲社会那种自身充溢、生成、创造价值，自我评估价值的贵族道德风貌。舍勒从情感现象学入手，以基督教的爱的伦理学说为资源，以客观的价值等级秩序为支点，从怨恨批判分析现代资本主义价值偏爱结构的颠倒，要求恢复精神价值、神圣价值相对于生命价值、有用价值的优先地位。本文试图从怨恨这一基本概念入手，从价值批判的视点切入，分析尼采和舍勒的思想脉络，甄别二者的思想差异，借此对现代性问题阐发个人的一点理解。

一　何为怨恨

　　在《论道德的谱系——一篇论战檄文》（下文简称《谱系》）中，

---

　　* 本文写于 2008 年秋，发表在《湖北社会科学》2009 年第 11 期。

尼采对怨恨作了如下的表述：

> 怨恨来自这样的存在物，他们不能用行动作出真正的反应，而只会通过幻想中的复仇获得补偿。……这种颠倒的价值目标的设定——其方向必然是向外，而不是反过来指向了自己——正好属于这种怨恨。……怀有怨恨的人既不真诚也不天真，甚至对自己也不诚实和直率。他的灵魂是斜的，他的精神喜欢洞穴、幽径和后门，所有隐私都让他觉得，那是他自己的世界、他自己的安全和他自己的兴奋剂；他善于沉默、记恨、等待，善于暂时地卑躬屈膝、忍辱负重。……怀有怨恨的人正是在这里有了自己的行动和创造：他臆想了"凶恶的敌人"和"恶人"，并把他当作基本概念。而后在此出发地上，他继续设想了作为背后图景和对立面的"善人"——这就是他自己。①

> 把不图报仇的无能吹捧为"善良"，把怯懦的卑贱吹捧为"恭顺"，把屈服于所仇恨的对象的行为吹捧为"服从"。弱者的非侵略性、绰绰有余的胆怯、倚门而立和无法改变的消极等待，在这里还获得了忍耐的好名声，它或许还称为道德；没有报仇的能力叫做没有报仇的意愿，或许还美其名曰宽恕。他们还说"爱自己的敌人"，边说边流汗。②

这是尼采在《谱系》中集中描述怨恨的段落，我们在此暂且不论怨恨与基督教道德之间的关系，以便深入地了解怨恨本身的含义。在上面的文字中，尼采为我们勾勒了其心目中的怨恨形象。首先，怨恨的主体是无能、懦弱、胆怯、记恨、等待，善于暂时地卑躬屈膝、忍辱负重的弱者。他们不敢用行动做出反抗，只会通过幻想中的复仇获得心灵的平衡；他们精神猥琐，灵魂倾斜，苟且于"洞穴""幽径"和"后门"，以诋毁、颠倒价值目标的设定为能事。其次，怨恨具有"创造"

---

① ［德］尼采：《论道德的谱系·善恶之彼岸》，谢地坤、宋祖良、程志民译，漓江出版社 2000 年版，第 21—23 页。

② 同上书，第 28 页。

价值的能力。它可以将不图报仇的无能颠倒为善良、将怯懦的卑贱描述为恭顺、将因胆怯而不敢报仇吹捧为宽恕、将弱者的消极等待歪曲为忍耐……这些怨恨价值逐渐扩张，并最终获得支配地位，成为当今社会的主流价值判断标准。再次，怨恨的方向是向外，而不是反过来指向自身。在尼采那里，怨恨者是"低下的、卑贱的、庸俗的乌合之众"，面对那些"高贵的、有权势的、上层的和高尚的人们"，他们心怀不满，但惧怕、无能使他们不敢声张，渐渐转化为阴毒的怨恨。

可见，怨恨在尼采那里主要不是泛指一种情绪状态，而是无能、懦弱的弱者（奴隶）所具有的一种品性。根据尼采的理论，道德起源之最终根据是意志，意志主要包括主人意志和奴隶意志两种，两者之间互不干扰，各有其源。主人意志是高贵的贵族意志，它是"完善的、圆满的、幸福的、有力的、胜利的"，它因完满而充溢、创造价值。对主人而言，恶只是其创造价值——善（好）的过程中衍生出来的"次级创造，是附带东西和补充色调"，相反，在奴隶那里，"它（恶）是原型，是起源，是奴隶道德的一种真正的创造活动"[①]。主人是价值创造的源泉，他们高贵、自信、充实，根本无需怨恨；而奴隶妒忌主人、又因无能、惧怕而隐忍不发，是滋长怨恨的温床，遂成为篡改价值图表的肇始者。

与尼采不同，舍勒不把怨恨作为某一类人（如奴隶）所特有的一种属性，而是将其看做一种情感"体验单位"。尼采论著的格言文体，隐喻、反讽和酣畅淋漓的情绪注入增强了其文章论战的冲击力，但却掩盖了思想主张的内在理路。这一遗憾在舍勒那里得到了补充（当然两者之间存在着差异）。在《道德建构中的怨恨》（1913）（下文简称《怨恨》）一文中，舍勒从此现象学（实事的特征表述）的角度（尼采主要是历史的谱系学方法）对怨恨做了精彩的现象学描述。舍勒强调指出："怨恨是一种有明确的前因后果的心灵自我毒害。这种自我毒害有一种持久的心态，它是因强抑某种情感波动和情绪激动，使其不得发

---

① ［德］尼采：《论道德的谱系·善恶之彼岸》，谢地坤、宋祖良、程志民译，漓江出版社 2000 年版，第 23 页。

泄而产生的情态。"① 这是舍勒对怨恨的整体性描述。具体言之，舍勒的怨恨表述主要有以下几层含义。

首先，怨恨涉及一种情感波动，这种情感最先建立在对他人情态的现行理解之上，既是一种回答反应。在舍勒那里，与怨恨相关的情感波动和激动情绪主要包括报复感和报复冲动、仇恨、恶意、羡慕、忌妒、阴毒等。事实上，情感波动、情绪激动是人之为人的一种正常生理现象。如当某人的尊严遭受粗暴侵犯，其内心中产生强烈的愤慨，进而产生或言语或武力的报复冲动，这实属人之常情，并不构成怨恨。只有当这种报复感产生，但由于软弱、无能或惧怕等原因，强抑这种报复冲动，使这种情感得不到宣泄则容易产生怨恨情态。因此，"怨恨产生的条件只在于：这些情绪既在内心猛烈翻腾，又感到无法发泄出来，只好'咬牙强行隐忍'——这或是由于体力虚弱和精神懦弱，或是出于自己害怕和畏惧自己的情绪所针对的对象"②。

其次，怨恨的产生的土壤首先限于仆人、被统治者、尊严被冒犯而无力自卫的人。当然，这并不意味着，这些弱者一定具有怨恨或者怨恨只在这些弱者身上产生。例如，一个仆人受到主人的虐待，如果他在"前厅叫骂"，因情绪得到宣泄而不易产生怨恨，如果他依然在"强颜欢笑"，将愤怒深埋心底，倒是有可能"染上怨恨的内毒"。这里，舍勒没有停留在抽象层面泛泛而论，而是深入到怨恨产生的社会历史条件当中。他认为，在一个等级森严的社会制度下（如印度曾有过的社会制度），自感、自认是奴才的仆人，在受到主人的伤害时，往往不会产生任何报复感。同样在均贫富的社会制度下，社会怨恨同样表现为很少。但是，在一种人人都有权利与别人相比，然而事实上又不能相比的社会中常常容易聚集强烈的怨恨，而当前宣扬人人平等的资本主义社会就具有这样的特征。这点我们稍后将在下面展开。

再次，怨恨具有伪造价值图表的能力。"伪造"一词暗含着存在真正的价值图表，而事实上这种真正的价值图表在舍勒和尼采那里却不同的（这看起来有些悖谬，笔者将在下面着重展开）。舍勒认为："能够

---

① ［德］舍勒：《舍勒选集（上）》，刘小枫选编，上海三联书店1999年版，第401页。
② 同上书，第404页。

基于怨恨的伦理价值判断从来就不是真实的，而是虚假的、基于价值假象的价值判断，以及与之相应的行动意向和生活意向。"① 一般而言，权力、健康、美等正价值是一个社会中的民众所普遍认可的，但是，当怨恨之人无法驾驭、拥有这些价值的本性或事物时，他们的价值感就会发生转向，即认为这一切都毫无价值。"在价值感发生转向、与思想相应的判断在集体中扩散之后，这些人（强大、健康、富有、美好的人）就再不值得羡慕，再不值得仇恨，再不值得去报复了；相反，他们倒值得怜恤，值得同情了。"② 正是通过这种所谓的"伪造价值图表""重新评价""偷换本义"，价值一步一步地转变为完全相反的评价，道德价值判断的向度发生了逆转，价值的颠覆产生了。

根据上面的论述，我们可以看出，尼采和舍勒对怨恨的内涵、对怨恨伪造价值图表的作用，对怨恨的承载主体等方面的看法基本一致。但从怨恨情感出发，对道德起源问题进行探究时，二者却得出了迥然相反的结论：尼采的批判指向是基督教道德，而舍勒则将目光瞄准现代仁爱。同时，舍勒认为，"尼采在论及一种怨恨伪造的价值图表时，他自己其实就是在伪造。另一方面，他自己是伦理学中的怀疑主义者和相对主义者"③。而对价值相对主义的批判恰恰构成舍勒价值批判的重要内容之一。现在的问题是，为何两位思想大师在同一起点出发，却得出如此迥异的结论呢？下面我们从尼采和舍勒思想逻辑自身分别展开论述。

二　怨恨与奴隶道德

在《谱系》一文中，尼采试图通过谱系学（历史）的方式来追问道德的起源。尼采首先与英国道德史学家的论断划清了界限。尼采认为："历史精神自身却与道德史学家相分离……这些道德史学家的思维……在本质上都是非历史的……他们撰写的道德谱系……其拙劣从一

① ［德］舍勒：《舍勒选集（上）》，刘小枫选编，上海三联书店 1999 年版，第 431 页。
② 同上书，第 436 页。
③ 同上书，第 431 页。

开始就暴露无遗。"① 尼采所针对的道德史学家，主要指英国的功利主义伦理学家，他们把善的概念起源与无私行为联系在一起，认为人们从功利方面去赞扬这种行为，并称之为善；后来人们忘记了这种赞扬的起源，由于无私行为在习惯上总被赞扬为善，因此干脆把无私行为本身当作善。尼采尖锐地批驳了功利主义观点，他指出："这种理论是在错误的地方寻找和设定善的概念的原本起源地。对善的判断并非起源于那些受益于善行的人！正是那些善人自己才是这一判断的起源。"② 即是说，善与后果、功利目的等无关，而是善人（高贵的、有权势的、上层的）自发创造的，因此，功利主义伦理学本质上是本末倒置的。

为什么同样采取历史的道德谱系方法，尼采与道德史学家的结论却截然不同呢？这主要源于二者理论前提的不同。这里需要补充一点尼采的意志哲学理论。我们知道，古希腊哲学开启了西方哲学的理性传统，但当时的理性主要是一种静观、沉思的理性。到了中世纪，意志才以上帝的人格化的方式进入哲学的视域。近代以来，伴随着主体性的觉醒、理性取代了上帝成为评判一切的标准，并在康德那里达到了充分自觉。除了现象界的认识能力之外，康德将实践理性作为人的道德行为的根据，因此，意志自由有了自己的一份合法天地。但康德的意志说白了仍是一种理性，它的内涵无非是祛除经验的限制，自己为自己立法，自己作为自己的根据。这样的意志自由强调自律、动机、出自义务、绝对律令、普遍法则；而它的人格性的主动性和创造性安在？在黑格尔的理性极端化形式之后，叔本华赋予了意志以至高地位，认为这是独立于理性之外的人之根据。然而，叔本华的意志是生存意志，是被欲求支撑着永不满足的虚无意志。正是在这一点上，尼采与叔本华哲学分道扬镳。虽然尼采同样强调意志相对于理性的独立原初地位，但他反对叔本华那种自我否定的软弱的、无我的病态意志，而高调呼请那种高贵的完满的、自身充溢价值、创造价值和自我评估价值的强力意志。

正是执着于这种意志哲学，尼采的道德谱系展现出了与功利主义道

---

① ［德］尼采：《论道德的谱系·善恶之彼岸》，谢地坤、宋祖良、程志民译，漓江出版社 2000 年版，第 12 页。

② 同上。

德学家不同的景观。在尼采那里，道德的根据既斩断了与上帝的连接，也隔绝了外在经验的束缚和人的理性的羁绊。换句话说，尼采的道德根据是人的意志。善或恶的起源的自足性前提是主人意志或奴隶意志，而不受什么上帝、无私、人类福祉、经验幸福、道德律令、义务等的束缚。主人意志和奴隶意志是相伴而生的，这就像猛禽和羔羊，羔羊怨恨大的猛禽毫不奇怪，但是让猛禽表现为不是强者，要求他们没有征服欲望、战胜欲望、统治欲望，不渴求对手、反抗和战斗胜利，即让猛禽变为羔羊，这是件荒谬的事情。同样道理，主人的意志，在历史上有罗马的贵族、阿拉伯的贵族、荷马史诗中的英雄等，在近代有拿破仑等，他们就是猛禽，他们高傲、自我肯定、自我保持，他们创造价值，蔑视一切，根本无需怨恨，因此，他们就是善的发端，并缔造了主人道德的发展史。而那些平庸、懦弱、无能的奴隶们，他们惧怕权威，心怀怨恨又隐忍不发，在暗地里筹划着最阴险歹毒的复仇行动，从而酝酿并发动了历史上的奴隶道德的起义。

既然主人道德优于且曾统治着奴隶道德，为何会导致当今的奴隶道德控制主人道德境况呢？这就要缕析怨恨在奴隶道德造反中的重要作用。尼采宣称："犹太人是道德上的奴隶起义的始作俑者。"这与犹太民族的历史境遇密切相关，它们把自己当作选民，具有无比强烈的民族骄傲，同时，又遭受到一种千百年来被感受为命运的鄙弃和贬斥。由骄傲和命运共同促成的巨大怨恨使犹太人成为最为阴险歹毒的复仇者。他们以一种坚忍不拔、始终不懈的坚毅，"通过彻底改变他们的敌人和专制者的价值观，也就是通过一个最阴险狡诈的复仇行动，而使他们向自己的妥协让步。"[①] 他们怀着刻骨铭心的仇恨（无能的怨恨），咬紧牙关地嘟囔着什么"唯有苦难者才是善人；唯有穷人、无能的人、下等人才是善人；唯有受苦受难的人、贫困的人、病人、丑陋的人，才是唯一虔诚的人，唯有笃信上帝的人，唯有他们才配享天堂的极乐。——相反，你们这些高贵者和当权者，永远是恶人、残酷的人、淫荡的人、贪婪的人、不信上帝的人，你们将永远遭受不幸，受到诅咒，并将罚入地

---

① ［德］尼采：《论道德的谱系·善恶之彼岸》，谢地坤、宋祖良、程志民译，漓江出版社 2000 年版，第 18 页。

狱！"道德上的奴隶起义就在怨恨篡改价值，伪造价值图表的那一刻开始了，而今"人类业已中毒了，一切都犹太化、或者叫基督化，或者叫做平民化，这是显而易见的"，"两千年前的起义今天对我们之所以模糊不清，仅仅因为它取得了全面胜利……"①

基于其强力意志理论，尼采为我们展现了充满怨恨的奴隶道德起义的历史图景，从而判定了基督教的爱是基于犹太民族仇恨之根上的精巧的怨恨之花。现今平庸的、平等的、自我保存、自我抑制的退化的生命意志恰恰是奴隶道德全面胜利的有力佐证，也是欧洲精神危机的深层原因。因此，尼采高调呼请超人，借以打碎欧洲虚无意志肆虐的颓废气象，恢复充满强力、自我肯定的生命意志。然而，当尼采将道德的根据归于人的意志，尤其是回归到具有主人意志的超人那里的时候，价值判断根据的客观合法性也就消失了，其带来的结果堕入了康德的所着力避免的价值相对主义和价值主体主义，而这恰是舍勒价值批判的核心所指。

三　怨恨与现代仁爱

尼采忧心于欧洲精神观念中日益没落的生命表现和征兆，以非凡的洞察力和巨大的理论勇气抗击基于怨恨的奴隶道德。这一点舍勒与尼采的立场是一致的。然而涉及具体的批判对象时，两者的结论却相去甚远。对舍勒而言，"基督教伦理的核心并非源于怨恨的土壤。另一方面……现代市民伦理的核心根植于怨恨"②。舍勒的结论主要基于其对爱在哲学史上的含义变迁的考察来实现的，即通过正确评价从古代的爱理念至基督教的爱理念的巨大的根本性转变（舍勒认为尼采对此的考察做得很不够，也很粗略），以及考察现代仁爱的爱之回返运动③来明晰怨恨在基督教伦理建构中，随后又在现代市民伦理之建构中起了什么

---

① ［德］尼采：《论道德的谱系·善恶之彼岸》，谢地坤、宋祖良、程志民译，漓江出版社2000年版，第18—20页。

② ［德］舍勒：《舍勒选集（上）》，刘小枫选编，上海三联书店1999年版，第441页。

③ 对于舍勒爱的思想的更为详尽的分析，请参见笔者《论舍勒爱的思想及其当代启示》（《许昌学院学报》2007年第6期）一文。

作用。

对古代的爱理念与基督教的爱理念的差别，舍勒认为主要表现在两个方面：首先，对古希腊人而言，人的天性分为理性和感性两个部分，爱则是属于感性范围的一种事态；而在基督教伦理范畴中，爱巍然君临于理性范畴之上，是一种超自然的精神意向，这一精神意向打破并消除自然本能生命的一切正当性。其次，爱的运动方向不同。在古希腊的道德和世界观中，爱是一种从低至高、从较不完善到较为完善，从未塑成形至已塑成形，从不存在到存在的一种自下而上的追求、趋向。而在基督教的观念中，爱并非自下而上，而是表现为："高贵者俯身倾顾贫穷者，美者俯身倾顾丑者，善人和圣人俯身倾顾恶人和庸人，救世主俯身倾顾税吏和罪人——而且，与古人不同，并不害怕这样一来会有失身份，会变得不高贵。"① 可见从本质上讲，基督教的爱是非功利的、不求回报的、绝对的爱，是"内心深处信赖自身生命力本身"，是"生命遭遇机体偶然事件是的一种内在自信"。换言之，在舍勒看来，基督教的对弱者、病人、卑微者的爱与牺牲源于内在的踏实和自身的生命充实。在这里面只有一种福乐的、发自力量和崇高之充溢的自信，而找不到丝毫的怨恨。

以基督教的爱理念为根基，舍勒认为尼采关于基督教道德的起源是一个含义深刻的假说。问题是，尼采是如何陷入谬误的，以及对他来讲为何会陷入如此程度的假象。舍勒认为根源在于：其一是尼采用来衡量基督教道德的价值尺度错了。尼采高扬生命价值，强调强力意志，用超人取代上帝。在舍勒看来，这是一个基本的误识，它必然把基督教的价值贬为一种没落价值——生物学意义上的生命价值。而在舍勒的逻辑里，生命价值只是一个较低级的价值样式，在生命价值之上还有更为崇高的精神价值和神圣价值。如果真像尼采那样把生命价值当作最高的价值，绝对客观的价值如何保全，价值相对主义、虚无主义如何遏制。所以，舍勒认为，生命价值位置的确定是他与尼采的哲学上的根本性的分歧。其二，尼采在事实上歪曲了基督教道德。基督教的挚爱原本就不是一种生物学的、政治的或社会的原则。这种挚爱首先指向人格的精神核

---

① ［德］舍勒：《舍勒选集（上）》，刘小枫选编，上海三联书店 1999 年版，第 443 页。

心、个体位格本身；在个体的位格中，人可以个体地在爱中直接分享上帝。因此，在基督教的意义上，爱总是涉及人身上的观念的、精神上的自我和人与上帝国里的同胞。忽视此事实，导致了尼采将基督教的爱与一种截然不同的、产生于迥然相异的历史基础和心理基础的爱混为一谈，从而导致了尼采将基督教的爱误解为怨恨之花。

在割断了基督教的爱与怨恨的关联之后，舍勒将目光瞄准现代仁爱（特指人本主义的、对人类的爱的观念和运动），认为不是基督教道德，而是"现代仁爱运动的核心……基于怨恨"[①]。舍勒的论据如下：首先，现代仁爱之目光和兴趣投在人之本性中最低下、最具动物性的方面——这些方面是一切人都有。例如，当某人受到谴责或控诉，而人们又愿意原谅他，于是说："他毕竟也是人"，"人非圣贤、孰能无过"等等，换言之，即使一个人一无所是，但他毕竟是人（族类）。可见，现代仁爱的方向是符合族类，它以低下者、最具动物性的方面为标准，而不是以让人以高贵者、最高的人性标准看齐。这显然是对更高的积极价值的仇恨的结果。二是现代仁爱强调对社群的亲近邻睦，而对共同体的内在价值表示反感，这是作为被抑制的祖国之恨而产生出来的。三是现代仁爱的核心精神被界定为"利他主义"（孔德），这无疑是基于恨自我和逃避自我的一种结果。利他主义是一种自我肯定的空场，这种类型的人不能正视自己本身，进而逃避自我、倚重他人、群众或常人（海德格尔语）。因此这种生活方式和感受方式是病态的，它只不过以一种更高道义的假象来掩盖日益没落的生命迹象。现代仁爱把爱的突出价值以及与爱的行为相关的福祉置于种种快乐之下，从而失去了基督教道德的那种为人格树立卓越的楷模，为人类拟定方向的召唤维度，沦落为提高群众享乐的仆人的角色。正是在此意义上，舍勒认为现代仁爱是"奴隶价值的起义"。

四　理论分歧的深层原因及其评价

根据上面的分析，我们可以看到，尼采和舍勒对欧洲精神状况的诊

① ［德］舍勒：《舍勒选集（上）》，刘小枫选编，上海三联书店1999年版，第479页。

断既有共同点，也有明显的差异。然而，这种差异仅靠怨恨范畴的分析是不能充分去蔽的。换句话说，尼采和舍勒对基督教道德和现代仁爱的理论分歧还有更深层的原因。概括而言，笔者认为主要有以下几点。

（1）理论立场不同。舍勒是虔诚的天主教徒，其理论的基础，以及建构价值伦理学、开展价值批判，抗击价值相对主义都是上帝的存在为前提的。而尼采的文化批判以叔本华的意志主义为原点，以超人而不是上帝为人类救赎的希望。因此重返基督教传统道德与彻底颠覆基督教道德构成了二者理论的根本差异。

（2）理论方法不同。作为现象学的重要创始人之一，舍勒运用情感现象学的本质还原方法，以体验为根据，而不是经验主义心理学的人为构造为根据分析怨恨产生的情绪起点及其演进。而尼采同样具有敏锐的感受力和洞察力，但其道德起源的分析主要是历史的谱系学方法。

（3）理论根据不同。舍勒的理论根据是客观的价值伦理学。在舍勒看来，价值是客观的、绝对的一种本质存在，它对理性和意志是封闭的，只有在情感的意向行为中才能敞开。同时，客观的价值具有永恒的秩序，它们从低至高包括感性价值、生命价值、精神价值和神性价值。因此，怨恨作为一种情感，篡改的不是价值及其永恒的秩序，而是人的价值感或价值的偏爱结构。而尼采的理论根基是强力意志，因此，生命价值的彰显是尼采理论的价值所指，以此为根基，尼采对当今社会自我保存、向低级看齐，追求平均主义的没落的生命现象加以拒斥，认为这正是怨恨的奴隶道德起义的结果，也是欧洲精神危机的根源。

（4）目的不同。舍勒的价值批判的目的是价值相对主义①。借助于现象学方法，舍勒并没有陷入情感主义的价值相对主义和价值主体主义。同样根植人心与上帝的爱之秩序的坚定信念，舍勒同样认为价值秩序的一维性、客观性和永恒性。因此，舍勒批判功利主义以人类福祉为目的价值相对主义，试图扭转现代人过度沉迷于有用的感官价值，过着动物一样的物欲生活的精神风貌，恢复人的精神之在，神圣之维。尼采同样看到了欧洲精神状况的没落的生命现象，试图将人们从自我保存、

---

① 对于舍勒对价值相对主义的批判，请参见笔者《论舍勒对价值相对主义的批判及其当代意义》（《佳木斯大学社会科学学报》2007年第4期）一文。

自我否定的欲求填充着的虚无意志状态中超拔出来，恢复充满生机的、自信的、创造价值的昂扬生命动姿。

根据上述理论分歧的分析，我们可以看到尼采和舍勒的理论差异并不是孰是孰非就可以加以评判的问题。尽管西方的社会历史进程既没有采纳尼采的进路亦没有遵循舍勒拟定的方向（从这个意义上讲，尼采和舍勒都是悲剧英雄）。但是，西方文化危机日益凸显，现代性的问题备受关注，启蒙精神屡受质疑，价值相对主义、价值虚无主义空前肆虐，既然问题仍在，价值批判的哲学路径就有意义。此处，笔者暂时搁置尼采和舍勒具体结论的不同，试对基于怨恨的价值批判本身的意义和限度做一点发挥。

从理论贡献上看，西方自启蒙运动以来，人们沉醉于理性至上、技术万能，感受到了从未有过的本质力量的实现过程。人们从基督教禁欲主义的桎梏下摆脱出来，把上帝从至高无上的宝座上拉倒在地，人的感性、欲望、主体性得到了充分释放。乐观的近代人天真地以为，依靠理性、依靠人类自身，自由、平等、博爱、解放都会实现。而尼采和舍勒的价值批判告诉我们，这从一开始就是打着人类旗号的谎言，是人的生命意志自我堕落的历史进程。这一论断犹如当头棒喝，让人振聋发聩，由是观之，康德哲学的理性批判、霍克海默和阿多诺的文化工业批判、福柯的对权力控制的分析，都不过是人类自我堕落史内部的一种零敲碎打的自我修补，而绝非颠覆性的从头再来。人的本真存在如果就是道德的存在的话，道德根基的反思确实具有更根本的意义。从这个意义上说，尼采所宣称的"似乎根本不存在着比道德问题更为值得认真对待的食物，为此人们将得到报偿"[1]，确实具有更深的意味。

从其限度上看，西方的现代化过程是一个相当复杂的社会历史过程。韦伯的"可计算的合理化过程"社会学分析、马克思的商品、劳动、资本的政治经济学批判向我们展现了资本主义企业、法律及管理制度等的生发流转的极其丰富的内容。因此，仅仅通过怨恨一维考察人类文明的历史演进，解读当代欧洲文明的危机是乏力而抽象的。另一方

---

① ［德］尼采：《论道德的谱系·善恶之彼岸》，谢地坤、宋祖良、程志民译，漓江出版社2000年版，前言第8页。

面，从理论自身来看，尼采对主奴道德进行了精彩的刻画，但对主—主之间的道德关系语焉不详，其理论中的超人学说，强力意志理论等，从本质上讲，驳的到位，立的不足；解构有余，建设不足。就舍勒而言，其对基督教道德传统资源的倚重，在基督教式微的今天，其可行性和有效性仍待进一步的检验。但不管怎样，尼采和舍勒的理论的重要意义仍是不可低估的，其思想观念的理论价值和实践启示也正逐渐发挥着其持久的魅力，这恐怕就是我们不断重返文本，不断探究其思想深意的意义所在。

哲学解释学：实践哲学的当代复兴[*]

1966年，伽达默尔（Hans – Georg Gadamer）发表了《解释学问题的普遍性》一文，引起了哈贝马斯（Jürgen Habermas）的关注和批驳，后者于1970年发表了《解释学的普遍性要求》①一文，从而引发了著名的哈贝马斯—伽达默尔之争。这场争论的直接结果是"使伽达默尔转向了更加清晰地表达解释学如何是实践哲学的思想"②。1976—1979年，伽达默尔发表了多篇关于解释学与实践哲学的论文，并以《科学时代的理性》为题于1981年结集出版。伽达默尔的解释学实践哲学可以看作反思西方文化危机的一个重要尝试，也是现代语言学转向和现象学方法结合的重要理论成果，因此引起了国内外学界的普遍关注，其影响涉及哲学、语言学、文学等诸多领域，尤其对我国近年来的实践哲学的研究和转向意义重大。本文围绕哲学解释学与传统实践哲学的关系——为何说哲学解释学是实践哲学的当代复兴？哲学解释学复兴了哪种意义上的实践哲学？复兴意义上的解释学与传统实践哲学之间又有着怎样的区别和联系？——的辨析，厘清伽达默尔的实践哲学的背景、内涵、意义和限度，进而为我国学界开展实践哲学的研究提供一点参照性的向度。

一　为何说解释学是实践哲学的当代复兴

说解释学是实践哲学的当代复兴，其题中应有之义是说实践哲学作

＊　本文写于2009年5月，发表在《山西师范大学学报》（社科版）2010年第5期。

① 该文1970年发表于《诠释学与辩证法》，后收入《诠释学与意识形态批判》（1971）中。参见洪汉鼎编《理解与解释——诠释学经典文选》，东方出版社2001年版，第269页。

② ［美］约翰逊：《伽达默尔》，何卫平译，中华书局2003年版，第82页。

为一种哲学范式在西方哲学史上有其衰落期，而在伽达默尔的解释学那里又重新生长、壮大起来。我们抛开是哪一种意义上的实践哲学衰落了暂且不论（在本文第二部分展开），以便更清晰地探讨实践哲学的衰落与时代精神状况的转变之间的内在关联，因为这种衰落的结论是在伽达默尔对时代精神状况的诊断中突现出来的。在伽达默尔看来，"这个时代是一个科学的时代，科学正把自己自身和自己的应用扩展于整个世界"①。在科学的时代，事情"陷入一种窘境，它既触及精神科学，也触及实践哲学的正当地位，甚至触及实践理性在其效准意义上的正当地位"，"当自然科学的胜利进程在19世纪统治了一般的思想，历史科学本身便受到如此强烈的影响，以致实践哲学的传统完全落到了下风。哲学问题的重点完全转移到了所谓的认识论的范围"②。也就是说，亚里士多德肇始的实践哲学传统在近代日趋式微了，人们不再关注生存境遇中充满实践智慧的筹划、选择和善的目的论系统中的德性实现，而是偏好于不断翻新的技术对自然的控制和支配所带来的欲望满足，热衷于不断增加的物质财富带给人的感官刺激和享受。然而，"同一切期望相反，这种统治变得日益强大，从内部威胁着自由……它（指技术，笔者注）支配人类社会、公众意见的形成、每个人的生活行为、每个人对职业和家庭中时间的安排到了使我们震惊的地步"③。在这样的技术化的文明中，"个人的适应能力要比他的创造性能力更多地受到奖赏"，因为，专家社会同时也是一个职员的社会，"他（指职员，笔者注）必须保证自己是其所是的东西：一个为了机器平稳运行而被安在某个位置上的东西"④。实践堕落为技术，自觉自为的选择和筹划下降为是其所是的物化存在，技术彻底剥夺了作为人的本质规定性的自由。在伽达默尔看来，"这一切都是成熟的标志，或者可以说，是我们文明危机的标志"⑤。

---

① ［德］伽达默尔：《科学时代的理性》，薛华等译，国际文化出版公司1988年版，作者自序，第1页。
② 同上书，作者自序，第2、3页。
③ 同上书，第2页。
④ 同上书，第65页。
⑤ 同上书，第63—64页。

应该说，伽达默尔上述对时代精神状况的诊断并无新奇之处。虽然他求学的时代仍然是新康德主义意识哲学统领学术的时代，如其博士论文的指导教师那托尔普（Paul Natorp）就是新康德主义马堡学派的代表人物之一。但尼采对西方文明的谱系学颠覆，雅斯贝斯的对时代精神状况的透彻分析，胡塞尔对欧洲科学危机的历史目的论阐释，法兰克福学派的技术批判、大众文化批判，舍勒的价值相对主义、价值虚无主义批判以及海德格尔的对技术座架的哲学反思，等等。这些重要的思想事件对于伽达默尔来说绝不陌生，所以，伽达默尔的时代诊断充其量是延续了其师辈同行对科学主义的人文主义批判。

但是，伽达默尔解决问题的方式却是重量级的，体现了一位哲学大师吸纳和创新的精神气象。具体而言，胡塞尔仍囿于自我意识的认识论框架，其生活世界最终沦为先验意识还原一个通道；海德格尔抛弃了自我、主体、自我意识的话语框架，以解释学的方式描述人与作为客体的世界的偶在原初的共在状态，却终因末世学的悲观而堕入荷尔德林的诗性语言；伽达默尔则抓住了传统这一范畴，在海氏此在的有限性的基础上挖掘传统和权威对人的生存境遇的不可或缺的先在意义，从而拒斥了自启蒙现代性以来蔑视传统，高扬自我理性神圣地位带来的对人的异化。正如伽达默尔在其学术自传《哲学生涯》中所指出的那样，"'哲学解释学'之所以成为时尚并且经久不衰，其原因恰恰在于人们相信任何传统都能被超越，或者竭力想走出传统的约束"[1]。

二　哲学解释学复兴了哪种意义上的实践哲学

现在，我们回过头来看伽达默尔所说的实践哲学是哪种意义上的实践哲学。应该说，实践范畴在西方的思想传统中的涵义并非铁板一块：从历时性上看，有亚里士多德的伦理政治的实践观，培根的经验归纳法的技术实践观，康德的意志自由的自律实践观，等等；从共时态上看，有探讨实践范畴的元实践观，探讨政治哲学、道德哲学的部门实践观和

---

[1]　[德] 伽达默尔：《哲学生涯——我的回顾》，陈春文译，商务印书馆2003年版，第172页。

探讨实践是科学的应用的技术实践观。正因为此，伽达默尔在《黑格尔的遗产》一文中旗帜鲜明地宣称："在透彻思考解释学现象的过程中，我……越来越趋向亚里士多德的实践哲学的模式。"①

那么，亚里士多德的实践哲学又有哪些特质呢？我们需要有必要在此作短暂停留。我们知道，在西方哲学史上，亚里士多德是第一个明确提出实践哲学的哲学家。与柏拉图将其本体论的理念学说应用到政治领域不同，亚里士多德明确区分了不变事物的知识（即理论科学）和可变事物的知识（其中关于人事的知识被称为实践科学）。根据亚里士多德的理论，理论科学和实践科学的区别可以归结为四个方面：1. 研究对象不同。理论科学的对象是不变事物或变化的原因在自身之中，而实践科学的研究对象不是知识而是人的行为的改善。2. 研究的方法不同。理论科学是对事物原因的分析，以数学为楷模，运用原因—结果的逻辑推理原则，提供精确的知识。而实践科学动用的是灵魂中的推算或策划的部分，运用的是目的—手段的辩证推理方法，其研究只有粗略的确定性，因此需要经验材料的佐证和补充。3. 研究的目的不同。前者寻求的是论证性的知识，后者不是为了发现原因或知识，而是阐明人的行为现象，寻求行为的适度和中道，进而使之符合德性。4. 运用的智力资源不同。理性科学依靠的是灵魂的理性部分中的逻各斯的部分，实践科学则依靠灵魂的理性部分中的谋算或实践的部分，包括灵魂的非逻各斯，即欲望的部分。②

以理论科学和实践科学的区分为基底，亚里士多德进一步区分了以可变事物为研究对象的实践和技术两个范畴。第一，技术与创制相关，属于理智理性，以制造出的产品为目的，依靠一种外在目的。实践与明智相关，属于伦理理性，其不仅以某种外在善——如财富、荣誉等为目的，也以实践活动自身，即德性为目的，因此兼具理论科学与实践行为双重性质。第二，一切技术都与生成有关，创制的起点在创制者，而不在被创造者中。明智是一种实践智慧，它善于策划对自身的善以及有益

---

① ［德］伽达默尔：《科学时代的理性》，薛华等译，国际文化出版公司1988年版，第53页。

② 参见［美］卡恩斯·劳德、［古希腊］亚里士多德：《政治哲学史》（上），［美］施特劳斯、克罗西波主编，李天然等译，河北人民出版社1993年版，第125页。

之事，但不是部分的，而是对整个美好的生活有益。① 所以，明智的起点在现实活动及其践行德性的过程中。第三，创制不是必然的，而是一种巧遇，是创制智慧；良好的实践以自身为目的，明智在实践之外创制不出什么东西来，在明智中作为德性则表示欠缺，这就清楚表明明智是种德性而不是种技术。②

可见，亚里士多德的实践哲学有着超越性的维度，它以最高的善为目的，寻求适合中道的德性品质的实现。在这样的理论框架下，技术、以及掌握技术的工匠（科学时代被称为专家）受到目的善（现在称价值理性）的约束和引导。在亚里士多德的心目中，追求不变事物的非功利的爱智之学（理性）高于实践智慧的明智（实践），复高于以外在目的为旨归的创制（技术）。这样，在对技术的反思和批判上，伽达默尔与亚里士多德走到了一起，或者说伽达默尔通过回归并借助亚氏的实践智慧抗击技术理性的肆虐和侵袭。但对亚氏宣称的那种为求知而求知的爱智之学，伽达默尔却未必完全赞同。因此，现在我们要接着追问，哲学解释学是亚氏实践哲学的简单恢复么？哲学解释学有没有异质于传统实践哲学的东西？或者说，哲学解释学在何种意义上复兴了实践哲学？

三 哲学解释学在何种意义上复兴了实践哲学？

众所周知，伽达默尔的学说是解释学，其核心理论之一是视界融合。换句话说，伽达默尔是带着自己的视界和问题意识去解释进而理解亚里士多德的实践哲学的。正如伽达默尔所言，不管我们"如何力图进入原作者的思想感情或是设身处地把自己想象为原作者"，我们都不可能将"作者原始心理过程"重新唤起，"而是对本文的再创造（Nachbildung）"。③ 因此，我们可以断言，伽达默尔恢复的实践哲学是

① ［古希腊］亚里士多德：《尼各马可伦理学》，苗力田译，中国社会科学出版社 1999年版，第124—126页。

② 同上书，第127页。

③ ［德］伽达默尔：《真理与方法——哲学诠释学的基本特征》（下），洪汉鼎译，上海译文出版社 2004年版，第498页。

经过其解释了的，或者说创造过的实践哲学，绝非（在伽达默尔那里也不需要）是原本意义上的亚氏的实践哲学。那么这里我们就有必要辨析亚氏实践哲学和伽达默尔哲学解释学意义上的实践哲学之间的区别。

从根本上说，这两种实践哲学在时代背景、问题意识、思维方式上有着明显差别。在古希腊，自然人的一切关注和活动都是朝向世界的，在某种程度上，希腊的生活和工作的区域是一个周围世界，它的时间和空间包围着他，而他将自己考虑为世界的一部分。这是一种纯粹旁观者的态度。① 因此，古希腊哲人的思维方式是主客不分的本体论思维方式。他们寻求最后的根据、本原、逻各斯，并将其作为现世中人安身立命的根本。例如，柏拉图将其理念学说作为现实世界模仿的原型，其理想城邦展现为理性——哲学王、激情——武士、欲望——工匠的等级排列和各守其责。亚里士多德虽然区分了理性科学和实践科学，但这种区分"归根结底只存在于知识当中，它并不表现为科学及其应用的矛盾。"进而言之，"实践甚至不是理论的对立物"，在最高的意义上，"只有那种活动于思想领域，并且仅仅为这种活动决定的人，才可以被称作为行动者。在这里，理论本身也是一种实践"。② 因此，伽达默尔指认，"希腊哲学本身得以立身的那个基础，当然是这种无限的求知本性，但确实不是那个我们称为科学的东西……相反，通常我们成为科学的东西甚至大部分并没有进入古希腊'哲学'一词的使用范围之内。'经验科学'这种表达，在希腊人听来会是刺耳的，他们只称那些东西为历史和资料"③。

至于近代哲学问题的认识论转向，无论其发生的年代和源起有多少争议，根据伽达默尔的认定，"它最初由伽利略在局部的研究领域中形成，哲学上则由笛卡儿首次奠定"④。具体地说，"随着伽利略的力学及

---

① 张廷国：《重建经验世界——胡塞尔晚期思想研究》，华中科技大学出版社 2003 年版，第 118 页。

② ［德］伽达默尔：《科学时代的理性》，薛华等译，国际文化出版公司 1988 年版，第 78 页。

③ 同上书，第 4—5 页。

④ 同上书，第 5 页。

其研究方式扩展到整个经验领域，一种新的科学观念出现了，这种科学观念不依赖于第一哲学的基础，不依赖于有关实体作为真正存在的学说。"①在哲学上，笛卡儿运用普遍怀疑的方法确立了自我意识的阿基米德点和主客、心物二元的思维方式。沿着笛卡儿清理的地平，近代哲人不再探讨自在世界的存在问题，转而思考我们究竟能够认识什么的问题。世界变成了可观察、供宰制的冷静客观的对象极，自我意识、主体、主观认识能力、心灵等等成为另一极，技术作为中介逐渐成为近代人控制、支配自然的有力工具，而实践的涵义则相应转变为"理论和科学的应用"②。

面对近代科学主义和技术理性的恣意泛滥，伽达默尔有着清醒的理论自觉。他试图使 20 世纪的哲学"从笛卡儿强调的自我意识中走出来"，摒弃个体自我的基础地位，"突出哲学的对话性和人类生存的对话性"。③ 在伽达默尔看来，"尼采比笛卡儿更深刻、更根本地提出了怀疑的必要性。在后者看来，所谓清楚明白的自我意识构成了一切必然性的完全无法动摇的基础。但是，反思的自我意识的幻觉，自我知识的偶像等，恰恰是尼采最可宝贵的发现。"④而"海德格尔转向关于事实性的解释学，就是背离按新康德主义模式强调意识的唯心主义，而胡塞尔也正是出自这种模式的。"⑤ 沿着海德格尔的路向，伽达默尔突出此在的有限性和历史性，将理解视为此在本身的存在方式，进而将解释学发展为"关于人的定在的普遍分析论"。

可见，在亚里士多德的实践哲学是前科学时代主客不分的本体论思维模式下对人的伦理政治生活的理论思考；其旁观者的观世态度，终极价值的悬设、着眼于善和德性实现的自由选择是其实践观的时代偏见。而伽达默尔的实践哲学是在对科技时代的技术批判和自我意识为主导的认识论哲学的拒斥中出场的，由现象学带来的生活世界的转向和海德格

---

① ［德］伽达默尔：《科学时代的理性》，薛华等译，国际文化出版公司 1988 年版，第 138 页。

② 同上书，第 79 页。

③ ［美］约翰逊：《伽达默尔》，何卫平译，中华书局 2003 年版，第 1 页。

④ ［德］伽达默尔：《科学时代的理性》，薛华等译，国际文化出版公司 1988 年版，第 88 页。

⑤ 同上书，第 35—36 页。

尔对有限此在的生存境遇的解释学描述是其重要的理论背景，对传统、视界、对话、语言等的强调使其解释学较之传统实践哲学具有了更加丰富的内涵。

四 哲学解释学与实践哲学的本质联系

在前面对伽达默尔解释学产生的时代背景、问题旨趣、与实践哲学的区别论述的基础上，我们现在来分析一下哲学解释学与实践哲学的家族相似性，以及揭示作为实践哲学的解释学在理论上的与时俱进。在笔者看来，这主要体现在三个方面。

第一，对话居于伽达默尔"解释学理论中的中心位置"[①]。这里的对话并非日常生活中的闲聊，面对面地口头问答，而是特指读者与文本之间的"问答逻辑"，这一问答逻辑被伽达默尔视为哲学解释学的一种"基本原则"。而这一原则的发现，源于伽达默尔对柯林伍德自传的阅读。伽达默尔发现，"柯林伍德不是靠幸运的考古发现这种偶然事件来说明罗马的边界走向，而是通过预先提出和回答这样一个问题：当时必须怎样建立这样的防卫设施才是合理的？"[②] 同样，只有把一个文本或陈述理解为"对一个问题的回答时，才能'理解这个问题'"[③]。在这里，"优先于所有知识和解释的那种引发动机的兴趣，问题的秘密，突然地占据了中心位置。"[④]因此，伽达默尔强调，哲学解释学与传统解释学判然有别的首要因素就在于："哲学解释学更感兴趣于问题，而不是答案；或者，更确切地说，它将叙述解释为对于问题的回答，并把对问题的理解当成自己的任务。"[⑤]

伽达默尔突出强调语言的对话性有着特别的用意。首先，对话是主体间发生的事情，把对话性放在突出的地位可以克服近代认识论哲

---

① [德] 伽达默尔：《科学时代的理性》，薛华等译，国际文化出版公司1988年版，第40页。

② 同上。

③ 同上。

④ 同上书，第41页。

⑤ 同上书，第93—94页。

学"把中心确定在自我意识的主观性中的做法"①。其次，伽达默尔试图通过这种方式来支持海德格尔所领导的"反对重新落入形而上学语言的斗争"②。再次，对话的流动性呈现出了语言的对话结构。这种对话结构表现出了一种"非教条的辩证法"和形成了一种"公共语言的方式"，以及可以显露"存在的逐步昭示如何也以这种方式发生的"。③ 最后，对话解释学与亚氏实践哲学有着本质关联性。对话的说服性不同于科学的证明程序，这与实践理性运用目的—手段的辩证推理方法，其研究只有粗略的确定性相似。另外，对话的目的也不似科学那样剔出特殊性，寻求可普遍化的规律、公式，而是试图达到主体间的理解和共识，这也与亚氏实践科学研究人的行为现象具有同质性。

第二，与传统解释学不同，哲学解释学强调理解、解释和应用的三位一体。伽达默尔认为，"理解和解释归根到底就是一回事"，换句话说，"理解的进行方式就是解释"。④ 例如，在翻译中，人们通常认为是先理解了，再进行解释和语言转换。然而，根据哲学解释学的理论，翻译者恰恰在解释的过程中才理解的。"理解不仅仅对于我们正为之解释的对方来说，同样也对于解释者本人来说，只有在解释的语言的表达性中才能实现。"⑤ 简言之，理解的可能性依赖于进行中介的解释的可能性。进而言之，理解和解释的一致性源于视域融合的发生，因为"在重新唤起文本意义的过程中解释者自己的思想总是已经参与了进去"，因此理解和解释的前提是解释者以自己的视域参与文本意义的建构，通过语言的媒介将对象表述出来。

另一方面，理解、解释与应用密不可分。这在神学、法律的解释学的过程中表现明显。当一个法官在适用一款法律条文时，往往是把具有普遍意义的法律精神具体化、当下化。当然这不意味着法官在创造或制

① [德] 伽达默尔：《科学时代的理性》，薛华等译，国际文化出版公司 1988 年版，第51 页。

② 同上。

③ 同上书，第 51—52 页。

④ [德] 伽达默尔：《真理与方法——哲学诠释学的基本特征》（下），洪汉鼎译，上海译文出版社 2004 年版，第 502 页。

⑤ 同上书，第 514 页。

定一种全新的法律，而是说，法官的使命在于使法的精神在当下产生效力，具有活力，从而保证法律的权威和公正性。因此，伽达默尔强调："应用（Applikation）乃是理解本身一个要素。"① 法官的那种对"生活富有实践影响"的法律判决必须基于"'正确的'解释，这也就必然地在理解本身中包含着历史和现在的沟通。"②

第三，哲学解释学强调自己不是方法，而是哲学。伽达默尔将解释学描绘为一种哲学学说，而没有将其当成一种"解释和说明程序"。这基于伽达默尔对语言性质的认定，"因为我们对语言的使用，或者确切地说，每当我们思考时语言在我们那里所训得的使用，渗透了我们对世界的全部经验。它在不断地实现着对普遍东西的具体化"③。换句话说，语言不是供我们使用的一种工具，一种作为手段的装置，而是我们"赖以生存的要素，而且我们永远也不可能把它客观化到使之不再围绕我们的程度"④。正是在此意义上，伽达默尔声称："理解不属于主体的行为方式，而是此在本身的存在方式"⑤ 在伽达默尔看来，解释学标志着"此在的根本运动性，这种运动性构成此在的有限性和历史性，因而也包括此在的全部世界经验。"⑥ 因此，解释学是哲学，并且是实践哲学。

综上可见，伽达默尔的实践哲学具有重要的理论意义。首先，它是现代西方哲学范式的生存论转向中的一个重要理论成果。对于抗击近代认识论意识哲学割裂人与自然的同一关系，剥夺人的自由本性，物化人的生存样式具有重要的纠偏意义。其次，伽达默尔的哲学解释学试图恢复亚里士多德的实践传统，并在其中注入历史性的内涵，在人的存在方式的本体论层面上强调实践的整体性，从而使实践哲学生发出了历史性、总体性的维度。再次，伽达默尔的实践哲学可以看作是一种交往实践论。正如丁立群教授所指出的那样，它的提出有利于克服"传统实

---

① 洪汉鼎：《理解与解释——诠释学经典文选》，东方出版社 2001 年版，第 174 页。
② 同上书，第 174—175 页。
③ ［德］伽达默尔：《科学时代的理性》，薛华等译，国际文化出版公司 1988 年版，第 44 页。
④ 同上。
⑤ 洪汉鼎：《理解与解释——诠释学经典文选》，东方出版社 2001 年版，第 172 页。
⑥ 同上。

践理论只研究人与自然的关系"的弊端，使人们重新关注"在实践中
结成的人与人的主体间的关系"。① 这在科学主义和技术实践论高歌猛
进的时代，其现实意义尤为突出。

---

① 丁立群：《实践观念、实践哲学与人类学实践论》，《求是》2000 年第 2 期。

试论卢卡奇对马克思
人学思想的理论掘进[*]

1923 年，卢卡奇发表了《历史与阶级意识》一书。这一重要的思想事件，不仅引发了波澜壮阔的西方马克思主义运动，而且对正统的马克思主义者，尤其是对马克思的人学思想亦具有重要的发展和推介作用。即使今天，这一著作的思想光芒仍在持续，这从国内学界对总体性研究的再度升温和现实生活中物化现象的立体侵袭便可见一斑。作为一名颇具原创性的思想家，卢卡奇的思想背景里有着西美尔和韦伯的影子，有着西方理性主义哲学的滋养，尤其与作为思辨理性大师的黑格尔之间若即若离。换句话说，卢卡奇不是跟在马克思背后亦步亦趋的学生，毋宁说是其天才的洞见和对现实的关切使卢卡奇逐渐祛除黑格尔的影响与马克思走到了一起。因此本文通过梳理卢卡奇的总体性思想，试图缕析卢卡奇与马克思人学思想的异同，借以厘清总体性思想的理论意义及其限度，算是抛砖引玉，求教于学界同仁。

一 为何要提出总体性? 何为总体性?

卢卡奇提出总体性思想有其强烈的思想动机和功利指向，即试图依据变化了的历史条件（无产阶级暴力革命在西方各国屡遭失败的境遇）重新反思传统马克思主义的革命观，为无产阶级革命或人类自由解放制定新的策略。在《历史与阶级意识》一书中，卢卡奇将批判矛头指向当时所谓的正统的马克思主义者——第二国际的右倾理论家们。这些理

---

* 本文写于 2008 年，发表在《南通大学学报》2009 年第 3 期。

论家试图用机械的、经济决定论的方式曲解马克思的思想。在他们看来，马克思的思想不是开放的、发展的思想理论，而是一劳永逸地解决了所有理论问题和现实问题的"绝对真理"。卢卡奇对这种无批判地、僵化地理解马克思主义的方式进行了批驳。他指出："正统马克思主义并不意味着无批判地接受马克思研究的结果。……恰恰相反，马克思主义问题中的正统仅仅是指方法。它是这样一种科学的信念，即辩证的马克思主义是正确的研究方法，这种方法只能按其创始人奠定的方向发展、扩大和深化。"①

卢卡奇此处对正统的马克思主义（即何为真正的马克思主义）的界定是天才的。这与第二国际的理论家们对马克思"这个或那个论点的信仰"或"圣经式地注解"马克思某本著作的方式形成了鲜明对照。可是，作为马克思的同事、朋友或其学生的这些第二国际理论家们为什么会以教条式的、机械的、经济决定论的视角去解读马克思的思想呢？笔者认为主要有两方面的原因。

一是受近代以来西方传统哲学知识论主流话语的影响。众所周知，西方近代哲学演进的背景是自然科学的繁盛、学科的专门化、主体自我意识的觉醒和我思理性的膨胀。无论是笛卡尔、斯宾诺莎、莱布尼兹等唯理论诸家，还是洛克、贝克莱、休谟等经验论翘楚，他们都试图寻找知识的确证性来源。尽管在方法（演绎法或归纳法）、知识来源（天赋观念或感官经验）、真理标准（清楚明白或认识与对象的符合）等诸多方面存在差异，但他们都坚信以牛顿力学为代表的物理学和数学知识的真实性。而德国古典哲学的奠基人——康德则将其哲学研究的使命之一确定为破除怀疑论的狡计，为科学的知识留有地盘。到了 19 世纪末 20世纪初，随着科技理性的僭越和实证主义学说的盛行，人们对技术理性的狂热达到了无以复加的程度。受这种思维惯性的影响，人们从知识真理的角度去看待他们所信奉的马克思主义思想也就在情理之中了。

二是与人们当时所接触到的马克思的第一手文献状况有关。我们知道，集中表述马克思的异化理论和实践哲学的三部著作是《1844 年经

① ［匈］卢卡奇：《历史与阶级意识——关于马克思主义辩证法的研究》，杜章智、任立、燕宏远译，商务印书馆 1992 年版，第 48 页。

济学哲学手稿》《关于费尔巴哈的提纲》和《德意志意识形态》。然而，由于种种原因，上述著作在马克思的有生之年及马克思逝世后的相当一段时间内没有出版。这样，在第二国际理论家的视野中，他们读到的马克思的文献主要是从"市民社会决定国家"的思想命题到唯物史观的"经济基础决定上层建筑"的思想命题，而独具人道主义意蕴的异化理论学说则直到1932年《1844年经济学哲学手稿》的发表才得以知晓。因此，第二国际右倾理论家们理论视野中的马克思俨然只是经济基础决定上层建筑的冷静、实证、一维的马克思。

那么，卢卡奇又是如何破除这种知识真理论的枷锁，以一种更加开放的、革命的、总体性的方法视阈来解读马克思主义思想的本质的呢？这主要源于青年卢卡奇的理论知识背景和其强烈的现实关怀。在理论知识背景方面，卢卡奇在《历史与阶级意识》一书的1967年新版序言中坦承："当时（1908年，笔者注），引起我兴趣的是作为'社会学家'的马克思：我通过在很大程度上由西美尔和麦克斯·韦伯决定的方法论眼镜去观察他。第一次世界大战期间，我再次着手研究马克思，不过这次已经是为我的一般哲学兴趣所驱使：主要不再是受当时的精神科学学者，而是受黑格尔的影响。"① 可见，在青年卢卡奇那里，韦伯的社会学方法和黑格尔的辩证法思想成为其走向马克思，解读马克思，又"偏离"马克思的一个重要理论背景支援。

一方面，韦伯对现代资本主义企业合理化过程的社会学分析为卢卡奇的物化学说奠定了基础。在《历史与阶级意识》一书的"物化和无产阶级意识"一文中，卢卡奇对物化现象的生成进行了鞭辟入里的分析。卢卡奇首先强调："在论述这个问题本身之前，我们必须明白，商品拜物教问题是我们这个时代、即现代资本主义的一个特有的问题。"② 换句话说，只有当商品问题表现为资本主义社会生活各个方面的核心的、结构的问题时，商品拜物教才会彰显其全部特性。然而"这里重要的是这样一个问题：商品交换及其结构性后果在多大程度上能影响整

---

① ［匈］卢卡奇：《历史与阶级意识——关于马克思主义辩证法的研究》，杜章智、任立、燕宏远译，商务印书馆1992年版，新版序言（1967），第2页。

② 同上书，第144页。

个外部的和内部的社会生活？"① 同时，"对我们来说，最重要的是在这里起作用的原则：根据计算，即可计算性来加以调节的合理化的原则"。② 又是怎样发挥作用，进而使商品交换及其结构性后果全面而深刻地影响我们整个外部的和内部的社会生活的。概而言之，卢卡奇为我们勾勒了可计算性来加以调节的合理化原则导致物化现象的逻辑进程。

首先，劳动过程的可计算性要求破坏产品本身由质所决定的统一。通过计算，生产过程这一整体最精确地被分解成各个组成部分。统一的产品不再是劳动过程的对象，而生产同一产品的过程变成经过合理化计算的各个局部系统的客观组合。因而对劳动过程的合理—计算的分析，"消除了相互联系起来的和在产品中结合成统一体的各种局部操作的有机必然性"。

其次，随着生产的客体的分裂，生产主体自身也发生了裂变，进而导致主体客体化。工人作为机械化的一部分被结合到某一机械系统当中，成为大机器生产中的一个环节。随着劳动过程越来越合理化和机械化，工人的活动越来越多地失去自己的主动性，"变成一种直观的态度，从而越来越失去意志"。"这种态度把空间和时间看成是共同的东西，把时间降到空间的水平上。"③ 这就意味着时间失去了它质的、可变的、流动的性质，"凝固成一个精确划定界限的、在量上可测定的"连续统一体。结果，同质化的、量的过程将劳动主体分割开来。随着机械化的局部劳动把他们变成了一些孤立的原子，导致了人的自我客体化。

再次，现代资本主义企业的合理化过程，导致社会法律机构和管理系统的官僚化或科层化。这里，卢卡奇认为韦伯正确地"补充了关于这种现象的原因和社会意义的分析"。韦伯认为，从社会科学上看，一个企业或者一个工厂就是一个现代的国家。因为现代企业建立在精确计算的基础上，故而对法律和管理的不合理性极为敏感。为了它的生存，它就需要一种法律机构和管理系统，而它们的职能至少在原则上能够根

---

① ［匈］卢卡奇：《历史与阶级意识——关于马克思主义辩证法的研究》，杜章智、任立、燕宏远译，商务印书馆1992年版，第144页。
② 同上书，第149页。
③ 同上书，第151页。

据固定的一般规则被合理地计算出来。因此，伴随着现代企业的产生与发展，法律机构和管理系统的科层化，层级关系及其责任制度相应地被建构出来。

最后，这种可计算的、合理化的过程渗进了人的肉体和灵魂的最深处，进而形成了认同现状的物化意识。由于物化现象无处不在，伴随着生产客体的条块化，工人的劳动分工的细微化，社会法律制度、管理制度的科层化，物化现象不断加深，物化结构逐渐内化到人的心灵深处，工人不仅在劳动中使肉体不断地适应专门化的工作职能的需要，在精神灵魂上也越来越趋同于这种物化形式。

当物化现象深入人的意识层面的时候，整个社会的理性控制达到了普遍化和立体化。分裂、局部变成了主流话语，有机整体渐渐隐退，一切整体景观荡然无存。为了抗击人的物化危机，解决现实的能量为基础的同质化倾向，卢卡奇重返德国古典哲学，将总体性辩证法作为解读马克思主义的正统，借以扬弃物化现象，恢复总体图景。

现在的问题是，卢卡奇总体性所指为何，它具有哪些规定性。

首先，卢卡奇认为，总体对部分具有优先和决定作用。在《什么是正统的马克思主义？》一文中，卢卡奇强调指出，"总体范畴，整体对各个部分的全面的、决定性的统治地位，是马克思取自黑格尔并独创性地改造成为一门全新科学的基础的方法的本质"[1]。在卢卡奇那里，总体由部分构成，但总体不是部分的简单相加。为了深入理解整体，对部分开展孤立化的研究和抽象是必要的，但这种研究与抽象必须在整体的统摄之下，必须保持着自己的自律，必须始终是目的本身。

其次，总体性是具体的总体性、是一个社会历史过程。总体不是抽象的总体，而是"把社会生活中的孤立事实作为历史发展的环节归结为一个总体的情况下，对事实的认识才能成为对现实的认识。这种认识从上述简单的、纯粹的、直接的、自发的规定出发，从它们前进到对具体的总体的认识，也就是前进到观念中再现现实"[2]。在卢卡奇看来，

① ［匈］卢卡奇：《历史与阶级意识——关于马克思主义辩证法的研究》，杜章智、任立、燕宏远译，商务印书馆1992年版，第76页。

② 同上书，第56页。

单独的孤立的部分所经历的变化，并不能清楚明确地说明社会发展的各个阶段的真正区别。这些区别"只有在整个阶段与整个社会的关系的历史总过程中才能辨明"①。

再次，总体性是主客体统一的总体性。总体的观点不仅规定对象，而且也规定认识的主体，是主客体统一的总体性。与黑格尔那种绝对精神的外化、回返的概念总体观念不同，卢卡奇的总体性强调主体的能动性和在主客体关系中的核心地位。作为主体的人的完整统一性是卢卡奇物化分析的价值指向，恰是在这一点上，卢卡奇的总体性思想与马克思的人学思想走到了一起。

二 总体性思想对马克思人学思想的理论掘进

人的问题，是西方哲学的核心问题之一。从古希腊哲学开始，人一直为自己的存在寻找一个意义支撑、一个最高根据，一个最后的始因。无论是自然哲学的水、火、原子，还是苏格拉底的善、柏拉图的理念、亚里士多德的实体，抑或是中世纪基督教的全知全能的上帝。人的问题，人的恰切位置的设定都是其中隐含的主题。近代哲学高扬主体性，强调理性自我意识相对于上帝的优先性，将古希腊的客观自在的理念世界拉回到人的观念当中。尤其是康德，理性在他那里达到了充分自觉。通过理性的划界和批判，康德试图追问人能够知道什么？人应当做什么？人可以希望什么？而这三个问题最终可以归结为一个问题：人是什么？但是在康德那里，人被用科学的方式冷静地、静止地加以思想式的分解。人变成了有限的理性存在。换句话说，人是自然的人、道德的人、理智的人三部分多元而未统一的存在者。作为具有强烈现实关切的思想家，马克思不满意学院哲学家，尤其是黑格尔那种把人放到其绝对精神编织着的概念之网中加以理解的方式。因为，无论把人理解为有限的理性存在，还是把人理解为绝对精神发展的一个环节。人都注定是抽象的、不完整的存在，而马克思对人的关注点是活生生的实践着的，自

---

① ［匈］卢卡奇：《历史与阶级意识——关于马克思主义辩证法的研究》，杜章智、任立、燕宏远译，商务印书馆 1992 年版，第 57 页。

然属性、道德属性、理智属性有机统一的存在。具体而言，马克思心目中人的维度具有以下几个特性。

第一，人是总体的、完整的存在。马克思指出："人是一个特殊的个体，并且正是他的特殊性使他成为一个个体，成为一个现实的、单个的社会存在物，同样，他也是总体，观念的总体，被思考和被感知的社会的自为的主体存在，正如他在现实中既作为对社会存在的直观和现实享受而存在，又作为人的生命表现的总体而存在一样。"① 也就是说，人是个体存在者，而这一个体存在是完整的个体存在，是理性和自由统一，是审美和认识的并存，是肉体和精神的和谐。因此，"人以一种全面的方式，就是说，作为一个总体的人，占有自己的全面的本质"②。

第二，人是实践的、社会历史的存在。饮食男女、生老病死是人的存在的生物本能，自然属性。但马克思关注的是人的社会存在，因为，自然，只有纳入人的视野中才能够被理解，从这个意义上，所有的自然都应该是人化自然，即人所理解的自然。而人的历史是社会历史过程，在这一过程当中，人的本性不是一成不变的，抽象的人性本质，而是随着实践，在现实生活中不断生成着的人的本性。人从前资本主义时期的人的依赖，经过资本主义时期的物的依赖，在共产主义阶段才能实现自由人的联合，这一普遍性和具体性统一的人的理想状态。

第三，人是具体的、社会关系的存在。马克思反对黑格尔把人设定为绝对理念发展的一个环节，也批评费尔巴哈的把人归结为建立在爱的基础上的类本质。在马克思看来，这种抽象的人是脱离社会关系的人，是脱离了感性实践活动的人，因而是不完整的、非现实的人。马克思的人学视野主要集中在对现实人的生存与发展命运的关注上。因而，从《博士论文》的自我意识，到《1844 年经济学哲学手稿》的异化批判，再到《共产党宣言》的人的自由解放，马克思对人的关注实现了从抽象到具体，人类存在到个性发展的逐步深化。

基于这种对人的总体的、实践的、具体的理解方式，马克思在其手稿（《1844 年经济学哲学手稿》）中对现实资本主义社会中人的境遇进

---

① 马克思：《1844 年经济学哲学手稿》，人民出版社 2000 年版，第 84 页。
② 同上书，第 85 页。

行了精彩的描述，这就是著名的异化理论。马克思认为，人的异化主要包含四个层面：一是劳动产品的异化。"劳动所生产的对象，即劳动的产品，作为一种异己的存在物，作为不依赖于生产者的力量，同劳动相对立。"① 二是生产劳动本身的异化。"劳动对工人来说变成了外在的东西"，而不再是自由自觉的活动。结果，"人只有在运用自己的动物机能——吃、喝、生殖，至多还有居住、修饰等等——的时候，才感觉自己在自由活动，而在运用人的机能时，觉得自己只不过是动物"②。三是人的类本质的异化。它"变成了对人来说是异己的本质，变成维持它的个人生存的手段"③。四是人与人之间关系的异化。由于"凡是适用于人对自己的劳动、对自己的劳动产品和自身的关系的东西，也都适用于人对他人、对他人的劳动和劳动对象的关系"④。因此，"当人同自身相对立的时候，他也同他人相对立"。

根据上面的分析，我们可以看到卢卡奇的物化与马克思的异化之间既有着家族相似，也具有明显的质性差异。概括言之，这种差别主要表现在以下四个方面。

首先，方法不同。卢卡奇主要是依据韦伯的合理性的社会学方法以及马克思的《资本论》中关于商品拜物教的思想分析物化现象。在《物化和无产阶级意识》一文中，卢卡奇用大量篇幅通过可计算的合理性原则分析现代资本主义生产中企业客体本身的专门化，主体的功能化，制度层面的科层化以及人的物化意识。而马克思的异化学说则主要依据黑格尔的主奴意识及其对象化理论推出异化学说。马克思认为，在黑格尔那里，"人的本质的全部异化不过是自我意识的异化"⑤，而要达到自我意识就必须首先确立对象意识，自我就是在对象化的过程中达到对自己的自觉。但黑格尔的外化只是绝对精神发展中的一个环节，是绝对精神展开自身又复归自身的一个步骤。马克思则将对象化创造性地应用到社会现实领域，用其特指人创造的劳动产品反过来奴役人自身，这

---

① 马克思：《1844 年经济学哲学手稿》，人民出版社 2000 年版，第 52 页。
② 同上书，第 54—55 页。
③ 同上书，第 58 页。
④ 同上书，第 59 页。
⑤ 同上书，第 102 页。

里面已经包含了黑格尔那里所没有的价值维度。

其次，对科学、理性态度不同。卢卡奇依据的是可计算性的合理化原则分析物化现象，而这种可计算性本身就是技术理性扩张的一个方面。因此，卢卡奇对理性至上、技术万能的启蒙精神持警惕态度。而马克思对科学整体上持乐观态度，在马克思对未来共产主义的设想中，物质财富极大丰富是其中的重要方面，而科学技术的日益发展无疑会把人从劳动中解放出来，极大地提高生产力。所以马克思的理论逻辑中，对科技理性的批判成了缺失一环。

再次，二者包含内容不同。卢卡奇对人的物化分析不仅包括客体的分化、主体的客体化，也包括伴随着合理化算计而产生的管理制度、法律层面的科层化、官僚化，甚至包括物化不断深化从而导致的人的物化意识。而马克思从人的生产劳动入手，逐层分析了劳动产品，劳动本身，人的类本质以及人与人之间关系的异化情形，这其中缺少物化意识、法律管理制度等层面的分析。

最后，解决方案不同。卢卡奇认为，物化现象的产生导致了整体性的丧失，因此必须诉诸于总体性，用总体性辩证法去扬弃物化，恢复作为人的主体完整性和恰切统一性。而总体性需要借助的是无产阶级的阶级意识的觉醒。因为资产阶级的个人主义是建立不起来总体视野的。因此首要的是进行意识革命，而不是传统的暴力革命。而根据马克思的理论，要想摆脱资本主义的人的异化，需要打碎资产阶级的生产关系，把人从物的依赖关系中解放出来。因此消除异化的手段是实行暴力革命，祛除资本主义生产方式。

从上面的论述可知，卢卡奇总体性思想在克服科技理性的盲目自信，改变暴力革命的革命策略，重新恢复人的总体性的景观等方面提出了与马克思异化学说不同的言路方向。而这一理路的产生，既与卢卡奇的理论支援背景有关，也与 20 世纪科技理性弊端的日益彰显密切相关。

三　总体性学说的当代意义及其限度

但凡伟大的哲学理论思想都具有抗拒时间的性质，虽然它不能一劳永逸解决某一具体问题，但却可以提供一种解决问题的路向。笔者以为，卢卡奇的总体性学说具有上述的性质。这不仅是因为总体性思想与青年马克思的理论不谋而合，更重要的是总体性问题试图解决的问题——人的物化问题不但没有解决，甚至在现实生活中表现得愈加普遍化、立体化。换句话说，马克思和卢卡奇试图追寻的人的整体性、完整性的图景不但没有实现，反而让人觉得愈加遥远。既然问题仍在，为解决问题提供的理论设想当然仍有意义，而这种意义不仅囿于理论层面，更具有现实意义。

随着全球化和信息化时代的到来，现代性的问题、物化现象已经越出民族国家的界限，演变成一个包括在东西方在内带有共性的问题。这不仅表现为技术理性的恣意侵袭，人的功能化、客体化、商品化，人与人关系的物化等方面的一致性，更表现在随着西方社会从工业化向后工业时代转化，碎片化、平面化、景观化的后现代文化逐渐占据主流话语等因素导致的异化表现的新的形态上。以中国为例，笔者择取两个角度在此作以简要说明。

首先，从文化教育上讲，正如雅斯贝斯所言："倘若整体的实质变得成为问题了，而且还处于解体的状态之中，那么，教育也就变得不稳定和被瓦解。它不再使孩子们去领略包括一切的整体的崇高，而是有着模糊不清、五花八门的结果。"① 当前的学术领域，学科门类的划分更加细致，学科内部形成了相对独立的话语系统和表述方式。学科之间相互隔绝、互不交流。知识分子变成了各行各业的专家，并各以专业为基点形成了迥然不同的观世角度和存在方式。在教育领域，随着教育管理领域引进评估机制，普遍化、可操作的学科指标成为衡量一所学校办学质量优劣的重要标准，发表论文、出版专著的数量成为教师教学科研水平、职称评定的考核依据，量化考核、学生打分等成为教师工资等级高低的参考依据。在专业设置方面，长期以来，培养应用技术人才的理工类专业颇受青睐，而这些专业学生的人文教化和人格培养颇为薄弱，这在以培养高级蓝领人才的高职学院尤为突出。可见，无论在学术研究领域、教育管理方面、专业设置方面，打破学科壁垒，实行人文化的管

① ［德］雅斯贝斯：《时代的精神状况》，王德峰译，上海译文出版社 2005 年版，第 68 页。

理，注重学生的培养的人文通识教育不仅十分重要，而且变得十分迫切。

另一方面，异化现象远远超出了劳动领域，并逐渐侵蚀到人的劳动之外的闲暇时间。这与马克思和卢卡奇对异化的理解具有质性的区别。马克思认为异化是在劳动领域产生的，人的劳动的结果成为一种独立的客观力量，反过来奴役人自身。卢卡奇从计算理性分析物化的演进过程，而这种过程主要发生在资本主义企业内部，对于休闲时间是否存在物化问题，卢卡奇语焉不详。这一点霍克海默和阿多诺在《启蒙的辩证法》一书的《文化工业：作为大众欺骗的启蒙》一文中得到了逻辑的展开。他们认为，文化工业，如电影、广播、杂志等等，由于受到技术理性思维的宰制，从而变成了一种为满足大众消费而生产的文化商品的行业。在这一过程中，广告的作用日益凸显，并成为向大众宣传文化商品的有效媒介，其产生的结果是"一个人只要有了闲暇时间，就不得不接受文化制造商提供给他的产品"①。德波则更直截了当地宣称，"人们所提及的所有从劳动中解放出来的东西，即日益增长的休闲时间，既不是劳动自身的解放，也不是有这类劳动所塑造的这一世界的解放"②，而是在大众媒体（如影视媒体、平面媒体、广告等）制造的"景观"奴役之下的一种表面主动实则被动接受的异化过程。

可见，马克思和卢卡奇所希冀解决的人的物化问题非但没有消除，而且具有深化的趋势。这同时折射出的一个问题是，总体性之于物化危机的局限性尚在。然而，这是一个相当复杂的问题，但从卢卡奇总体性思想的自身逻辑来看，下面三点看法应该成立。

首先，卢卡奇认为总体性的承载者是无产阶级，因此只有唤醒阶级意识，才能生成总体性视域，进而扬弃物化问题。可见，卢卡奇的理论兴奋点在于为社会主义革命提出的一种与时俱进的革命策略。物化问题的分析只是其意识革命理论分析中的一环。历史发展的事实证明，无产阶级意识并没有完成这一历史"使命"，反倒是公共知识分子的反思和

---

① ［德］霍克海默、阿道尔诺：《启蒙的辩证法——哲学断片》，上海人民出版社 2003 年版，第 139 页。

② ［法］德波：《景观社会》，王昭凤译，南京大学出版社 2006 年版，第 9 页。

批判承担了这一任务。

其次，总体性作为一种宏大叙事，具有一定抽象性，因而有湮没个体的危险。卢卡奇的总体性强调主客体的统一，整体对部分的统摄作用。而作为个体的人在卢卡奇的总体性中是作为劳动客体的对立面——主体来界定的。由于卢卡奇过度关注人的完整性、整体性，强调作为总体的阶级意识的存在，人的在世、体验、感受、实践等个体存在方式成为其总体性话语中的盲点。

再次，人的物化现象源自技术理性膨胀的结果，其原因涉及方方面面，其影响无孔不入，甚至渗入人的灵魂，因此不可能只靠简单、抽象的总体性方法加以解决。如果说，技术理性膨胀是启蒙的自反后果之一。从后现代主义的视角来看，具有浓重黑格尔主义印记的总体性本身恰恰是应该摒弃的一种宏大叙事，是一种乌托邦式的幻象。从这个角度看，以福柯的现代性态度，霍克海默的反思批判抗拒技术理性，或许是更有效的一种方式。

试论"西马"教学的内外兼修[*]

21 世纪初以来，国外马克思主义研究进入了建设发展的快车道，这尤其表现在它的学科建设方面。自 2005 年国务院学位委员会和教育部将马克思主义理论增设为一级学科（设置在"法学"门类内，"国外马克思主义研究"是其下设的五个二级学科之一）以来。短短的 5 年时间，即到 2010 年，在国务院学术委员会审核发布的博、硕士学位一级学科名单中，马克思主义理论博、硕士点的数量增加了 91 个（其中新增一级学科博士点 12 个，一级学科硕士点 79 个）。也就是说，截至 2011 年，国内高校国外马克思主义专业的博士点就达到 22 家（其中马克思主义理论一级学科博士点 21 个），而硕士点数量则远远超过了 100 家。

一 "西马"学科建设的现状

与国外马克思主义（以下简称"西马"）博、硕士点的"跨越式"发展相比，"西马"教学与研究的现状并未得到相应改观。这主要表现在：

一是学科点的仓促上马，导致"西马"师资的严重短缺。一些新设立的一级学科点，为了尽快达到研究生招生的要求，纷纷引进或招聘国外马克思主义研究方面的教授或博士。在"供不应求"的情势下，很多高校不得不引进马克思主义哲学或外国哲学方面的博士来应付"西马"师资方面的短缺。这无疑导致"西马"学科建设的根底虚空和

---

* 本文写于 2012 年，发表在《黑龙江教育》2014 年第 10 期。

底气不足。

二是"西马"理论研究方面纵深拓展有限，具有开创性的理论研究成果和学术领域建树乏陈。2005年以来，国外马克思主义研究基本延续了传统的研究格局，如：复旦大学对"西马"研究的跨学科推进，南京大学对"后马"研究的侧重和黑龙江大学对东欧马克思主义领域的开掘，等等。与这些传统研究领域相比，相当一部分新设西马博士点的学科单位显得后劲不足，缺乏特色。这反衬了数据指标之下"西马"学科建设的虚假繁荣。

三是"西马"学科建设方面的定位不清，基础理论研究薄弱，意识形态色彩浓郁。为了提高马克思主义理论建设的学术水准和理论视野，将国外马克思主义研究放在马克思主义理论一级学科下本无可厚非。但与该一级学科旗下的其他二级学科（如思想政治教育、马克思主义中国化等）相比，国外马克思主义学科具有更强的理论性，以及与西方哲学的紧密关联性。换言之，该二级学科呈现出迥异于其他四个二级学科的独特性和异质性。然而，由于"西马"学科带头人的短缺，加之受到法学门类学科思维传统的影响，"西马"教学研究与学科发展布局短视化、功利化和意识形态化。这在近5年的发展中表现得尤为明显。

因此，要确保西马学科建设良性发展，不仅要在学科发展的长远规划和人才梯队建设方面做好设计，更要在基础环节，尤其是"西马"课堂教学及其研究上有所侧重。而这就要求我们对西马思潮的总体状况及其特点有所了解。因为唯有对国外马克思主义思潮的状况和基本特征了然于胸，才能保证对其研究和教学的方向性和准确性。

二　国外马克思主义思潮的三个基本特征

自1923年卢卡奇发表《历史与阶级意识》始，西方马克思主义思潮在风云变幻的二十世纪历史背景下拓变、绵延了近一个世纪。从革命家兼理论家的早期马克思主义者，到犹太人居主体的启蒙批判群体——法兰克福学派，再到存在主义马克思主义、弗洛伊德主义马克思主义、结构主义马克思主义、分析学派马克思主义、后马克思主义，等等。西方马克思主义思潮以其独特的理论关切和现实情怀，成为现代西方学术思潮中的重要一维，①发挥着启迪智慧、促进革新、砥砺实践的重要作用。西方马克思主义思潮跌宕百年、取向多变、思想殊异，但作为马克思主义标签下的一种"独特的精神形态"，我们仍可将其家族相似概略地描述为以下三个方面。

（一）地域分布广泛、时间跨度持久

除法兰克福学派的代表人物多为德裔犹太哲人外，西马思潮其他代表人物广泛分布于欧洲各国，如卢卡奇生于匈牙利，葛兰西战斗在意大利，萨特、梅洛—庞蒂、列斐伏尔活跃于法国，阿尔都塞出生于阿尔及利亚、成长于法兰西，拉克劳、墨菲分别出生在阿根廷和比利时，G. A. 科亨闻名于英国……随着德国纳粹主义的铁蹄横行，一些西马代表人物辗转流亡到美国，深刻影响了美国学术的景观，如战后马尔库塞并没有像霍克海默、阿多诺那样回到德国，而是一直滞留在美国，成为美国 20 世纪 60 年代青年造反运动的思想教父。从时间跨度上看，西马思潮伴随着西方学术思潮的迭进，不断变换着自己的学术面相。换言之，西方马克思主义作为一种具有自我创生性的学术思潮，在吸纳、择取现代西方哲学主流思想内核的过程中，一直保持着自己的学术生命力和批判论姿。

那么，为什么西方马克思主义具有如此显著的时空普遍性？这主要源于两个方面：一是马克思个体性的学术探究，在 1917 年的十月革命中转变为一种现实的国家政体形式，这极大地改观了世界的政治格局，使人们看到了一种迥异于自由民主制的政体样式和替代选项，这既为马克思主义理论的发展提供了制度保障和与时俱进的要求，同时促使相当一部分西方学者将目光聚焦到这种独具开创性的理论形态和实践模型；第二，更为重要的是，西方启蒙运动自肇端之日起，便不断受到理论和实践上的质疑，乃至 20 世纪陷入了深重的危机之中。"卢梭—浪漫主

---

① 在哈贝马斯的类型学描述中，西方马克思主义是 20 世纪四大哲学思潮中的一支，其余的三个思潮分别是分析哲学、现象学和结构主义。参见［德］哈贝马斯《后形而上学思想》，曹卫东、付德根译，译林出版社 2001 年版，第 4 页。

义—意志哲学—存在主义"一维的理论反拨，使现代人看到理性代替上帝，在尘世无法为人类建立幸福、和平的人间天堂；"法国大革命—种族歧视—殖民扩张—两次世界大战—冷战"一维的政治乱象让现代人对资产阶级的意识形态宣传产生怀疑，敦促西方学者对启蒙理性主义的政治设计加以反思批判。①

（二）紧贴时代背景、深切关注现实、突显社会批判功能

西方马克思主义思潮的另一个重要特点是紧随时代脉搏、深切关注现实。一般而言，哲学家群体主要包括两种类型，一种为穷根究底的学院派哲人，如亚里士多德、康德、胡塞尔，借用海德格尔对亚里士多德的描述，这类哲人的特点是"他出生、他工作（思考）、然后他死去"；第二类哲学家是战斗的实践哲人，如苏格拉底、尼采、马克思，他们深切关注社会现实，关心社会公义和真理。西马代表人物属于第二类实践哲人，在他们眼中，马克思的思想内核是一种"方法"（卢卡奇）②或是一种批判理论（霍克海默），而他们所践行的哲学旨趣也在于此。正是基于这种文化批判的马克思主义观，西马代表人物们对西方社会进行了富于创见的物化批判、意识形态批判、文化工业批判、大众文化批判、人与社会的单向度批判，等等。

而且，西马代表人物的这些现实批判与其所处的时代背景和个人经历之间联系紧密。如卢卡奇、葛兰西等早期马克思主义者深受俄国十月革命的影响和鼓舞，他们的作品弥漫着作为革命家的政治省思和经验总结。为了总结匈牙利社会主义革命的失败教训，卢卡奇开始质疑第二国际理论家对马克思学说中物和规律的强调，而忽略了主体

---

① 正如阿尔都塞在《保卫马克思》一书的序言中所指出的，"这样的知识分子在德国、俄国、波兰、意大利都出现了，有的成为马克思主义理论的奠基人，有的成为马克思主义的理论大师；这都不是由孤立的偶然事件造成的，而是因为这些国家的社会、政治、宗教、意识形态和伦理条件使知识分子的活动简直无法进行。"参见［法］阿尔都塞《保卫马克思》，顾良译，商务印书馆2010年版，第5页。

② 在《什么是正统马克思主义?》一文中，卢卡奇强调，正统马克思主义"不是对这个或那个论点的'信仰'，也不是对某本'圣'的注解。恰恰相反，马克思主义问题中的正统仅仅是指方法"。参见［匈］卢卡奇《历史与阶级意识》，杜章智等译，商务印书馆1999年版，第48页。

（阶级）意识的改造在革命斗争中的先导意义。这是卢卡奇《历史与阶级意识》一书提出物化批判、总体性理论的隐秘动机之所在。对于霍克海默、阿多诺为代表的法兰克福学派而言，犹太人的流亡际遇和对纳粹极权主义的反思是他们阐述启蒙辩证法的现实源泉。而在经历了苏共二十大对斯大林"个人崇拜"的揭批和第二次世界大战的阴霾之后，阿尔都塞等试图剥离马克思的意识形态和人道主义面相，恢复马克思的科学向度。可以说，这些思想主题上的逻辑转换，端赖于时代背景和现实处境的历史变迁。

（三）以现代西方哲学主流思潮为基底，力促西方文化与马克思主义之间的融合

西方马克思主义思潮根植于西方哲学的主流学术，本质上是西方主流学术思潮与马克思主义联姻的结果。借用佩里·安德森的说法，西方马克思主义逆转了第二国际理论家们将理论与政治实践相结合的取向，从"经济学和政治学转向哲学，并使它的正式场所由党的集会转向学院系科的外部决定因素"①。例如，卢卡奇借助黑格尔的辩证法和总体性思想来解读马克思的作品，从而在《1844年经济学哲学手稿》（1932）出版之前便阐发出了与青年马克思异化思想异曲同工的物化观念（见《历史与阶级意识》，1923）。马尔库塞则将弗洛伊德的元伦理学与马克思的劳动解放思想加以对接，通过凸显性欲中人对普遍快乐的追求，构造出了爱欲解放论的理论学说，从而使他对人与社会的单面性批判变得有的放矢。阿尔都塞则充分吸收了"经过巴拉什的科学批判、列维—斯特劳斯的人类学、拉康的精神分析理论而迅速发展起来的结构主义"，找到了"科学理解"马克思思想的万能密钥，从而在分析哲学不断自我扬弃，现象学运动自行消解，科学化和世界观化渐趋升温的学术背景下，成为结构主义马克思主义的一面旗帜。为了便于理解，我们可以将西哲主流思潮与马克思主义的联姻做简图如下：

---

① ［英］佩里·安德森：《西方马克思主义探讨》，高括等译，人民出版社1981年版，第66页。

思想传统	代表人物
黑格尔主义思想传统	卢卡奇、葛兰西、阿多诺、布洛赫
弗洛伊德主义	马尔库塞
存在主义	梅洛一庞蒂、萨特
结构主义	阿尔都塞
后现代主义	拉克劳、墨菲

当然，我们说西方马克思主义学者试图实现现当代西方主流学术与马克思主义之间的内在融合，只是试图把捉西方马克思主义者的这样一种普遍倾向，但我们不应脸谱化、标签化地将这一倾向加以绝对化。例如，卢卡奇思想背景中除了具有黑格尔传统的影子外，还包含社会学家韦伯和西美尔的方法论，克尔凯郭尔的存在哲学；作为存在主义马克思主义者的代表人物之一，列斐伏尔思想底色中也包含着黑格尔主义、弗洛伊德主义和结构主义等多重理论元素。

三 西马课堂教学中应贯彻的"三个结合"

综上可见，虽然西马代表人物众多，思想殊异。但由于接受了马克思青年或晚年的思想立场而成为西方学术思潮下的一种独特的精神样态。基于西方马克思主义思潮具有的上述三个特点，笔者认为，西马的课堂教学应当遵循以下"三个结合"。

（一）在学科背景上，应加强历史学视角与哲学视角的统一

由于西马经典著述多为特定历史条件下的产物，因此，对西马经典文本的解读与教学就要结合那一时代和那段历史境遇下的特殊经历加以阐释，此即历史理解的立场。否则，这些作品中的观点表述和现实批判就会因历史境遇的错位而变得独断可疑。历史学的视角要求哲学史与近现代史的结合：既要对西方政治事件、经济模式、文化发展做实证性的阅读和分析，也要重视杂多事实表象背后的形上分析和概念推导，这样才能保证理论立场和价值判断的明晰，从而免于堕入历史事实的琐碎无序之中。换言之，历史学视角与哲学史视角统一要求"西马"学者具

有跨学科的视野和广博的知识储备。

（二）在教学内容上，应着力实现现当代西哲学术思潮与马克思主义之间的内在统一

在"西马"的课堂教学中，要想真正想通想透、讲通讲透国外马克思主义思潮这门课，必须具有西方哲学，尤其是现代西方哲学的理论素养。因为，西马经典著作中的概念范畴大多源自现代西方哲学诸流派。西马诸代表人物生长于西方文化土壤，他们求学、熟悉的西方文化源自西方文教体制之中的大学教育和学术训练，因此，他们自觉不自觉地将自己吸纳、内化的西方学术观念运用到自己的理论建构和现实批判当中，从而为马克思主义理论带来了鲜活的生命力和理论创生点。而这些概念恰恰是异地的别样文化背景中的汉语学者所不熟悉的。因此，这一特点要求西马教学者自加压力，提高标准，自觉打破史学（西方近现代史）、哲学（现代西哲）和法学（马克思主义理论）之间的学科壁垒，想通想透西马学者的意图所指，讲通讲透他们理论深意和学说主张。

（三）在理论视野上，应突出观点传授与现实批判的结合

与西方哲学的其他理论学派相比，西方马克思主义思潮既是一门追根溯源的理论学说，更是一种着眼现实的社会批判理论。因此，要想将西马的精神活学活用，就要廓清西马学者们对其时代精神状况的理论批判，而且要将这一批判加以引申，推及我国经济社会发展的当下。这是马克思主义中国化的要求，亦是国家教育主管部门将国外马克思主义研究纳入马克思主义理论一级学科下的意旨所在：用西马的学说主张来推进马克思主义研究的深入。毋庸置疑，马克思主义正统化的过程充满了教条化的倾向，这就需要新鲜的血液来激活其作为批判哲学的超凡魅力，而这在马克思主义哲学学科内部已经变得异常艰难。因此，要发挥西马课程的这一作用，就要深入关注现实，了解中国现代化进程中出现的诸多问题，以批判的和建构的目光理解现实，建言献策，为马克思主义理论恢复生机与活力提供参照视野和理论源泉。

施特劳斯思想二十年研究
述评（1990—2010）[*]

列奥·施特劳斯生前默默无闻。一方面由于其行事低调——"在任何组织中都不活跃，不在任何权威机构中任职"①，喜好穷根究底的书斋式生活。另一方面，施特劳斯的问题意识来自魏玛德国时期，神学—政治问题及其相关的现代性审理与自由主义风头正劲的美利坚并不合拍。相反，由于"质疑现代学术的前提和结果"，尤其是对基于事实—价值区分的实证主义政治科学的批判，使施特劳斯遭到了美国主流学界的拒斥，更确切地说，是集体的遗忘。然而，值得注意的是，进入 20 世纪的最后十年，施特劳斯的名字赫然出现在公众知识界，不仅在学术领域，而且波及政治实践领域；② 不仅在美欧地区，甚至达及东方中国。限于篇幅，本文只对其学院影响作以介绍。

一　西方学者眼中的施特劳斯

施特劳斯热之于美国，主要有两个方面的原因。一是施特劳斯培养了大批优秀的弟子，他们践行老师的教诲和问学方式，形成了一个颇具

---

* 本文写于 2010 年 5 月，发表在《社会科学评论》2010 年合辑。因《社会科学评论》于 2011 年停刊，故该文未能见诸中国知网，纸版期刊也印数寥寥。因此，此处收录此文，尽管在某些论点和文献上显得有些"过时"，但仍可为读者了解施特劳斯中国研究现状提供一些文献上的参考。

① ［美］布卢姆：《纪念施特劳斯》，朱振宇译，载于《施特劳斯与古典政治哲学》，刘小枫主编，上海三联书店 2002 年版，第 4 页。

② 参见［加拿大］德鲁里的《列奥·施特劳斯与美国右派》（刘华等译，刘擎译校，华东师范大学出版社 2006 年版）代中译本序和第一章的介绍。

规模的学派——施特劳斯学派。其影响涉及政治哲学、宗教研究、思想史、文学批评、古典文学、美国史和美国宪政史等领域，被历史学家戈登·伍德（Gordon S. Wood）描述为20世纪学术界最大的一场学院运动。① 二是20世纪90年代以来，施特劳斯的学生或学生的学生占据了美国联邦政府的各重要决策部门，进而影响了共和党的重要内政外交决策，被冠之以新保守主义的称号，施特劳斯本人则被《纽约时报》（*New York Times*）称为"共和党革命的教父"。

具体说来，在学院影响方面，对施特劳斯思想的研究主要集中在以下几个方面。

（一） 施特劳斯弟子的解读和研究

施特劳斯的弟子（不算再传弟子）近百人，成名的仅包括与他一起参编《政治哲学史》（李洪润等译，法律出版社2009年版）的弟子就有33位之多，可谓桃李满天下。从总体上看，施派弟子依循恩师的教导，潜心经典"旧书"的解读，"积累了相当惊人的成果"。但是，由于性情和研究旨趣等方面的差异，施派弟子对其师的研究和解读也具有"尖锐"的差异。② 观点的分歧主要集中在"施特劳斯对苏格拉底式哲人的政治地位的理解上"③，并因此形成了"东部"施特劳斯学派（简称东部派）和"西部"施特劳斯学派（简称西部派）。④

一般认为，东部派的代表有布卢姆（Allan Bloom）、伯恩斯（Burns）、曼斯菲尔德（Harvey C. Mansfield）、潘格尔（Thomas L.

---

① Gordon S. Wood. *The Fundamentalists and The Constitution*, in New York Review of Books, 2 (1988), pp. 33 – 40.

② 此处的尖锐差异忽略了布卢姆对莎士比亚政治学与博雅教育的关注（参见《巨人与侏儒——布卢姆文集》，秦露、林国荣、严蓓雯等译，张辉选编，华夏出版社2003年版），罗森对诗与哲学关系的偏爱（参见《诗与哲学之争——从柏拉图到尼采、海德格尔》，张辉译，刘小枫主编，华夏出版社2004年版）和曼斯菲尔德对马基雅维利的精专（参见《驯化君主》，冯克利译，译林出版社2005年版）等弟子之间的些微差距。

③ ［美］森特那（Scot J. Zentner）：《哲人与城邦：雅法与施特劳斯学派》，韩锐译，载《美德可教吗?》，刘小枫、陈少明主编，华夏出版社2005年版，第26页。

④ 详细的背景介绍可参见洛文萨尔（David Lowenthal）的《施特劳斯的〈柏拉图式的政治哲学研究〉》（张新樟译，载刘小枫主编《施特劳斯与古典政治哲学》，上海三联书店2002年版）第629—664页。

Pangle）等，西部派的重要代表是雅法（Harry V. Jaffa）。东部派认为，施特劳斯的本意在于复兴政治哲学本身，并无现实的政治动机，由于其深知哲人与城邦的永恒冲突，故采取温和的写作策略，避免哲人受到城邦的迫害以及非哲人的大众受到哲人的侵害。雅法则认为，苏格拉底将哲学从天上拉回人间，就是为了使"哲学服务于城邦"，这同样适用于施特劳斯本人，即施特劳斯回归古典政治哲学的目的有着强烈的政治动机，这不仅包括现代性批判和自由主义批判，同时也有为现实政治生活谏言的意图。对此，东部派批判雅法忘记了恩师关于哲人与城邦紧张冲突的教诲，"像马克思一样，想改变世界"，使哲学为政治服务，堕落为施特劳斯所警告的"宗派分子"。

（二）自由主义者的反诘和批判

与施派弟子雅法的观点相似，自由主义者也认为施特劳斯的意图具有明显的现实政治动机。这主要表现在德鲁里（Shadia B. Drury）的著作中。继 1988 年出版研究施特劳斯思想的第一本专著——《列奥·施特劳斯的政治思想》后，德鲁里又于 1997 年推出另一部力作《列奥·施特劳斯与美国右派》，将施特劳斯的思想与美国右派新保守主义政治理念进行理论勾连，试图挖掘施特劳斯隐秘的现实政治动机。在德鲁里看来，施特劳斯的思想中"有着挥之不去的犹太情节"，加上其深厚的德国哲学传统影响，尤其是施米特、海德格尔和尼采的影响，使其形成了反对自由主义的保守主义政治哲学。并且，施特劳斯的思想通过其弟子引入现实政治领域，产生了严重的负面后果，可能危及"自由主义民主政体的根基"①。德鲁里的论断引起了广泛的关注，"成为论战中经常被征引的重要参考"，同时也受到了许多质疑。施特劳斯学派东部派的重要代表，哈佛大学政治哲学教授曼斯菲尔德在 2003 年 5 月 5 日国家公共电台（NPR）组织的广播讨论中，指责德鲁里对施特劳斯思想的"肤浅解读和严重歪曲"，尤其是对施特劳斯意图的政治化解读。在曼斯菲尔德看来，施特劳斯一生致力于政治哲学的研究，鲜有问津现实

---

① ［加拿大］德鲁里：《列奥·施特劳斯与美国右派》，刘华等译，刘擎译校，华东师范大学出版社 2006 年版，代中译本序第 3 页。

政治之事。施特劳斯思想中的核心之一"哲学与政治的永恒冲突"和隐微—显白的写作策略将其和政治实践拉开而不是拽近。因此，德鲁里关于施特劳斯操纵美国政府及其政策的论断纯属无稽之谈。德鲁里在讨论中虽然承认了施特劳斯的研究旨趣在于政治哲学，但仍坚持认为施特劳斯的真理秘传学说"潜伏着政治操纵的危险"。

除德鲁里外，罗尔斯的高徒霍尔姆斯（Stephen Holmes）也从自由主义立场对施特劳斯进行了尖锐地批判。在其大作《反自由主义剖析》一书中，霍尔姆斯专辟一章来纠弹施特劳斯观点中的"根本性错误"。霍尔姆斯的文章共分12小节，前6节主要是勾勒施特劳斯思想的主要论点，后6节对施特劳斯的思想展开激烈的批驳。在霍尔姆斯看来，施特劳斯的错误集中在"四个主要缺失"上：一是施特劳斯的修辞学姿态。这一方面表现在对尼采和海德格尔的继承和批判的含混上，也表现在对其弟子的教育上，即"告诉他们学习伟大的哲学著作的唯一原因就是为了帮助文明打败其敌人……寻求治疗西方危机的良药，这在智识上或道德上都有点儿荒谬"[1]。因为，"这是在把学生引往错误的方向，并向他们许诺一个拿破仑式的'高尚动机'，而这一动机不可能被严肃的学术诚实地传达"[2]。二是施特劳斯的精英论的非自由主义性质。霍尔姆斯认为，施特劳斯将人的类型分为精英和庸俗是极不现实的，因为二分法抹煞了人类类型丰富的多元性和过渡的渐进性。另外，霍尔姆斯指认施特劳斯表面上批判自由主义的自私自利的享乐性质，实质动机则是诋毁平等原则，试图重新回到过去的等级制，是历史的倒退。三是施特劳斯对人、对己采取双重标准。这表现在施特劳斯批判自由主义缺乏智识和道德资源来抵御纳粹主义，但其回归古代经典也同样不能阻止希特勒的铁蹄。另一方面，施特劳斯在对待古代文化和现代文化上也采取双重标准，表现在其讨论古代的情况时，对古代社会的政治危机避而不谈。四是施特劳斯赖以立基的因果推理令人难以信服。霍尔姆斯认为，施特劳斯不是把经济结构或政治进程，而是把伟人的观念看作历史进程

---

① ［美］霍尔姆斯（Stephen Holmes）：《施特劳斯：仅对哲学家而言的真理》，载《反自由主义剖析》，曦中、陈兴玛、彭俊军译，中国社会科学出版社2002年版，第105页。

② 同上书，第105—106页。

的决定性力量，即"观念影响历史"。但是牢固锁在哲学家头脑里的思想观念，又是如何突然引起群众热情，并且成为政治进程的推动力的呢？何况诸如发现美洲、宗教改革、四大发明、国家官僚机构的出现，都不取决于马基雅维利主义，而后者恰恰是施特劳斯认为现代性的肇端和原因。

霍尔姆斯言之凿凿，确也点到了施特劳斯的一些软肋。但是他的一些论断却是武断和牵强的。例如，他认为施特劳斯对自由主义和自己采用双重标准，因为二者皆不能抗击希特勒。但施特劳斯的观点是，纳粹主义不是古代社会而是现代自由主义的逻辑衍生物。既然古代文明产生不出纳粹主义，何谈抵抗纳粹主义，霍尔姆斯明显倒因为果。另外，施特劳斯作为思想家，关注政治思想史上观念的古今之变，并试图缕出一条思想史的线索，提出一种阐释理路，这本无可厚非，而霍尔姆斯将其冠之以因果关系链条和济世良方恐怕之于施特劳斯有些过于苛刻了。

（三）施特劳斯犹太教思想的研究

学界将施特劳斯视为 20 世纪最重要的政治哲学家之一，为时已经不短。[①] 最近几年，施特劳斯作为一名犹太思想大家的学术地位也渐趋得到学界的承认。1997 年，格林（Kenneth Hart Green）编辑出版了"施特劳斯的犹太学"丛书，作为丛书之一的《犹太哲学和现代性危机》（格林编）收录了施特劳斯 1945—1973 年间关于犹太思想方面的演讲和论文，同时出版的还有艾德勒（Eve Adler）翻译的英译本《哲学与律法》、《施特劳斯论门德尔松》（Martin D. Yaffe 编）和《施特劳斯论迈蒙尼德》（格林编）等三部著作，基本涵盖了施特劳斯的所有犹太论述。在研究施特劳斯著作方面，格林的《现代犹太思想流变中的施特劳斯》（"施特劳斯的犹太学"丛书序言）堪称佳作。另外，Kenneth L. Deutsch 和 Walter Nicgorski 编辑出版的《施特劳斯：政治哲学家和犹太思想家》[②] 一书收录了古内尔（John G. Gunnell）、雅法（Harry

---

① ［加拿大］格林（Kenneth Hart Green）：《现代犹太思想流变中的施特劳斯》，游斌译，程志敏校，载刘小枫主编《施特劳斯与古典政治哲学》，上海三联书店 2002 年版，第 31 页。

② Leo Strauss：*Political Philosopher and Jewish Thinker*，edited by Kenneth L. Deutsch and Walter Nicgorski，Lanham：Rowman & Littlefield Publishers，1994.

V. Jaffa)、潘格尔(Thomas L. Pangle)等人的 16 篇研究施特劳斯犹太思想的文章。诺瓦克(David Novak)编辑出版了《施特劳斯和犹太教》① 一书,收录了希斯金(Kenneth Seeskin)等人的 8 篇论施特劳斯犹太思想的文章。最近,史密斯(Steven B. Smith)出版了专著——《阅读施特劳斯:政治、哲学和犹太教》,② 详细阐述了施特劳斯关于耶雅紧张的思想。Irene Kajon 则在其近著《当代犹太哲学家》③ 中辟专章论述施特劳斯对犹太思想的学术贡献。

概括来讲,上面对施特劳斯犹太思想的研究主要包括两个层面:一是编辑整理施特劳斯论述犹太思想的文集;二是汇编研究施特劳斯犹太思想的单篇文章,尤其集中在耶路撒冷和雅典(启示和理性)冲突的论述上。另外还有一些如德鲁里在《列奥·施特劳斯与美国右派》一书中的将犹太思想作为施特劳斯思想背景的介绍。而对施特劳斯犹太人问题在其整个思想中的地位,犹太人问题与现代性批判关系的研究成果还明显不足。

(四) 施特劳斯与其他哲学家的比较研究

截至目前,比较研究主要集中在施特劳斯—施米特的对比研究和施特劳斯—尼采的对比研究两个方面。

对施米特和施特劳斯思想进行比较研究的重要代表人物是迈尔(Heinrich Meier)。1988 年,迈尔发表了著名的《施米特、施特劳斯与"政治的概念":隐匿的对话》一文,受到了学界广泛的关注,引发了施米特争论的"神学转向"。截至目前,迈尔共出版两部关于施特劳斯和施米特比较研究的著作:《隐匿的对话——施米特与施特劳斯》④ 和

---

① Leo Strauss and Judaism: *Jerusalem and Athens Critically Revisited*, edited by David Novak, Lanham: Rowman & Littlefield Publishers, 1996.

② Steven B. Smith: *Reading Leo Strauss*: *Politics*, *Philosophy*, *Judaism*, Chicago and London: the University of Chicago Press, 2006.

③ Irene Kajon: *Contemporary Jewish Philosophy*, New York: Routledge, 2006.

④ [德]迈尔:《隐匿的对话——施米特与施特劳斯》,朱雁冰、汪庆华等译,华夏出版社 2008 年版。

《古今之争中的核心问题——施米特的学说与施特劳斯的论题》。① 在迈尔看来，学界流行的将施特劳斯和施米特指认为反自由主义者的观点，模糊了施米特和施特劳斯之间的根本对立。对于施特劳斯和施米特来说，其核心问题不是自由主义批判（如德鲁里所认为的），而是政治哲学和政治神学的对立。基于这一论断，迈尔详细阐释了施米特对其著作《政治的概念》一书的修改和保留。在迈尔看来，二者的共同点是都反对以娱乐享受掩盖政治的严峻性、首要性和人类生活的严肃性，反对自由主义的中立化原则和去政治化倾向。二者的对立表现在，施特劳斯把"何谓正确"作为政治的正当性根据，而施米特则认为政治的根本问题并不是"由人提出的"，而是"向人提出的"，政治是人的命运，有其不可置疑的神学依据。迈尔的研究细致而深邃，对于学界，尤其是美国自由主义学者简单地以类型区分施米特和施特劳斯的思想具有重要的纠偏意义。但公允地讲，迈尔的研究偏重施米特，而对施特劳斯的思想力度明显缺乏，因此对于作为犹太人的施特劳斯为何纵容、推崇反犹大师施米特，为何加强而不是减弱施米特对犹太教的敌意缺乏有力的分析。

　　朗佩特（Laurence Lampert）并非是施特劳斯的弟子或再传弟子，但是他对施特劳斯和尼采关系的研究是施特劳斯式的，并得到施派弟子的广泛认可。朗佩特的专著名为《施特劳斯和尼采》，② 它以施特劳斯的一篇论文——《注意尼采〈善恶的彼岸〉的谋篇》为母本，通过分析施特劳斯的尼采研究，作者不仅试图理解施特劳斯的思想，同时试图获得自己对尼采思想研究的突破。在论著中，朗佩特认为，施特劳斯评述的尼采是最真实的尼采（比较市井传言中的尼采、海德格尔心目中的尼采等）。同时，朗佩特试图澄清，以往人们看到的施特劳斯的"反尼采形象"是一个假象，其实施特劳斯"与尼采靠得很近"。③ 或者说，施特劳斯分享了尼采的观点，二者的学术立场是一致的。如果诚如朗佩

---

　　① ［德］迈尔：《古今之争中的核心问题——施米特的学说与施特劳斯的论题》，林国基等译，华夏出版社 2004 年版。

　　② Laurence Lampert: *Leo Strauss and Nietzsche*, Chicago: the University of Chicago Press, 1996. 中译本由田立年、贺志刚等译出，上海三联书店 2005 年版。

　　③ ［美］朗佩特：《施特劳斯和尼采》，田立年、贺志刚等译，上海三联书店 2005 年版，导言。

特所研究的那样，施特劳斯心目中的尼采就不再是现代性浪潮第三波的推动者，"不再是一个历史主义者，而是某种自然主义者"①。但是，我们知道，施特劳斯是以古今断裂来为现代性的发生定性的，而尼采则从古今连续视角将理性主义奠基者的柏拉图判定为要对现代文明的堕落负责，二者的差别是明显而尖锐的。因此，朗佩特那种认为"施特劳斯和尼采几乎在所有哲学问题上都根本一致"② 的论断确实让人觉得难以信服。

（五） 其他方面的专题研究

除了上面四个方面的研究以外，目前还有很多关于施特劳斯思想的专题研究。如（1）古内尔（John G. Gunnell）的论文——《理性、启示和自然——施特劳斯主义之前的施特劳斯》试图将施特劳斯历史化，分析"犹太神学内部的危机的过程中智力成熟的施特劳斯"对自由主义批判的原因，对哲学与政治之间张力的理解，对历史—哲学事业的构想及其对自然权利的概念。③ （2）坎特（Paul A. Cantor）的《施特劳斯与当代解释学》④、罗森（Stanley Rosen）的《作为政治的解释学》⑤、拉米（Walter Lammi）的《施特劳斯与伽达默尔之争——评〈后现代的柏拉图们〉》⑥ 以及朱柯特（Catherine Zuckert）的《对拉米的回应》⑦等文章集中探讨了施特劳斯的经典解释学思想以及施特劳斯解释学思想与伽达默尔解释学、后现代解构主义之间的理论关联。另外吉尔丁

---

① ［美］凯斯（Lawrence Casse）：《评朗佩特的〈施特劳斯与尼采〉》，陈霞译，筱潇校，载《柏拉图的真伪》，刘小枫、陈少明主编，华夏出版社2007年版，第300页。

② 同上。

③ ［美］古内尔（John G. Gunnell）：《理性、启示和自然——施特劳斯主义之前的施特劳斯》，田立年译，载于《启示与哲学的政治冲突》（《道风：基督教文化评论》第十四期），香港道风书社2001年版，第158—159页。

④ ［美］坎特（Paul A. Cantor）：《施特劳斯与当代解释学》，程志敏译，载刘小枫、陈少明主编《经典与解释的张力》，上海三联书店2003年版。

⑤ ［美］罗森（Stanley Rosen）：《作为政治的解释学》，宗成河译，载刘小枫主编《施特劳斯与古典政治哲学》，上海三联书店2002年版。

⑥ ［美］拉米（Walter Lammi）：《施特劳斯与伽达默尔之争——评〈后现代的柏拉图们〉》，黄晶译，载刘小枫、陈少明主编《雅典民主的谐剧》，华夏出版社2008年版。

⑦ ［美］朱柯特（Catherine Zuckert）：《对拉米的回应》，黄晶译，载刘小枫、陈少明主编《雅典民主的谐剧》，华夏出版社2008年版。

（Hilail Gildin）对教养教育和自由民主制的分析,① 古涅维奇（Victor Gourevitch）对施特劳斯关于哲学与政治关系思想的解读,② 考夫曼（Clemens Kauffmann）对苏格拉底问题和现代性危机的评介③等，也是施特劳斯思想研究方面的上乘之作，此处就不一一展开。

二　国内学界对施特劳斯思想的译介和研究

世纪之交以来，施特劳斯研究在中国陡然热了起来。甚至一位施特劳斯的弟子罗森认为，"现在最信奉施特劳斯的地方是中国大陆"④。至于其原因，邓正来教授给出了三个理由："一是在此之前，中国学者所熟知的乃是从 20 世纪 80 年代中期便在中国广为传播的萨拜因所主张的政治理论史研究范式，而施特劳斯派对古典文本的"虔诚"关注为中国学者开启了一种新的政治哲学研究范式。二是引介施特劳斯派思想的两位学者刘小枫和甘阳是中国的知名学者，他们的作用不可小视。三是施特劳斯派对左右两派思想的批判以及对韦伯的批判可以为反思和检审中国学界 20 世纪 90 年代的两大趋势提供某种"极端"的视角，而这就是自由主义在中国的盛行及其与新左派的争论，以及所谓"价值中立"的社会科学观在中国的盛行。"⑤

然而，从哲学角度看，这三条理由并不能涵盖全部。首先的一个问题是：为什么刘小枫和甘阳要大力推介施特劳斯？如果说，甘阳的推介确实有为大陆学界自由主义和价值中立学说的盛行降温的意图。⑥ 那么

---

① ［美］吉尔丁（Hilail Gildin）：《教养教育与自由民主制的危机》，魏朝勇译，载刘小枫、陈少明主编《古典传统与自由教育》，华夏出版社 2005 年版。

② ［美］古涅维奇（Victor Gourevitch）：《自然正确问题与〈自然权利与历史〉中的基本抉择》，彭刚译，载于《施特劳斯与古典政治哲学》，上海三联书店 2002 年版。

③ 参见［美］考夫曼（Clemens Kauffmann）的《斯特劳斯论苏格拉底问题》（邓安庆译，载于《世界哲学》2004 年第 3 期）和《列奥·斯特劳斯论现代性危机》（邓安庆译，载于《世界哲学》2004 年第 3 期）两篇文章。

④ 参见 2003 年 5 月 11 日《波士顿环球报》的报道。

⑤ 邓正来、洪涛：《曼斯菲尔德访谈：施特劳斯学派若干问题》，文献来源：http：//www.douban.com/group/topic/5249774/，上网时间：2010 年 1 月 3 日。

⑥ 参见水亦栎《政治与哲学——甘阳和刘小枫对斯特劳斯的两种解读》，载于《开放时代》2004 年第 3 期。

刘小枫则是通过阅读施特劳斯的思想走出了自己学术研究的困境，得以重新回返个体心性的哲学研究之路。① 另外，甘阳和刘小枫的基底里还有通过施特劳斯的引介（1）批判地考察西方思想传统的源流，（2）深入梳理中国的思想传统，进而重建国人自己的学术自主性的现实关切。② 因此，从哲学视角看，施特劳斯研究热的原因可以归结为：（1）施特劳斯"给了我们重读西方哲学史，重新思考我们自己的传统与当代的一种新的角度"。（2）与"我们当下切近的现实感受"有关。改革开放三十年，人们对"伴随着人类繁荣而来的灾难"有了极为真切的体会。③ 反映在学术研究领域，表现为对现代性的不断批判和检省。而这恰恰是施特劳斯一生致力研究的重要课题。（3）施特劳斯的犹太人身份及其对犹太文化和西方文化关系的省察，可以为我们自五四以来的"古今中西"之争提供极其切近的借鉴和启发。

具体说来，施特劳斯的国内研究主要集中在以下几个方面。

（一）施特劳斯著作及施特劳斯研究著作的汉译情况

施特劳斯的名字最早出现在中国学界是在台湾学者朱浤源的《重振政治哲学雄风：里奥·史特劳斯思想简介》（载于《中国论坛》1981 年第 2 期）一文中。大陆学界知道施特劳斯的名字则直到 1985 年，当时一部政治理论译本中收录了由杨淮生翻译的《什么是政治哲学?》。④ 该文是施特劳斯于 1954—1955 年间在耶路撒冷大学的一篇讲稿。1993 年，国内翻译出版了施特劳斯与其弟子克罗波西合编的《政

---

① 刘小枫曾坦言："差点被韦伯害了，Strauss 恢复了我对哲学的兴趣。"引自林国华《在不幸中骗人：论政治哲学是对哲学生活的政治辩护——关于 Leo Strauss 思想的几项注释》，载于《启示与理性：从苏格拉底、尼采到施特劳斯》，萌萌主编，中国社会科学出版社 2001 年版，第 201 页，引言部分。同时参见刘小枫的《刺猬的温顺》（载于《书屋》2001 年第 2 期）的题记部分和水亦栎的《政治与哲学——甘阳和刘小枫对斯特劳斯的两种解读》（载于《开放时代》2004 年第 3 期）第二小节。

② 甘阳、刘小枫：《政治哲学文库》总序，载陈建洪《耶路撒冷抑或雅典：施特劳斯四论》，华夏出版社 2005 年版，总序，第 3 页。

③ 陈家琪：《也谈"现代性的三次浪潮"》，《江苏社会科学》2003 年第 1 期。

④ ［美］施特劳斯：《什么是政治哲学?》，杨淮生译，载詹姆斯·A. 古尔德、文德森·V. 瑟斯比编《现代政治思想：关于领域、价值和趋向的问题》，商务印书馆 1985 年版。

治哲学史》，① 但当时并未引起学界应有的关注。2001 年，译林出版社策划出版了刘东主编的"人文与社会"译丛，第二批书目中包含了施特劳斯的一部专著——《霍布斯的政治哲学：基础与起源》，由申彤译出。这本书的翻译本身看重的是该书的主题——"霍布斯的政治哲学"，而非该书的作者——施特劳斯，因为该书并非学界认可的施特劳斯的代表作。

为了理解和推介施特劳斯本人的思想而组织的翻译要首推刘小枫主编的《启示与哲学的政治冲突》，② 该书收录了四篇施特劳斯的文章：《耶路撒冷与雅典：一些初步的反思》《神学与哲学的相互影响》《如何着手研究中世纪哲学?》《显白的教诲》。同时收录了古内尔的一篇研究施特劳斯的文章——《理性、启示和自然——施特劳斯主义之前的施特劳斯》和刘小枫的《哲学、上帝与美好生活的可能性——施特劳斯的政治哲学与神学》一文。但是，由于该书一方面是为了迎合出版编译机构的基督教主题，另一方面由于在香港出版，大陆学界很少有获得此书者，因此影响有限。但另一部著作，即《西方现代性的曲折与展开》③ 则弥补了上述不足。该书的第一部分收录了刘小枫编选的施特劳斯的六篇文章和施特劳斯的弟子罗森的《金苹果》一文，同时收录了刘小枫的一篇名为《施特劳斯的"路标"》的文章，对理解施特劳斯的思想提供了一条把脉式的线索。2002 年，刘小枫还选编了两部研究施特劳斯思想的著作。一部是《施特劳斯与古典政治哲学》④。该书收录了施特劳斯的两篇文章——《剖白》和《德国虚无主义》，同时收录了施派弟子回忆、评介、研究施特劳斯的二十余篇论文和几篇批判施特劳斯思想的文章。另一部是《驯服欲望：施特劳斯笔下的色诺芬撰述》。⑤

---

① 《政治哲学史》（上、下册），施特劳斯、克罗波西主编，李天然等译，河北人民出版社 1993 年版。

② 《启示与哲学的政治冲突》（《道风：基督教文化评论》第十四期），刘小枫主编，香港道风书社 2001 年版。

③ 《西方现代性的曲折与展开》（《学术思想评论》第六辑），贺照田主编，吉林人民出版社 2002 年版。

④ ［美］布卢姆等：《施特劳斯与古典政治哲学》，张新樟等译，刘小枫主编，上海三联书店 2002 年版。

⑤ ［法］科耶夫等：《驯服欲望：施特劳斯笔下的色诺芬撰述》，贺志刚、程志敏等译，刘小枫选编，华夏出版社 2002 年版。

该书是为了理解施特劳斯的色诺芬研究而选编的，收录了科耶夫等人的6篇有分量的论文，对于"汉语学界重新认识色诺芬以及理解施特劳斯通过解释色诺芬要探讨的重大问题——哲学与政治的关系"① 具有重要的思想和文献价值。另外，一部旨在批判施特劳斯等人思想的著作《反自由主义剖析》② 也被翻译过来，该书作者霍尔姆斯专辟一章批判施特劳斯的反自由主义思想，值得一看。

2003 年，生活·读书·新知三联书店出版了甘阳主编的《自然权利与历史》（由彭刚译出）一书，这是三联书店策划出版的"学术前沿·列奥·施特劳斯政治哲学选刊"中的一部③，也是施特劳斯成熟时期的重要代表作之一。因此，该书的出版意味着施特劳斯的研究在中国学界进入了实质性的研究阶段。同年，译林出版社出版了第二部施特劳斯的著作——《关于马基雅维里的思考》④，这是一部体现施特劳斯经典解释学思想的代表作。同时，施特劳斯的弟子的著作也受到重视并被陆续译介过来，如布卢姆的《巨人与侏儒——布卢姆文集》⑤《美国精神的封闭》⑥，罗森的《启蒙的面具：尼采的〈查拉图斯特拉如是说〉》⑦《诗与哲学之争——从柏拉图到尼采、海德格尔》⑧ 和曼斯菲尔德的《驯化君主》⑨，等等。另外，施特劳斯的二代弟子，"施特

①　[法] 科耶夫等：《驯服欲望：施特劳斯笔下的色诺芬撰述》，贺志刚、程志敏等译，刘小枫选编，华夏出版社 2002 年版，编者前言第 13 页。

②　[美] 霍尔姆斯（Stephen Holmes）：《反自由主义剖析》，曦中、陈兴玛、彭俊军译，中国社会科学出版社 2002 年版。

③　但实际上，北京三联书店策划的这套文集只出了这一本书，其余四种待出的《政治哲学引论》（上、下册）、《早期著作集》（1921—1932）、《城邦与人》、《柏拉图路向的政治哲学研究》不知何故至今（2009）仍未问世，估计是计划搁浅了。

④　[美] 施特劳斯：《关于马基雅维里的思考》，申彤译，刘东主编，译林出版社 2003 年版。

⑤　[美] 布卢姆：《巨人与侏儒——布卢姆文集》，秦露、林国荣、严蓓雯等译，张辉选编，华夏出版社 2003 年版。

⑥　[美] 布卢姆：《美国精神的封闭》，战旭英译，冯克利校，刘东主编，译林出版社 2007 年版。

⑦　[美] 罗森：《启蒙的面具：尼采的〈查拉图斯特拉如是说〉》，吴松江、陈卫斌译，辽宁教育出版社 2003 年版。

⑧　[美] 罗森：《诗与哲学之争——从柏拉图到尼采、海德格尔》，张辉译，刘小枫主编，华夏出版社 2004 年版。

⑨　[美] 曼斯费尔德：《驯化君主》，冯克利译，刘东主编，译林出版社 2005 年版。

劳斯文集"① 的策划担纲者迈尔的著作《隐匿的对话——施米特与施特劳斯》②《古今之争中的核心问题——施米特的学说与施特劳斯的论题》③，施特劳斯比较研究的代表朗佩特的《施特劳斯和尼采》④，施特劳斯的批判者德鲁里的《列奥·施特劳斯与美国右派》⑤《亚历山大·科耶夫：后现代政治的起源》⑥《列奥·施特劳斯的政治观念》⑦ 等著作也被翻译过来。上述施特劳斯，施特劳斯的弟子、再传弟子以及施特劳斯研究者和批判者著作的大量译介，意味着学界进入了对施特劳斯思想的立体深入研究的阶段。

与上面对施特劳斯等人作品的零散译介相比，刘小枫主持策划的两套丛书更为引人注目。一是由刘小枫、陈少明主编，华夏出版社推出的"经典与解释"系列图书。本套丛书的编选旨在通过"细读"施特劳斯等思想史家的著作，推进学界对"西方思想大传统的深度理解"，进而走上"更为艰难的思考西方甚至中国古典思想的历程"⑧。因此，该套丛书包含了大量施特劳斯的论文及研究施特劳斯的文章。其中，施特劳斯的文章有《苏格拉底问题六讲——政治学问的起源与苏格拉底问题》⑨《如

---

① 该"文集"的三卷收全了施特劳斯 1938 年移居美国前的全部早期论著，对德国学界研究和理解施特劳斯的思想具有重要的文献价值。

② ［德］迈尔：《隐匿的对话——施米特与施特劳斯》，朱雁冰、汪庆华等译，刘小枫主编，华夏出版社 2002（一版），2008（二版）。

③ ［德］迈尔：《古今之争中的核心问题——施米特的学说与施特劳斯的论题》，林国基等译，刘小枫主编，华夏出版社 2004 年版。

④ ［美］朗佩特：《施特劳斯和尼采》，田立年、贺志刚等译，刘小枫主编，上海三联书店 2005 年版。

⑤ ［加拿大］德鲁里：《列奥·施特劳斯与美国右派》，刘华等译，刘擎译校，华东师范大学出版社 2006 年版。

⑥ ［加拿大］德鲁里：《亚历山大·科耶夫：后现代政治的起源》，赵琦译，新星出版社 2007 年版。

⑦ ［加拿大］德鲁里：《列奥·施特劳斯的政治观念》，张新刚、张源译，王利校译，新星出版社 2010 年版。

⑧ 参见《施特劳斯与古典政治哲学》（张新樟等译，刘小枫主编，上海三联书店，2002）"编者前言"，第 6 页。同时参见《回归古典政治哲学——施特劳斯通信集》（［德］迈尔编，朱雁冰、何鸿藻译，华夏出版社 2006 年版）的"缘起"部分。

⑨ 《苏格拉底问题六讲——政治学问的起源与苏格拉底问题》，肖涧、徐卫翔、林晖、洪涛、丁耘、孙向晨译，载《苏格拉底问题》，刘小枫、陈少明主编，华夏出版社 2005 年版，第 2—85 页。

何研读斯宾诺莎的〈神学—政治论〉》①《如何着手研读〈迷途指津〉》②
《弗洛伊德论摩西与一神教》《弗洛伊德："一个幻觉的未来"》③《阿尔
法拉比如何解读柏拉图的〈法义〉》④《简评迈蒙尼德和阿尔法拉比的
政治学》⑤《修昔底德：政治史学的意义》《对修昔底德著作中诸神的
初步考察》⑥《斯巴达精神或色诺芬的品味》《色诺芬的〈远征记〉》⑦
《关于古希腊史家》⑧《什么是自由教育?》⑨《自由教育与责任》⑩《如
何着手研究中世纪哲学?》⑪《〈创世纪〉释义》⑫，等等。研究施特劳斯
思想的文章有艾弗里（Alfred L. Ivry）的《施特劳斯论迈蒙尼德》⑬，
伯吕松（Corine Pelluchon）的《施特劳斯与柯亨——启蒙后的犹太教

① 《如何研读斯宾诺莎的〈神学—政治论〉》，张宪译，丁沨校，载《阅读的德性》，刘
小枫、陈少明主编，华夏出版社 2006 年版，第 27—81 页。

② 《如何着手研读〈迷途指津〉》，王承教译，载《犹太教中的柏拉图门徒》，刘小枫、
陈少明主编，华夏出版社 2007 年版，第 2—53 页。

③ 《弗洛伊德论摩西与一神教》，李致远译，载《政治哲学中的摩西》，刘小枫、陈少
明主编，华夏出版社 2006 年版，第 2—31 页；《弗洛伊德："一个幻觉的未来"》，王今一译，
李致远校，载《政治哲学中的摩西》，刘小枫、陈少明主编，华夏出版社 2006 年版，第 32—
43 页。

④ 《阿尔法拉比如何解读柏拉图的〈法义〉》，程志敏译，载《柏拉图的哲学》，阿尔法
拉比著，程志敏译，华东师范大学出版社 2006 年版，第 177—197 页。

⑤ 《简评迈蒙尼德和阿尔法拉比的政治学》，程志敏译，载《柏拉图的哲学》，阿尔法拉
比著，程志敏译，华东师范大学出版社 2006 年版，第 198—230 页。

⑥ 《修昔底德：政治史学的意义》，彭磊译，载《修昔底德的春秋笔法》，刘小枫主编，
华夏出版社 2007 年版，第 2—32 页；《对修昔底德著作中诸神的初步考察》，彭磊译，载《修
昔底德的春秋笔法》，刘小枫主编，华夏出版社 2007 年版，第 33—51 页。

⑦ 《斯巴达精神或色诺芬的品味》，陈戎女译，载《色诺芬的品味》，刘小枫、陈少明主
编，华夏出版社 2006 年版，第 2—32 页；《色诺芬的〈远征记〉》，高诺英译，载《色诺芬的
品味》，刘小枫、陈少明主编，华夏出版社 2006 年版，第 33—65 页。

⑧ 《关于古希腊史家》，高诺英译，载《色诺芬的品味》，刘小枫、陈少明主编，华夏
出版社 2006 年版，第 66—75 页。

⑨ 《什么是自由教育?》，一行译，魏朝勇校，载《古典传统与自由教育》，刘小枫、陈
少明主编，华夏出版社 2005 年版，第 2—8 页。

⑩ 《自由教育与责任》，肖涧译，载《古典传统与自由教育》，刘小枫、陈少明主编，华
夏出版社 2005 年版，第 9—24 页。

⑪ 《如何着手研究中世纪哲学?》，周围译，载《经典与解释的张力》，刘小枫、陈少明
主编，上海三联书店 2003 年版，第 299—320 页。

⑫ 《〈创世纪〉释义》，林国荣译，张宪校，载《柏拉图的哲学戏剧》，刘小枫、陈少明
主编，上海三联书店 2003 年版，第 167—188 页。

⑬ ［美］艾弗里（Alfred L. Ivry）:《施特劳斯论迈蒙尼德》，王承教译，载《犹太教中
的柏拉图门徒》，刘小枫、陈少明主编，华夏出版社 2007 年版，第 54—75 页。

问题》①、希斯金（Kenneth Seeskin）的《隐微术与知识的限度：批评施特劳斯》②、本斯（Laurence Berns）的《伯纳德特与施特劳斯》③、森特那（Scot J. Zentner）的《哲人与城邦：雅法与施特劳斯学派》④、吉尔丁（Hilail Gildin）的《教养教育与自由民主制的危机》⑤、坎特（Paul A. Cantor）的《施特劳斯与当代解释学》⑥、拉米（Walter Lammi）的《施特劳斯与伽达默尔之争——评〈后现代的柏拉图们〉》⑦、莱辛（Thomas Lessing）的《没有秘密的斯芬克斯——施特劳斯研究新述》⑧，等等。

二是由刘小枫主编的，华东师范大学出版社和华夏出版社分别推出的"施特劳斯集"系列图书。其中华夏版的"施特劳斯集"拟出版 18 本施特劳斯著作和 5 本施特劳斯研究著作。施特劳斯著作分别是：《哲学与律法》《门德尔松著述提要》《斯宾诺莎的宗教批判》《理解启蒙：霍布斯的宗教批判》《迫害与写作艺术》《论僭政——色诺芬〈希耶罗〉义疏》（何地译，观溟校，2006，已出）、《柏拉图〈会饮〉讲疏》《苏格拉底与阿里斯托芬》《色诺芬的苏格拉底言辞》《柏拉图〈法义〉中的论辩和情节》《柏拉图式政治哲学研究》《古典理性主义的重生》

① ［美］伯吕松（Corine Pelluchon）：《施特劳斯与柯亨——启蒙后的犹太教问题》，黄晶译，载《犹太教中的柏拉图门徒》，刘小枫、陈少明主编，华夏出版社 2007 年版，第 76—89 页。

② ［美］希斯金（Kenneth Seeskin）：《迈蒙尼德的哲学观念》，王承教译，载《犹太教中的柏拉图门徒》，刘小枫、陈少明主编，华夏出版社 2007 年版，第 90—113 页。

③ ［美］本斯（Laurence Berns）：《伯纳德特与施特劳斯》，张新樟译，载《神圣的罪业：索福克勒斯的〈安提戈涅〉义梳》，伯纳德特著，刘小枫主编，华夏出版社 2005 年版，第 252—255 页。

④ ［美］森特那（Scot J. Zentner）：《哲人与城邦：雅法与施特劳斯学派》，韩锐译，载《美德可教吗？》，刘小枫、陈少明主编，华夏出版社 2005 年版，第 25—57 页。

⑤ ［美］吉尔丁（Hilail Gildin）：《教养教育与自由民主制的危机》，魏朝勇译，载《古典传统与自由教育》，刘小枫、陈少明主编，华夏出版社 2005 年版，第 25—37 页。

⑥ ［美］坎特（Paul A. Cantor）：《施特劳斯与当代解释学》，程志敏译，载《经典与解释的张力》，刘小枫、陈少明主编，上海三联书店 2003 年版，第 99—167 页。

⑦ ［美］拉米（Walter Lammi）：《施特劳斯与伽达默尔之争——评〈后现代的柏拉图们〉》，黄晶译，载《雅典民主的谐剧》，刘小枫、陈少明主编，华夏出版社 2008 年版，第 289—321 页。

⑧ ［美］莱辛（Thomas Lessing）：《没有秘密的斯芬克斯——施特劳斯研究新述》，卢白羽译，载《政治生活的限度与满足》，刘小枫、陈少明主编，华夏出版社 2007 年版，第 262—266 页。

《犹太哲学与苏格拉底问题》《苏格拉底问题与现代性——施特劳斯讲演与论文集：卷二》（彭磊、丁耘等译，2008，已出）、《回归古典政治哲学——施特劳斯通信集》（朱雁冰、何鸿藻译，2006，已出）、《犹太哲人与启蒙——施特劳斯讲演与论文集：卷一》（张缨等译，2010，已出）、《信仰与政治哲学——施特劳斯与沃格林通信集》（已由华东师范大学出版社出版，2007）等。研究施特劳斯的著作有：《施特劳斯与古典政治哲学》（重订本，第一版由上海三联书店2002年出版）、《驯服欲望：施特劳斯笔下的色诺芬撰述》（贺志刚、程志敏等译，2002，已出）、《施特劳斯和尼采》（朗佩特著，上海三联书店，2005，已出）、《隐匿的对话——施米特与施特劳斯》（迈尔著，朱雁冰、汪庆华等译，一版2002，二版2008，已出）、《阅读施特劳斯》（史密斯著）等。华东师大版的"施特劳斯集"拟出版施特劳斯本人的著作11种，研究施特劳斯的著作5种（与华夏版拟出计划相同）。其中施特劳斯本人的著作除了华夏版相同的外，还有《信仰与政治哲学——施特劳斯与沃格林通信集》（谢华育、张新樟等译，2007，已出）、《希腊—希伯来传统与现代》两种图书。

毫无疑问，"经典与解释"和"施特劳斯集"两套丛书的翻译出版无疑对施特劳斯思想的研究具有重要的意义。尤其是《论僭政》《苏格拉底问题与现代性》《犹太哲人与启蒙》三部著作的出版，使学界对施特劳斯的核心主题：哲人与城邦的永恒冲突、现代性问题、犹太人问题等的研究具有重要的文献价值和推动作用。

从上面施特劳斯著作的汉译情况看，国内学界施特劳斯研究可分为三个阶段，或曰三次浪潮。第一阶段从2001年《启示与哲学的政治冲突》的出版开始，以《西方现代性的曲折与展开》《施特劳斯与古典政治哲学》《驯服欲望：施特劳斯笔下的色诺芬撰述》三部著作的翻译出版为标志。第二阶段以2003年生活·读书·新知三联书店出版的《自然权利与历史》一书为标志，通过翻译出版施特劳斯的《关于马基雅维里的思考》一书，施特劳斯的弟子布卢姆、罗森、曼斯菲尔德以及二代弟子迈尔的代表作，施特劳斯反对派代表德鲁里的研究成果，将施特劳斯的研究引向实质性研究阶段。第三阶段从2006年开始，以"经典与解释""施特劳斯集"两套丛书的大量翻译出版为标志，学界将施特劳斯研究与中西思想传统的梳理相结合，为深入挖掘施特劳斯的思想和重新审理西方思想传统提供了文本保障。

（二）刘小枫和甘阳对施特劳斯思想的研究

将刘小枫和甘阳单独提出来加以强调是由于他们在国内施特劳斯研究中的重要作用。对"中国文明之现代命运的"关切和焦虑使二者在十几年后再次联手，共同策划主编了"政治哲学文库"、"色诺芬注疏集"等多部丛书。应该说，中国的施特劳斯研究热要首先归功于刘小枫教授。除了上面其选编主持的多项译业外，刘小枫在施特劳斯的解读上也颇下功夫。从世纪之交开始，刘小枫撰写了《尼采的微言大义》《刺猬的温顺》和《施特劳斯的路标》等①近20篇论文、编者前言、演讲和著作。引发了学界的广泛争论和对施特劳斯思想的关注。相比较而言，甘阳属于那种述而不作的学者。然而，其在2003年出版的《自然权利与历史》一书的长篇导言确实让人刮目相看。该文将国内学界对施特劳斯的研究提高到一个相当高的层次上，成为中国研究施特劳斯思想第二次热潮的重要推动者。

另一方面，刘小枫和甘阳在对施特劳斯思想的研究上也存在明显的区别。第一，二者研究的目的不同。刘小枫曾多次坦言，其施特劳斯转向是基于学术研究的内在困境。在多元主义、相对主义的视角下，哲学的存在成为一种多余，施特劳斯的研究表明，哲学非但没有过时，而且是拯救当代西方危机的唯一正途。但是对哲学的理解，必须在哲学与政治，启示与理性的关系中加以认识，必须在隐微—显白的策略中施以运用。这给了刘小枫以灵感，其多篇论文以隐微论为主题，尤其突出强调

---

① 《尼采的微言大义》（载《书屋》2000年第10期）、《哲学、上帝与美好生活的可能性——施特劳斯的政治哲学与神学》（载《启示与哲学的政治冲突》，2001）、《刺猬的温顺》（载《书屋》2001年第2期）、《真理为何要秘传：〈灵知派经书〉与隐微的教诲》（载《跨文化对话》2001年第6期）、《多元的抑或政治的现代性》（载《二十一世纪》2001年第8期）、《哲学史研究与哲学的正当性》（载《二十一世纪》2001年第10期）、《施特劳斯的路标》（载《西方现代性的曲折与展开》，2002）、《历史的终结？——从约阿希姆到柯耶夫》（载《浙江学刊》2002年第3期）、《〈斐德若〉义疏与解释学意识的克服》（载《赫尔墨斯的计谋》，2005）、《施特劳斯与中国：古典心性的相逢》（载《思想战线》2009年第2期）、《施特劳斯与启蒙哲学——读施特劳斯早期文稿〈柯亨与迈蒙尼德〉》（载《政治与哲学的共契》，2009），等等。

哲人与民众的紧张冲突。因此，在刘小枫那里，施特劳斯研究是个体心性的哲学之思，是重审西方传统，反思中国传统的重要参考和有益路径。而甘阳的研究更多的是在西方，尤其是美国保守主义与自由主义之争的背景中来定位施特劳斯，其隐微意图有为中国当代政治哲学的盲目崇外纠偏的意味。第二，二者的关注点和核心不同。刘小枫的施特劳斯研究是哲学式的，哲人与非哲人的民众的关系以及与其相关的隐微论是其研究的核心。甘阳的施特劳斯研究偏向古今之争的问题，现代性的审理成为甘阳的研究重心。第三，刘小枫是从韦伯、伯林的价值相对主义导向施特劳斯的。价值绝对论和价值相对主义的关系问题一直是刘小枫学术探讨的重点。舍勒的处理方式将刘小枫引向基督教神学，而基督教的式微又让刘小枫对价值相对主义的高歌猛进苦于无策。施特劳斯同样是绝对价值论者，但却取与舍勒迥异的犹太神法政治一维。因此，施特劳斯哲学理路的绝对价值论成为刘小枫抗击价值相对主义的学术资源。而甘阳在美国芝加哥大学"浸淫"多年，其思想背景里有更多的是政治科学与政治哲学、自由主义和保守主义的内在纠葛。因此，他把施特劳斯更多地看作反自由主义者，而这正好可以为中国大陆的自由主义盲崇，"事实—价值"区分的社会学方法的热衷提供一点警醒的材料。

除了刘小枫对施特劳斯的哲学式解读和甘阳对施特劳斯的现代性解读以外。国内学界近些年研究施特劳斯的期刊论文有近百篇。概括言之，主要集中在启示与理性的关系、现代性和历史主义批判、保守主义政治哲学、通识教育、自然权利和自然法、解释学等几个方面。现简要整理如下。

（三）启示与理性关系研究

对于施特劳斯启示和理性冲突的考察也是国内施特劳斯研究的一个热点。2001 年，由萌萌主编的《启示与理性：从苏格拉底、尼采到施特劳斯》和《启示与理性——哲学问题：回归或转向》在中国社会科学出版社出版。文中汇集了迈尔、曼斯菲尔德、布鲁姆、哈贝马斯等国外名家和刘小枫、张志扬、陈家琪、林国华、林国基、林国荣等国内学者的 12 篇文章，成为国内研究施特劳斯的启示和理性关系问题的第一批学术成果。论文集取名"启示与理性"，意在直面当代哲学中的根本问题，即哲学回归、转向，抑或固守，以及与诸神之争的内在关联。

陈建洪的专著《耶路撒冷抑或雅典：施特劳斯四论》①和论文《施特劳斯论耶路撒冷和雅典之争》②、张志扬的《解释与论证——施特劳斯〈神学与哲学的相互影响〉评注》③以及梁慧、黄天海的《施特劳斯和"两城之争"》④代表了国内研究施特劳斯启示和理性关系问题的最高水平。陈建洪通过分析施特劳斯如何解读《创世记》，以求理解施特劳斯的思想立足点及其关于"耶雅"紧张的论述。具体说来，张志扬和陈建洪对同一问题的研究结果差别显著。其区别表现在：一是解读的文本不同。张志扬解释的文本是施特劳斯的《神学与哲学的相互影响》，陈建洪的解读母本是施特劳斯的《〈创世记〉释义》。二是，二者对施特劳斯观点的判断不同。张志扬认为，施特劳斯是"褒信仰而贬理性"，"强迫理性就信仰之范"⑤。"一篇演讲词，尽管说的是哲学与神学的相互影响，其实点筋的尽是哲学的招架'无能'"⑥。陈建洪则强调耶路撒冷只是施特劳斯的显白教诲，其实质是以外在的方式，即政治哲学的方式走向上帝。换句话说，张志扬的施特劳斯解读没有考虑到施特劳斯显白—隐微的写作策略。这不是说张志扬的智商不够，而是由于：一方面，张志扬占有和阅读施特劳斯的文献极其有限（只有两篇施特劳斯的文章和三篇研究施特劳斯的文章）⑦，这导致张志扬按传统的阅读方式解读施特劳斯，从而得出了与陈建洪完全异质的研究结论。

---

① 陈建洪：《耶路撒冷抑或雅典：施特劳斯四论》，华夏出版社 2005 年版。

② 陈建洪：《施特劳斯论耶路撒冷和雅典之争》，载《现代哲学》2009 年第 1 期。

③ 张志扬：《解释与论证——施特劳斯〈神学与哲学的相互影响〉评注》，载《启示与理性：从苏格拉底、尼采到施特劳斯》，萌萌主编，中国社会科学出版社 2001 年版，第 65—141 页。

④ 梁慧、黄天海：《施特劳斯和"两城之争"》，载《浙江大学学报》（人文社会科学版）2005 年第 4 期。

⑤ 张志扬：《解释与论证——施特劳斯〈神学与哲学的相互影响〉评注》，载《启示与理性：从苏格拉底、尼采到施特劳斯》，萌萌主编，中国社会科学出版社 2001 年版，第 79 页。

⑥ 同上书，第 84 页。

⑦ 张志扬写作此文时，只占有施特劳斯的《神学与哲学的相互影响》《〈政治的概念〉评注》两篇文章，以及古内尔和刘小枫的三篇解读施特劳斯思想的文章。参见《解释与论证——施特劳斯〈神学与哲学的相互影响〉评注》，第 115 页。

另一方面是由于张志扬是站在偶在论、虚无主义和存在论的立场①，即站在施特劳斯的对立面来看待施特劳斯的思想，因此，张志扬的解读充满了对施特劳斯的敌意和批评。但毋庸置疑的是，陈建洪和张志扬对施特劳斯的正反两方面解读对深入理解施特劳斯的"耶雅之争"是大有裨益的。另外，梁慧的文章致力于打通施特劳斯"两城之争"与现代学术传统批判的关系，也是一篇具有较高质量的学术成果。

　　然而，我们知道，施特劳斯不仅是一名犹太人，也是一名哲人。从犹太人问题切入，施特劳斯看到西方文明的原因或是诉诸宗教信仰，或是独尊哲学理性。前者的典型是基督教，后者的模板是现代启蒙。结果证明二者皆以失败告终。这意味着犹太人问题和现代性问题存在着本质的关联。但是，现代性的问题能否与"理性和启示的和解"相等同？施特劳斯是否能兼做犹太人和哲人？这不是启示和理性的关系所能涵盖的，同时也是上面研究的局限所在。而从犹太人问题和现代性批判的关联处展开论述对理解上面的问题估计会取得事半功倍的效果。

（四）　对现代性问题和历史主义批判的研究

　　研究施特劳斯的现代性问题和历史主义批判的论文主要有：张志扬的《施特劳斯对现代性的诊断》②、陈家琪的《也谈〈现代性的三次浪潮〉》③、郑兴凤的《施特劳斯经学思想初探——现代性的可能出路》④、曾裕华的《传统与现代性：利奥·斯特劳斯的政治哲学》⑤ 和田光远的

---

① 张志扬断言，"虚无是人成为人的本质，人不虚无就成其为神了，死就是虚无的直观。"（引自《解释与论证——施特劳斯〈神学与哲学的相互影响〉评注》，载《启示与理性：从苏格拉底、尼采到施特劳斯》，萌萌主编，中国社会科学出版社2001年版，第99—100页）同时，张志扬坦承："我得承认，我的知识背景使我不太容易理解施特劳斯。确切地说，不是'知识'，而是'信仰'，特别是犹太正教信仰，使我很难理解施特劳斯。"（引自《解释与论证——施特劳斯〈神学与哲学的相互影响〉评注》，载《启示与理性：从苏格拉底、尼采到施特劳斯》，萌萌主编，中国社会科学出版社2001年版，第96—97页）

② 张志扬：《施特劳斯对现代性的诊断》，载《一个偶在论者的觅踪：在绝对与虚无之间》，上海三联书店2003年版。

③ 陈家琪：《也谈〈现代性的三次浪潮〉》，载《江苏社会科学》2003年第1期。

④ 郑兴凤：《施特劳斯经学思想初探——现代性的可能出路》，载《梦断现代性》，郑兴凤、程志敏著，上海书店出版社2006年版。

⑤ 曾裕华：《传统与现代性：利奥·斯特劳斯的政治哲学》，载《厦门大学学报》（哲社版）2000年第1期。

《论列奥·施特劳斯对现代性的批判》①，等等。具体说来，它们的研究角度又有所差异。如张志扬的文章侧重考察西方哲学史，并从个人独特的偶在论视角试图解决施特劳斯的启示和理性的冲突问题。陈家琪则专门考察施特劳斯的一篇文本《现代性的三次浪潮》，通过比较施特劳斯和雅斯贝尔斯关于现代性问题的不同解读角度，意在揭示现代性仍是我们今天不得不面对的"极其重大的理论现实问题"。郑兴凤的论文主要侧重厘清施特劳斯的解释学思想的基本内容以及和当代哲学解释学的内在关联。曾裕华的文章侧重考察的是施特劳斯对实证主义、历史主义为基础的现代性的批判。田光远的论文通过考察施特劳斯的现代性批判和古典哲学的回归，认为施特劳斯的尝试并不能解决现代性问题，反而会产生新的弊端。

（五）政治哲学思想研究

这里提到的政治哲学具有两个层面的含义：一是指涉政治实践层面，即指施特劳斯与新保守主义的关系问题。这方面的文章主要集中在政治思想史领域。如，张立平的《论当代美国的新保守主义运动》②、崔之元：《布什原则、西方人文传统、新保守主义》③、任晓的《施特劳斯与新保守主义》④、王联合的《施特劳斯主义与美国新保守派》⑤、吴晓春的《美国新保守派及其外交思想论析》⑥，等等。二是指施特劳斯思想中的哲学观问题。这方面的文章有姜佑福的《列奥·施特劳斯政治哲学视域中的哲学观念》⑦、张文喜的《列奥·施特劳斯：哲学与政治哲学》⑧、侯才的《政治哲学：政治的理性和良心——兼评施特劳斯

① 田光远：《论列奥·施特劳斯对现代性的批判》，载《求索》2007 年第 7 期。
② 张立平：《论当代美国的新保守主义运动》，载《太平洋学报》2002 年第 4 期。
③ 崔之元：《布什原则、西方人文传统、新保守主义》，载《读书》2003 年第 8 期。
④ 任晓：《施特劳斯与新保守主义》，载《开放时代》2003 年第 6 期。
⑤ 王联合：《施特劳斯主义与美国新保守派》，载《世界经济与政治》2004 年第 8 期。
⑥ 吴晓春：《美国新保守派及其外交思想论析》，载《长沙大学学报》2006 年第 4 期。
⑦ 姜佑福：《列奥·施特劳斯政治哲学视域中的哲学观念》，载《兰州学刊》2006 年第 1 期。
⑧ 张文喜：《列奥·施特劳斯：哲学与政治哲学》，载《哲学研究》2005 年第 5 期。

的"政治哲学"概念》①、郭仁孚的《史特劳斯对政治哲学的基本看法》②、林国荣的《凭什么相信哲学家》③、林国华的《在不幸中骗人：论政治哲学是对哲学生活的政治辩护——关于 Leo Strauss 思想的几项注释》④，等等。姜佑福的文章试图理解现代政治哲学的转向对于哲学的意义，尤其是施特劳斯的政治哲学视域对惯常的哲学观念的深远冲击。张文喜的文章通过理解施特劳斯的意图：在哲学与政治的冲突中保存哲学，探讨政治哲学的当代责任及其悖谬。侯才的论文借用韦伯的理论，认为对政治而言，政治哲学就是"政治的理性和良心"，政治哲学通过政治理性和政治良心为政治"立法"。林国荣的长文通过个人的阅读体悟和对哲人与城邦关系的辨析，认为哲学家不会"因为退出城邦就获得了完善的智慧"，哲学家存在的意义就是在政治达到自己忍受极限的条件下，提供机会、教育民众。林国华的文章通过分析哲学生活的政治处境，指出由于真理的残酷性，哲学言论必须隐微地易容为谎言，才能保持其无害的教诲和确保城邦的稳定。可见，上面文章的共同点都是通过疏解施特劳斯的哲学与城邦的关系来定位政治哲学的含义和性质，同时对施特劳斯的古典哲学转向发表个人的或赞或驳的论断。

（六）博硕士论文研究状况

截至目前（2010 年 1 月），国内学界以施特劳斯为主题的学位论文共有 3 篇博士论文和 10 篇硕士论文（含港台）。3 篇博士论文是张美川的《施特劳斯的现代性批判及其启示》⑤、黎世光的《政治哲学的现代

---

① 侯才：《政治哲学：政治的理性和良心——兼评施特劳斯的"政治哲学"概念》，载《哲学动态》2005 年第 6 期。

② 郭仁孚：《史特劳斯对政治哲学的基本看法》，载《东吴政治学报》2000 年第 11 期。

③ 林国荣：《凭什么相信哲学家》，载《启示与理性——哲学问题：回归或转向》，萌萌主编，中国社会科学出版社 2001 年版。

④ 林国华：《在不幸中骗人：论政治哲学是对哲学生活的政治辩护——关于 Leo Strauss 思想的几项注释》，载《启示与理性：从苏格拉底、尼采到施特劳斯》，萌萌主编，中国社会科学出版社 2001 年版。

⑤ 张美川：《施特劳斯的现代性批判及其启示》，社会学专业，博士学位论文，北京大学，2006 年。

危机和古典出路——施特劳斯思想研究》①、吴妍的《西方自由教育的流变与分化——政治哲学视域下的自由教育研究》②。前两篇论文的主题基本一致，都是关于施特劳斯现代性思想的研究，吴妍的论文则是关注施特劳斯的古典教养教育思想。张美川的论文主要侧重研究施特劳斯对韦伯的价值—事实区分这一社会学方法的批判（共 2 章）和施特劳斯对自由主义的批判（共 1 章）。由于作者是社会学专业学生，加上文献占有的不足（其参考文献只借鉴了少量的施特劳斯文献和哲学文献），因此，其论文虽然表述流畅，但哲学韵味不足。黎世光的论文主要侧重在施特劳斯关于现代性三次浪潮的论断（共 2 章）和对古典理性的回归（共 1 章）上，但对施特劳斯现代性批判的缘起——犹太人问题和解决的核心问题——"神学—政治问题"着墨不多，使其现代性批判的论述显得有些底气不足。

　　10 篇硕士论文分别是林沛熙的《历史主义及其"危机"——一种理解施特劳斯政治哲学思想的角度》（高雄：国立中山大学政治学专业，2004）、郑兴凤的《施特劳斯解释学方法研究》（西南师范大学外国哲学专业，2005）、杨策的《自然权利的思维逻辑演绎——施特劳斯政治哲学中的自然法思想》（吉林大学法学理论专业，2005）、唐亮的《神学—哲学张力下的政治哲学—— 列奥·施特劳斯古典政治哲学思想研究》（中山大学政治学理论专业，2008）、唐少君的《和谐"世界"观的形成与施特劳斯政治哲学批判》（中央民族大学马克思主义哲学专业，2008）、郁文彬的《论列奥·施特劳斯自然权利思想》（上海师范大学世界史专业，2008）、邹小俊的《施特劳斯早期犹太思想初探》（同济大学外国哲学专业，2008）、师学良的《施特劳斯对柏拉图〈法律篇〉（第一、二卷）的解释》（东北师范大学世界古代史专业，2008）、苏光恩的《诸神之争与美好生活——重提〈刺猬的温顺〉中伯林与施特劳斯之争》（浙江大学政治学理论专业，2009）、马威的《列奥·施特劳斯思想中的神学—政治问题研究》（中国政法大学政治学理

---

　　① 黎世光：《政治哲学的现代危机和古典出路——施特劳斯思想研究》，马克思主义哲学专业，博士学位论文，华中科技大学，2009 年。

　　② 吴妍：《西方自由教育的流变与分化——政治哲学视域下的自由教育研究》，高等教育学专业，博士学位论文，西南大学，2009 年。

论专业，2009）。这 10 篇论文涉及政治学、解释学、历史学、法律史、教育学、政治哲学等多个角度。

综上所述，施特劳斯思想的国内研究基本上还处于评介、翻译阶段。当然，一些学有所成的著名学者的参与为施特劳斯的研究增色不少。一些个别问题的探讨，如启示与理性的内在张力问题、哲学和政治的冲突、经典解释学方法和隐微—显白的写作策略等方面产生了一些高质量的研究成果，可以比勘欧美学界同仁。但基于文本研究的扎扎实实的细读功夫还明显欠缺，加上一些重要的施特劳斯著作尚未翻译过来，施特劳斯的研究在国内学界应该说还路途漫漫、空间广阔。

三　小结：未来研究展望

结合上面的文献梳理，笔者试图对施特劳斯的未来研究作一点展望和预期。由于不定因素影响和研究者旨趣的差异，加之本人学识的短浅，这种预期恐怕只能视为一种粗浅的意见。笔者展望的依据主要是施特劳斯思想译介的现状和中国学界的思想状况。预期主要是粗线条的分类，主要包括如下几个方面。

一是施特劳斯的博雅通识教育思想的研究会进一步加强。近几年，中国大学教育改革试点工作渐续展开，北京大学、清华大学、中山大学、山东大学等高校基于通识教育的大学人文教育改革引起学者的普遍关注。甘阳等在报刊上连续刊发文章，对时下高校的改革建言献策。有的学者认为这次的教育改革是中国高等教育改革的重要战略机遇期。诸如人文素养教育、国学传统教育，人才培养目标的定位，专业划分过早、功利性过强的本科教育模式等问题的学术思考和学术真诚使本次的教育改革倍受关注。然而，中国的大学毕竟是舶来品，我们的教育改革同样需要国外教育改革实践的借鉴和对照。因此，施特劳斯的自由教育、教养教育和通识教育思想，加之其在美国二十多年躬身教育、培育英才的典范形象无疑是世纪之交的我国教育改革的重要理论资源和学术参考。

二是施特劳斯的解释学思想的研究将会更为深入。与伽达默尔等人热衷于建构解释学理论不同，晚期施特劳斯用了近二十年来的时间躬身于诠释古典经典的实践，留下了一批颇具分量的解释学作品。与此形成反差的是，对晚期施特劳斯作品的关注在国内研究中一直处于弱势。刘小枫等人主持的"经典与解释"系列丛书的翻译恰是针对细读西方传统经典和施特劳斯的解释学成果而来。随着经典与解释系列图书的出版和施特劳斯本人后期作品的翻译，国内对施特劳斯的解释学研究以及对施特劳斯倡导的经典著作的本意阅读估计会大为改观。

三是关于施特劳斯的犹太思想和现代性思想的研究。一方面，如上面所介绍的那样，施特劳斯作为一个犹太学者的意义和价值日益受到国外学者的关注。相应地，国内学者对其的研究也会陆续跟进。另一方面，犹太人身份和犹太人问题对于理解施特劳斯的学术之路甚为关键。在现代性问题上，无论国内国外，现代性的审理和解决都是一个无法回避的重大理论现实问题。问题仍在，对其的探讨和研究就有意义。因此，施特劳斯的现代性问题仍将会持续引起国内学界的兴趣，并推动学界对其研究不断深入。

最后是关于施特劳斯和其他学者的比较研究，如施特劳斯和尼采、施特劳斯和施米特、施特劳斯和科耶夫、施特劳斯和海德格尔、施特劳斯和柯亨、施特劳斯和沃格林、施特劳斯和伽达默尔、施特劳斯和斯金纳以及施特劳斯和后现代诸家等的比较研究，无论对于理解施特劳斯本人的思想，还是理解现代西方哲学的重大理论问题都具有重要的意义。随着学界研究的不断深入，比较研究方面的学术成果将会随之不断增加。

参考文献

［古希腊］柏拉图：《理想国》，郭斌和、张竹明译，商务印书馆 1986
　　年版。

［古希腊］柏拉图：《游叙弗伦 苏格拉底的申辩 克力同》，严群译，商
　　务印书馆 1983 年版。

［古希腊］亚里士多德：《尼各马可伦理学》，苗力田译，中国社会科学
　　出版社 1999 年版。

［古希腊］亚里士多德：《政治学》，颜一、秦典华译，中国人民大学出
　　版社 2003 年版。

［阿拉伯］阿尔法拉比：《柏拉图的哲学》，程志敏译，华东师范大学出
　　版社 2006 年版。

［犹太］迈蒙尼德：《迷途指津》，傅有德、郭鹏、张志平译，山东大学
　　出版社 2004 年版。

［意］马基雅维里：《君主论》，李盈译，天津教育出版社 2004 年版。

［意］马基雅维里：《论李维》，冯克利译，上海人民出版社 2005 年版。

［法］笛卡尔：《谈谈方法》，王太庆译，商务印书馆 2000 年版。

［英］霍布斯：《利维坦》，黎思复、黎廷弼译，商务印书馆 1985 年版。

［荷］斯宾诺莎：《神学政治论》，温锡增译，商务印书馆 1963 年版。

［法］卢梭：《论科学与艺术》，何兆武译，上海人民出版社 2007 年版。

［法］卢梭：《论人类不平等的起源和基础》，高煜译，广西师范大学出
　　版社 2002 年版。

［苏格兰］休谟：《人类理解研究》，关文运译，商务印书馆 1957 年版。

［德］康德：《法的形而上学原理》，沈叔平译，商务印书馆 1991 年版。

［德］康德：《永久和平论》，何兆武译，上海人民出版社 2005 年版。

［德］黑格尔：《法哲学原理》，范扬、张企泰译，商务印书馆 1961年版。

［德］黑格尔：《哲学史讲演录（第二卷）》，贺麟、王太庆译，商务印书馆 1988 年版。

《马克思恩格斯全集（第三卷）》，人民出版社 2002 年版。

［意］维柯：《新科学》，朱光潜译，人民文学出版社 1986 年版。

［德］李凯尔特：《文化科学和自然科学》，涂纪亮译，杜任之校，商务印书馆 1986 年版。

［德］尼采：《查拉图斯特拉如是说》，钱春绮译，生活·读书·新知三联书店 2007 年版。

［德］尼采：《权力意志：重估一切价值的尝试》，张念东等译，中央编译出版社 2000 年版。

［德］尼采：《论道德的谱系·善恶之彼岸》，谢地坤、宋祖良、程志民译，漓江出版社 2000 年版。

［法］韦伯：《新教伦理与资本主义精神》，康乐、简惠美译，广西师范大学出版社 2007 年版。

［法］韦伯：《学术与政治：韦伯的两篇演说》，冯克利译，生活·读书·新知三联书店 2005 年版。

［德］胡塞尔：《欧洲科学危机和超验现象学》，张庆熊译，上海译文出版社 2005 年版。

［德］舍勒：《伦理学中的形式主义与质料的价值伦理学：为一门伦理学人格主义奠基的新尝试（上、下）》，倪梁康译，生活·读书·新知三联书店 2004 年版。

［德］舍勒：《舍勒选集》，刘小枫选编，上海三联书店 1999 年版。

［德］海德格尔：《路标》，孙周兴译，商务印书馆 2000 年版。

［德］海德格尔：《尼采》，孙周兴译，商务印书馆 2002 年版。

［德］海德格尔：《形而上学导论》，熊伟、王庆节译，商务印书馆 1996 年版。

［德］海德格尔：《面向思的事情》，陈小文、孙周兴译，商务印书馆 1999 年版。

［德］雅斯贝尔斯：《时代的精神状况》，王德峰译，上海译文出版社

2008 年版。

［德］伽达默尔：《科学时代的理性》，薛华等译，国际文化出版公司
1988 年版。

［德］伽达默尔： 《真理与方法——哲学诠释学的基本特征（上、
下)》，洪汉鼎译，上海译文出版社 2004 年版。

［德］伽达默尔：《哲学生涯——我的回顾》，陈春文译，商务印书馆
2003 年版。

［美］约翰逊：《伽达默尔》，何卫平译，中华书局 2003 年版。

洪汉鼎编：《理解与解释——诠释学经典文选》，东方出版社 2001 年版
年版。

［法］利科：《论现象学流派》，蒋海燕译，张一兵主编，南京大学出版
社 2010 年版。

［德］洛维特：《世界历史与救赎历史：历史哲学的神学前提》，李秋
零、田薇译，上海人民出版社 2006 年版。

［德］洛维特：《从黑格尔到尼采：19 世纪思维中的革命性断裂》，李
秋零译，生活・读书・新知三联书店 2006 年版。

［德］洛维特：《纳粹上台前后我的生活回忆》，区立远译，学林出版社
2008 年版。

［德］洛维特、沃格林等：《墙上的书写——尼采与基督教》，田立年、
吴增定等译，华夏出版社 2004 年版。

［英］波普尔：《开放社会及其敌人》，陆衡等译，中国社会科学出版社
1999 年版。

［美］阿伦特：《极权主义的起源》，林骧华译，生活・读书・新知三联
书店 2008 年版。

［德］斯宾格勒： 《西方的没落》，张兰平译，陕西师范大学出版社
2008 年版。

［英］柯林武德：《柯林武德自传》，陈静译，北京大学出版社 2005
年版。

［德］施米特： 《政治的概念》，刘宗坤等译，上海人民出版社 2004
年版。

刘小枫选编：《施米特与政治的现代性》，魏朝勇等译，华东师范大学

出版社 2007 年版。

舒炜编：《施米特：政治的剩余价值》，上海人民出版社 2002 年版。

刘小枫选编：《施米特与政治法学》，上海三联书店 2002 年版。

［美］施特劳斯：《霍布斯的政治哲学：基础与起源》，申彤译，译林出版社 2001 年版。

［美］施特劳斯等：《论僭政——色诺芬〈希耶罗〉义疏（与科耶夫合著)》，何地译，观滨校，古热维奇、罗兹编，华夏出版社 2006 年版。

［美］施特劳斯：《苏格拉底问题与现代性——施特劳斯讲演与论文集：卷二》，彭磊、丁耘等译，刘小枫编，华夏出版社 2008 年版。

［美］施特劳斯：《古今自由主义》，马志娟译，江苏人民出版社 2010 年版。

［美］施特劳斯：《古典政治理性主义的重生——施特劳斯思想入门》，郭振华等译，叶然校，潘戈编，华夏出版社 2011 年版。

［美］施特劳斯：《苏格拉底与阿里斯托芬》，李小均译，华夏出版社 2011 年版。

［美］施特劳斯：《什么是政治哲学》，李世祥等译，华夏出版社 2011 年版。

［波兰］科拉科夫斯基：《自由、名誉、欺骗和背叛——日常生活札记》，唐少杰译，黑龙江大学出版社 2011 年版。

［法］阿隆：《知识分子的鸦片》，吕一民、顾杭译，译林出版社 2005 年版。

［美］罗尔斯：《正义论》，何怀宏等译，中国社会科学出版社 1988 年版。

［美］麦金太尔：《追寻美德：道德理论研究》，宋继杰译，译林出版社 2003 年版。

［英］鲍曼：《现代性与大屠杀》，杨渝东、史建华译，译林出版社 2002 年版。

［英］鲍曼：《流动的现代性》，欧阳景根译，上海三联书店 2002 年版。

［英］鲍曼：《后现代性及其缺憾》，郇建立、李静韬译，学林出版社 2002 年版。

［法］福柯：《规训与惩罚：监狱的诞生》，刘北成、杨远婴译，生活·读书·新知三联书店 2007 年版。

［法］福柯：《知识考古学》，谢强、马月译，生活·读书·新知三联书店 2007 年版。

［阿根廷］拉克劳、［比利时］墨菲：《领导权与社会主义的策略——走向激进民主政治》，尹树广、鉴传今译，衣俊卿主编，黑龙江人民出版社 2003 年版。

［德］哈贝马斯：《后形而上学思想》，曹卫东、付德根译，译林出版社 2001 年版。

［美］桑德尔：《自由主义与正义的局限》，万俊人等译，译林出版社 2001 年版。

［美］斯金纳：《自由主义之前的自由》，李宏图译，上海三联书店 2003 年版。

［美］伯格编：《走向古典诗学之路——相遇与反思：与伯纳德特聚谈》，肖涧译，华夏出版社 2007 年版。

［美］沃林：《海德格尔的弟子——阿伦特、勒维特、约纳斯和马尔库塞》，张国清、王大林译，江苏教育出版社 2005 年版。

［德］施太格缪勒：《当代哲学主流（上卷）》，王炳文、燕宏远、张金言等译，商务印书馆 1986 年版。

［美］洛克摩尔（Tom Rockmore）：《在康德的唤醒下——20 世纪西方哲学》，徐向东译，北京大学出版社 2010 年版。

刘小枫、陈少明主编：《海德格尔的政治时刻》，赵卫国等译，华夏出版社 2009 年版。

刘小枫、陈少明主编：《苏格拉底问题》，肖涧、徐卫翔、林晖、洪涛、丁耘、孙向晨译，华夏出版社 2005 年版。

贺照田：《西方现代性的曲折与展开（《学术思想评论》第六辑）》，吉林人民出版社 2002 年版。

钱穆：《中国历代政治得失》，生活·读书·新知三联书店 2005 年版。

张志扬：《一个偶在论者的觅踪：在绝对与虚无之间》，上海三联书店 2003 年版。

卿文光：《思辨的希腊哲学史（一）：前智者派哲学》，人民日报出版社

2015 年版。

丁耘：《中国之道：政治、哲学论集》，福建教育出版社 2015 年版。

吴增定：《尼采与柏拉图主义》，上海人民出版社 2005 年版。

后　记

　　此书得以出版，首先要感谢中国社会科学出版社的宋燕鹏先生。我们之间素昧平生，因字结缘。感谢他对本人拙著的认肯和激赏，没有他颇具奉献精神的编校工作和严格把关，此书不会以如此精美的形式得到呈现。

　　本书的出版得到了江苏师范大学"学术出版基金"的资助，感谢社科处李永乐副处长和研究生院（学科办）罗栋梁副院长对本书出版的关注和对出版资助相关政策的耐心解答。

　　另外，本书收录的部分文章曾在某些报刊杂志上发表过，感谢他们慨允我此处结集出版这些文字。一些学术同仁和友人对本人发表过的文字曾提出这样那样的反对意见或不同看法，这些美好的谏言敦促我进一步的深入思考，在此一并谢过。

高山奎

2016 年 11 月于彭城牛山寓所